近代国人出国教育考察与中国教育改革

方玉芬　著

合肥工业大学出版社

图书在版编目(CIP)数据

近代国人出国教育考察与中国教育改革/方玉芬著 . —合肥:合肥工业大学出版社,2016.3

ISBN 978 - 7 - 5650 - 2690 - 4

Ⅰ.①近… Ⅱ.①方… Ⅲ.①教育—国际交流—中国—近代—中国②教育改革—研究—中国—近代 Ⅳ.①G529.5

中国版本图书馆 CIP 数据核字(2016)第 044679 号

近代国人出国教育考察与中国教育改革

方玉芬 著 责任编辑 权 怡 责任校对 何恩情 韩沁钊

出 版	合肥工业大学出版社	版 次	2016 年 3 月第 1 版
地 址	合肥市屯溪路 193 号	印 次	2016 年 3 月第 1 次印刷
邮 编	230009	开 本	710 毫米×1010 毫米 1/16
电 话	总 编 室:0551 - 62903038	印 张	18
	市场营销部:0551 - 62903198	字 数	294 千字
网 址	www.hfutpress.com.cn	印 刷	安徽联众印刷有限公司
E-mail	hfutpress@163.com	发 行	全国新华书店

ISBN 978 - 7 - 5650 - 2690 - 4 定价:40.00 元

目　录

绪　　论

一、选题缘由及意义

清末至民国是中国教育逐步走向现代化①的关键时期。由于特殊的历史背景和时代要求,中国教育的现代化从一开始就被卷入到世界教育改革的浪潮之中。因此,从这种意义上说,一部中国近代教育史就是一部中外教育交流史。近代中国对外教育交流的展开,主要是通过派遣留学生、聘请教习(清末主要是向日本聘请)和邀请国外教育名家来华(民国时期主要向欧美邀请)、翻译出版国外教育理论及出国教育考察等方式进行。目前,关于留学生和来华教习已经有了相当多的研究成果,然而对于翻译出版和出国教育活动的研究则比较少见。笔者自进入教育史专业学习以来一直在关注近代国人出国教育考察活动,也基本了解和掌握了这方面既有的研究成果。

不可否认,留学生出国、教习来华、聘请欧美教育专家以及对国外教育理论的翻译等活动都是促进中国教育现代化不可或缺的因素。虽然它们在这个过程中发挥着不可替代的互补作用,但是也无法掩饰自身的不足。如留学生群体,由于受到学业、年龄、经历、时间等多种因素的限制,他们对本国教育的影响会部分滞后,一般要等到学成归国乃至毕业后更长的一段时间才能对本国教育发挥重要作用。譬如,清末新政时期,新式教育改革迫在

---

①　"近代化"与"现代化"是中国学者对英文单词 modernization 的两种不同翻译,由此导致了国内学术界在具体分析中国近代社会发展变迁的历史进程时,间或使用"近代化"一词,间或使用"现代化"一词。教育史学界亦然。虽然在近代中国教育发展史的研究上,有学者以"中国教育近代化"指称;有学者以"中国教育现代化"命名;也有学者以"中国教育早期现代化"定义。但是,不可否认的是,"近代化"与"现代化"两个概念的内涵并无本质上的区别,其体现在近代中国教育的指标体系——教育制度、教育思想、教育内容、教学方法及教学组织形式等方面的发展变革是一致的。鉴于指称"中国教育近代化"及"中国教育早期现代化"的学者多数是将其研究的时间下限断定在二十世纪二三十年代,而本研究的时间下限则推移至二十世纪四十年代末,因此本研究以"中国教育现代化"来指称十九世纪下半叶至二十世纪四十年代末的中国教育变革。

眉睫,唯有派出素有教育经验的官绅出国,才能在短时间内服务于教育改革。这些都是留学生难以办到的。日本教习,除了从事教学工作还为中国教育创造了一定的舆论宣传,如师范教育、女子教育等方面,但日本教习毕竟是以"外人"的眼光和立场看待中国及中国教育,与中国的实际情形多少有些出入。民国时期杜威、孟禄、推士、华虚朋等欧美教育专家的来华考察亦然。至于翻译出版国外教育理论及著作,主要是从理论的高度介绍、研究国外教育,为中国教育现代化提供了一定的理论依据。然而,百闻不如一见,抽象介绍毕竟没有实地考察来得直观。因此可以说,及时性、针对性、直观性是出国教育考察不同于留学生、来华教习以及理论翻译等交流方式的独有特征,为近代中国教育的改革提供了强有力的参考依据和实证资料。

国人出国教育考察活动适应并推动了中国教育的现代化。一方面,教育的现代化要求国人走出国门,因为现代化在某种意义上就是教育国际化与民族化的有机结合;另一方面,唯有走出国门才能真正推动并实现教育的现代化,体现中国教育现代化是一个由被动走向主动的自觉过程。中国教育的现代化肇始于19世纪60年代,然而由于固有文化观念和狭隘思维模式的局限,新式教育的开展举步维艰,教育现代化的征途荆棘丛生。与外人积极主动地踏入中国不同,国人迈出国门走向世界的步伐却是无比沉重的,这无疑是影响中国教育现代化起步的一个重要原因。从19世纪60年代至90年代中期,中国人走向世界的人次少得可怜,甚至他们游历考察的书面成果(日记、图经等)在国内没有得到应有的重视,这不能不说是一大遗憾。然而,既然走出去了,"就不会不接触近代—现代的科学文化、政治思想,也就不可能不在中国发生影响"。[①] 甲午战败,是中国近代史上的一个转折点。同以往的几次失败相比,这次的伤痛让国人多少清醒了几分。1895—1898年,中国学生和官绅先后开始踏上了赴日游学、游历的征程。20世纪伊始,清廷颁布新政令,新式教育的发展面临难得的机遇。中国教育现代化在前期缓慢进程的基础上加快并加大了步伐。为了直接学习到日本教育兴国的经验,大批官绅们被鼓励或自觉地赴日本游历,其规模之盛大,人次之频繁,曾经被时人及史学家誉为"壮举"或"盛举"。[②] 他们考察归来以后,大都积极致力于新式教育的发展,奠定了近代中国新式教育的基本模式,中国近代第

---

① 钟叔河主编:《走向世界丛书》总序,第3页。
② 王晓秋:《晚清中国人走向世界的一次盛举》,《中国社会导刊》,2005年23期。

一个学制(《壬寅·癸卯学制》)的颁行,第一个最高教育行政机关(学部)的设立,第一个教育宗旨("忠君、尊孔、尚公、尚武、尚实")的拟定,无一不可归结为考察归来后的成果。"中华民国"成立以后,由于清末一味地模仿日本而确立的教育制度逐步暴露出一定的弊端,需要对其进行不断地补充和修改,于是人们将视野转向欧美国家的教育成为历史的必然选择,再加上时代的变化,尤其是两次世界大战给各国教育带来的影响及教育界人士的深刻反思,使得世界各国的教育包括日本在内都在不断地进行革新。关注战后各国教育包括继续关注日本教育的发展有利于对原有教育制度的改进。因此,民国时期,赴欧美及日本进行教育考察仍然是推动中国教育现代化向更高、更深层次发展的必要途径。这时期的考察重点与清末较多注重教育制度的宏观大局不同,基础教育(普通教育)、职业教育、高等教育、华侨教育等众多领域以及众多方位的考察将中国教育现代化推向了新的高度。

由此可见,对近代国人出国教育考察活动进行深入、系统地研究,也有利于全方位把握中国教育现代化的历程及特征,也有利于分析中国教育现代化过程中存在的不足以及近代出国教育考察活动本身对今人的启示。

二、相关研究及说明

同留学等其他中外教育交流形式相比,有关国人出国教育考察活动的研究相对薄弱,主要集中在对个别出国考察者所撰游记或报告及特定历史时期出国教育考察活动总体特征的历史分析。通过检索国内外各类期刊、学术论文和专著可以发现,目前国内外学者对近代国人出国教育考察活动的研究取得了如下主要成果。

(一)关于甲午之前国人出国教育考察活动的研究

目前学术界关于此项活动的专门研究不多,主要是因为时人出洋考察的目标和内容基本上都是百科全书式的,清政府并没有专门考察教育人员的派出,即使是对国外教育情形的记录也是零星地散见于各类综合考察日记或报告之中。因此,对此期出国考察活动的研究呈现出两种类型:一是综合性质研究,即将教育纳入政治文化的大系统下进行研究,如钟叔河的两部著作《走向世界——近代中国知识分子考察西方的历史》(中华书局1985年版)和《从西方到东方——"走向世界丛书"叙论集》(岳麓书社2002年版)、王晓秋的两篇学术论文《晚清中国人走向世界的一次盛举》(《中国社会导刊》,2005年23期)和《三次集体出洋之比较》(《学术月刊》,2007年06期),以及散见于有关中国近代史、中国近代对外交流史及中国近代教育史著作中的部分文字内容。不过,令人惊喜的是,浙江大学周谷平教授的《晚清中国人眼中的异域教育——初出国门的外交官对西方教育的观察和考量》(浙江大学学报(人文社会科学版),2005年01期)一文突破了以上框架,将西方教育作为特定考察对象进行了专题研究。另一种是个别研究,即对此期出洋考察者中的重要人物如张德彝、郭嵩焘、薛福成等人在考察中所形成的西方文化教育观进行研究,如雷俊玲的《清季首批驻英人员对欧洲的认识》(中国文化大学1987年,博士论文)、刘甲良的《张德彝西方教育观探析》(北京师范大学2007年,硕士论文)、楼秀丽的《张德彝——一个晚清外交官西方认识的成长史》(华东师范大学2008年,硕士论文)、王春燕,张堂明的《张德彝眼中的西方近代教育——以八部〈航海述奇〉为考察中心》(鲁东大学学报〈哲学社会科学版〉2008年6月)、文定旭的《立足传统,融汇中西——郭嵩焘洋务教育思想研究》(华中师范大学2001年,硕士论文)、陈嘉梦的《郭嵩焘笔下的西方——基于〈郭嵩焘日记〉的西方形象研究》(上海大学2010年,硕士论文)、洪炜的《晚清早期驻外公使对西方的观察与思考述论——以郭嵩焘、刘锡鸿、曾纪泽和薛福成为例》(厦门大学2005年,硕士论文)等。需要说明的是,有关此期出国考察的资料大部分都收编在钟叔河主编的"走向世界丛书"内,因此以上研究成果均是在此基础上得以成形。该套丛书收集了1840—1911年中国人赴欧美及日本通商、留学、出使、游历后所留存的日记、笔记或游记,先后由湖南人民出版社和岳麓书社出版,前者于1980—1983年出版了27种20小册,后者于1985—1986年出版了38种共10大册。因此,这套丛书无疑是今人研究近代国人如何走出国门、借鉴外邦的一个重要窗口。

(二)关于清末新政时期中国赴日教育考察活动的研究

有关这一时期中国赴日教育考察活动的研究成果较甲午之前及民国时期要多出许多,且基本上都是以教育考察为专题对象。据笔者了解,目前研究成果主要如后。汪婉撰写的《清末中国对日教育视察研究》(日本汲古书院1998年版)算是最早的研究成果之一。该书在充分占有日文一手资料的基础上,研究了清末中国对日教育视察(即考察,下同)的阶段性特征以及在确立中国近代第一个学制方面的影响,并着重分析了日本方面于中国教育视察人员的态度及其应对措施。全文以日语行文,较为客观地评价了清末赴日教育考察的史实。何生根撰写的《清末日本教育考察研究》(浙江大学2001年,硕士论文)主要从清末日本教育考察的内容、由教育考察看日本人的中国教育改革观、张謇赴日教育考察与地方兴学三个方面论述清末赴日教育考察活动;代详撰写的《清末赴日考察官绅的教育思想研究——以"东游日记"为中心》(厦门大学 2006 年,硕士论文)以清末赴日考察官绅为对象,着重分析了他们在日本考察期间教育思想的发展变化,从中探讨其在中国教育思想近代转型过程中所起的作用。其他一些研究成果如《吴汝纶的日本教育视察》(王鸣,河北师范大学学报(教育科学版),2000 年 02 期)、《吴汝纶赴日考察与中国学制现代化》(赵建民,《档案与史学》,1999 年 05 期)、《张謇癸卯东游日本及其影响研究》(蒋国宏,河南师范大学学报(哲学社会科学版),2001 年 04 期)、《两度瀛山采药归——20 世纪初头严修考察日本教育述略》(武安隆,《日本研究论集》2005 年)、《清末教育考察对体育的引进及其价值》(陈晴,武汉体育学院学报,2006 年 09 期)、《清末幼稚园教育日本化透视》(方玉芬,幼儿教育(教育科学版),2007 年 05 期)等文,都是从某一侧面,如学制、体育、学前教育、实业教育等,对赴日教育考察活动进行的个别研究。另外,一些中外交流史的著作如《近代中日文化交流史》(王晓秋,中华书局 2000 年版)、《中外教育交流史》(田正平,广东教育出版社 2004 年版)、《民族危机下的教育应对》(余子侠,华中师范大学出版社 2001 年版)、《中日近代教育关系史》(杨晓,人民教育出版社 2004 年版)、《清末浙江与日本》(吕顺长,上海古籍出版社 2001 年版)、《清末中日教育交流之研究》(吕顺长,浙江大学 2007 年,博士论文)等著作或论文,均对赴日教育考察有所涉及。需要指出的是,关于清末赴日教育考察的主要游记资料,大部分都由吕顺长编辑成《晚清中国人日本考察记集成·教育考察记》(浙江大学出版社 1999 年版)。该集以及由王宝平主编、上海古籍出版社出版的《晚清东游日记汇编》成为国内外学者研究赴日教育考察的重要文献资料。

(三)关于民国时期出国教育考察活动的研究

民国时期出国教育考察活动的研究成果比较少见。主要有:田正平撰写的论文《论民国时期的中外人士教育考察——以 1912 年至 1937 年为中心》(社会科学战线,2004 年 03 期)。该论文的前篇主要梳理了民国时期中国官方和民间派出的教育考察人员的基本情况、活动内容及其特点分析,后篇则对照分析了外国来华教育人士的活动及其影响。在田教授主编的《中外教育交流史》(广东教育出版社 2004 年版)第十章("民国时期的中外人士教育考察")中,也有与此相关的研究。杨晓在其撰写的《中日近代教育关系史》(人民教育出版社 2004 年版)第四章(选择与融合——民族复兴中的教育成长)也简要梳理了 1912—1937 年间国人赴日考察教育的线索及主要内容。余子侠、宋恩荣撰写的《日本侵华教育全史(华北卷)》第四章(伪华北政权的留学教育及教育交往)记述了日本侵华期间非常态的赴日教育考察活动,并客观地分析了该活动的奴化实质。另外,谢长法的《黄炎培的教育考察与职业教育在中国的萌生》(教育与职业,2009 年第 11 期)是截至目前唯一的一篇以出国教育考察活动者为个案研究的学术论文。其他一些关于近代著名教育家,如陶行知、郭秉文、俞庆棠、陈鹤琴、雷沛鸿、俞子夷等的出国教育考察活动的研究则散见于人物年谱、传记及教育思想研究著作中,如《陶行知年谱》(朱泽甫,安徽教育出版社 1985 年版)、《蔡元培年谱长编》(高平叔,人民教育出版社 1998 年版)、《雷沛鸿与中国现代教育》(胡德海,甘肃教育出版社 2001 年版)、《俞庆棠思想研究》(熊贤君,辽宁教育出版社 1997 年版)、《山乡社会走出的人民教育家》(余子侠,湖北教育出版社 1990 年版)、《俞子夷教育实践研究》(董远骞,浙江教育出版社 2008 年版)、《至平至善,鸿声东南:东南大学校长郭秉文》(冒荣,山东教育出版社 2004 年版)、《陈鹤琴传》(柯小卫,江苏教育出版社 2008 年版)等。

(四)关于中国教育现代化的研究

目前国内学者研究中国教育现代化问题大多都是受到海外研究中国现代化问题的权威性著述——吉尔伯特·罗兹曼(G. Rozman)主编的《中国的现代化》思维模式的影响。该书以"知识和教育"为专题,从大众教育、精英教育、科学与技术、教育和价值观及国际比较五个方面探讨了中国教育现代化历程,深入分析了中国社会本身所存在的影响教育现代性增长的动力因素和阻力因素。自 20 世纪 90 年代起,国内学者纷纷致力于中国教育早期现代化的研究,成果主要有以下三类:一类是个体或群体人物研究,如《留学生与中国教育近代化》(田正平,广东教育出版社 1996 年出版)、《教会学校与中国教育近代化》(何晓夏、史静寰,广东教育出版社 1996 年出版)、《督抚与士绅——江苏教育现代化研究》(刘正伟,浙江大学 2000 年,博士论文)、《教育会社与中国教育现代化》(张伟平,浙江大学 1997 年,博士论文)、《商会与中国近代教育研究》(李忠,河北大学 2005 年,博士论文)、《张之洞与湖北教育改革》(苏云峰,台北中央研究院近代史研究所专刊 35)等。另一类是区域研究,如《从湖北看中国教育近代化》(董宝良、熊贤君,广东教育出版社 1996 年版)、《从浙江看中国教育近代化》(张彬,广东教育出版社 1996 年版)、《湖南教育近代化研究(1894—1929)》(伍春辉,湖南师范大学 2007 年,博士论文)、

《河北与中国教育早期现代化》(王金霞,河北大学 2006 年,博士论文)、《综析湖北教育早期现代化的前驱地位》,(余子侠,华东师范大学学报(教育科学版),1995 第 2 期)。还有一类是从教育近代化的基本内涵和外延进行研究,如张平海的博士论文《中国教育早期现代化研究》分别从中国教育思想的早期现代化、教育制度的早期现代化、教育内容的早期现代化、中日教育早期现代化比较等方面总体研究中国教育现代化。

综上所述,不难发现,中国教育现代化的研究成果不可谓不多,但涉及出国教育考察的研究则少见,且缺乏一定的系统性。近代出国教育考察活动的开展始终是与中国教育现代化密切联系在一起的,教育考察活动的主体即是推动中国教育现代化的一支不可或缺的生力军。因此,将出国教育考察与中国教育现代化联系起来研究确有必要。另外,在近代中国对外教育交流史中,学者们习惯性地将晚清与民国时期(抗日战争之前,下同)的交流国别定位为:清末——日本、民国——欧美,实际上中日之间的教育交流尤其是教育考察活动的开展自清末至民国始终是一贯的(抗日战争时期非常态的敌对关系除外)。民国时期,中国赴日考察教育人次从总体上来说一直多于赴欧美教育考察活动的人次,这应该归结为两点原因:其一是常理中的路近费省;其二则是日本自始至终都在关注世界教育并积极致力于教育的不断革新,仍然是中国教育现代化进程的不可或缺的重要参照系。

三、研究的核心概念

出国教育考察是指国人走出国门对世界各国教育制度、教育思想及教育实践等多方面进行参观与研究的一项活动。这种活动一般是因时代背景与教育自身需要而发起,带有很强的随机性,"或委派、或委托、或常任、或临时",[①]或考察者事出己愿。因此,出国教育考察不同于国内进行的教育视察或教育视导,后者随着教育行政机构的建立和职能的明确逐步走向正规化,形成了专门的视导制度以及对视导制度的专门研究。出国教育考察在清末习惯称之为"游历",对应的留学称之为"游学";民国以来,则习惯将二者分别称之为"考察""留学"。近代中国教育史研究者陈青之曾对晚清的游历和游学做过比较:"游学是长期的永久的性质,游历是短期的暂时的性质;游学所选派的概属于青年子弟或学生,游历所派遣的多为亲贵或职官;游学以正式研究各种科学为目

---

① 江苏省公署教育科编:《江苏教育近五年间概况》,江苏省公署 1916 年印行,第 15 页。

的,游历的目的则只在考察各国的政治法度(清末时期的教育涵盖在笼统的政治之中),以便期月回国后立行新政之急需。"①陈青之先生的确道出了特定历史时期游学和游历的基本区别,但是若以此作为区分中国近代史上的游学(留学)与游历(出国考察)活动的绝对依据,则显得过于笼统。留学与出国考察在时间上存在长短之异,这是不争的事实,但若以年龄大小作为二者划分的依据则有失偏颇,如蔡元培1907年以39岁的大龄赴德国莱比锡大学学习,张伯苓41岁(1917年)赴美国哥伦比亚大学学习。另外,在留学或游学中也有考察的情况,如部分留(游)学生利用假期空闲时间对所在国的教育进行考察,亦有部分中青年留学生在未出国门之前即有过一段从事教育工作的经历和基础,因此在外留学期间十分注意对所在国的教育情形进行考察研究。这种活动亦应列入考察之列,如余家菊1922—1924年在英国伦敦大学、爱丁堡大学求学期间,多次考察英国各类教育。因此,本研究所确定的研究对象是所有教育专门考察人员与有意考察教育的其他人员及其考察活动,但在研究分析的过程中主要以素质教育行政、教育教学经验或经历的专门出国考察教育者及其活动为主体。因此,一些著名教育家如梁启超、蔡元培、张伯苓、陶行知、陈鹤琴、晏阳初等,虽然都曾有过出国的经历,并且对所到国家的教育均有所论及,但由于篇幅所限,均不作详细分析。鉴于"考察"与"考查"两词在语音及语义上几乎一致,因此考察者中时有使用"考察"一词,时有使用"考查"一词。为统一起见,本文一律以"考察"一词行文。也有民国时期的一些出国教育考察者习惯将其考察活动以"调查"称呼,本文除在引用原文时继续使用"调查"一词外,其余一概转换成"考察"一词。

晚清民国时期出国考察教育者的人数甚多,身份各异。从成员组成来看,既有独自出行的,亦有结成团队的,以后者居多。从派出组织来看,既有官方派出的,亦有民间自动发起的,以前者居多;前者又可分为中央教育行政部门、地方教育行政部门、各级各类学校机构,后者主要为民间教育团体。从经费来源来看,既有官费的,又有自费的,以前者居多。从考察的国别来看,主要是赴日考察、赴欧美考察及赴南洋考察三大类。从考察者的身份来看,既有中央和地方教育行政官员,亦有学校校务工作的主持者,另有留学生和不以考察教育为职的他类出国人员。从考察的内容来看,主要分为考察教育行政、高等教育、职业教育、成人教育、平民教育、教学管理、教学法、

---

① 陈青之著:《中国教育史》,中国社会科学出版社2009年版,第573页。

体育教育、电影教育、图书馆教育等类别,以教育行政、高等教育及职业教育居多,亦有以上综合考察性质的。本文主要是按照出国教育考察活动及中国教育现代化的发展历程为线索进行论述,因此,在行文的时候主要按照时间顺序并以教育考察国别为参照进行重点研究,如洋务运动时期以欧美教育考察为主,维新及新政时期以赴日教育考察为主,民国时期兼顾赴欧美、赴日本教育考察。

四、拟解决的问题、研究方法及不足之处

中国教育现代化,又被学者称之为中国教育早期现代化或教育近代化。当代著名学者田正平教授将其定义为:"它(中国教育近代化——引者注)指的是与几千年来自给自足的封建农业经济基础和封建专制政体相适应的传统教育,逐步向与近代大工业生产和资本主义发展相适应的近代新式教育转化演变的这样一个历史过程。换句话说,它指的是近代资本主义兴起之后,中国通过多次的教育改革,学习、借鉴西方教育经验,改造、更新传统教育,努力赶上世界先进教育水平的历史历程。"①这种教育改革,既体现在教学内容、教育制度、教学方法和手段等物质层面,也反映在教育观念、教育理论等思想层面。正如著名学者章开沅所指,中国教育早期现代化指的是,"从 19 世纪末 20 世纪初开始的中国教育总体转型",它"涉及教育观念、教育理论、教育制度、教育内容和教育方法各个层面的深刻变革"。② 通过中国近代教育在内容、制度、思想上的阶段性特征分析,可以确定中国教育现代化的历史进程与中国近代教育史的发展轨迹基本一致,即中国近代教育史的历史分期就是中国教育现代化的历史分期。

田正平教授在《关于中国近代教育史学科体系的几点思考》一文中,明确地将中国近代教育史划分为三个阶段:第一阶段,1862—1894 年,为近代新式教育的产生期;第二阶段,1895—1911 年,为近代新式教育的发展期;第三阶段,1912—1927 年,为近代新式教育的成熟期。③ 田正平教授关于中国近代教育史分期划分的科学依据是近代新式教育在发展过程中所体现的有

① 田正平主编:《中国教育现代化丛书·总前言》,第 7 页。
② 章开沅主编:《中国教育现代化丛书·总序》,第 2 页。
③ 参见田正平:《关于中国近代教育史学科体系的几点思考》,华东师范大学学报(教育科学版),1989 年第 2 期。

关教育观念、教育制度、教育内容、教育方法等方面的基本特征。将近代新式教育产生期的下限确定为 1894 年而不是 1901 年,可以明显地将洋务运动时期的教育与维新时期的教育区别开来,但又模糊了清末维新时期与新政时期教育改革的显著差异;而以 1927 年而不是 1922 年作为近代新式教育的成熟期,则是将《壬戌学制》的确立与修订融合在一起,容易忽略民国后期的学制改革实质上都是对《壬戌学制》进行修订的事实。近代教育家周予同在《中国现代教育史》中曾将中国近代教育(即周予同所言的"现代教育")分为五期:第一期,1862—1901 年,为新教育萌芽时期;第二期,1901—1911 年,为新教育建立时期;第三期,1911—1921 年,为民国学制颁行时期;第四期,1922—1927 年,为新学制的修订时期;第五期,1927—1932 年(即至周予同撰写《中国现代教育史》之时止),为党化教育试行时期。[①] 笔者倾向于这种中国近代教育史的分期方式,但鉴于周予同是在 20 世纪 30 年代完成《中国现代教育史》一书的,所以有必要将周予同关于"中国现代教育史"的下限延长至 1949 年,并将第四、五两期合并为一期,体现《壬戌学制》自建立以来不断进行修订的连续性以及民国教育界人士在中国教育现代化的道路上摸索的历程。因此,笔者将中国近代教育史或中国教育现代化的分期确定为:第一期,1862—1901 年,近代新式教育的产生期,中国教育现代化的起步阶段;第二期,1901—1911 年,近代新式教育的确立期,中国教育现代化的初步发展阶段;第三期,1911—1922 年,近代新式教育的发展期,中国教育现代化的继续发展阶段;第四期,1922—1949 年,近代新式教育的定型期,中国教育现代化的成熟阶段。

由于特殊的历史原因、时代背景及国际环境的影响,中国教育现代化形成了以下四大特征:一是由被动性转向主动性。中国教育现代化是在内外双重因素的共同作用下逐步完成的。日本及欧美教育的刺激是外因,中国教育自身求发展的需求是内因,外因驱动内因的产生并通过内因起决定作用推动了中国教育现代化前进的步伐。二是教育发展的区域性,即教育现代化所显示出的局部性和不平衡性。在中国教育现代化发展过程中,由于政治精英与教育精英的作为,使得清末的湖北、直隶与民国的江苏在教育上走在了其他省份的前头,在全国范围内形成了教育现代化的不平衡局势。三是教育制度的模仿性。相对于教育内容、教学方法及教育理论而言,对外

① 参见周予同著:《中国现代教育史》,上海良友图书公司民国二十三年(1934)版,第 13~14 页。

国教育制度的模仿显得更加直观、直接和显著,清末的《壬寅·癸卯学制》、民初的《壬子·癸丑学制》、20 世纪 20 年代的《壬戌学制》,无一不是在对日本、德国及美国学制的模仿基础上形成的。四是教育研究与实验的探索性,中国近代尤其是民国时期开展的各类教学方法、教学组织形式及其他教育实验运动都是在学习、借鉴欧美及日本教育的基础上并结合本国实际情形而开展的,在效法他国的过程中凝聚了中国教育界人士勇于进行教育研究与实验的探索精神。因此本文主要从出国教育考察活动与中国近代学制建设的关系、出国教育考察活动与近代中国地方教育发展的关系、出国教育考察与中国近代教育研究与实验三方面,论述出国教育考察活动与中国教育现代化的互动关系,并由此体现中国教育现代化是一个由被动转向主动的发展历程。它体现了中国教育现代化既是一个客观必然的自在的历史运动,又是一个主观能动的自为的历史运动。

本研究试图解决的问题是近代中国出国教育考察与中国教育现代化的互动关系。自起步之日起,即京师同文馆设立之日起,中国教育现代化就与出国教育考察活动结下了"生死之约"。同治元年(1862 年),中国近代第一所新式学堂设立,标志着中国教育现代化进程正式拉开帷幕。然而,新式学堂如何才能适应现代化的发展需求,培养现代化所需要的人才仍是一个未知命题。四年后,即同治五年(1866 年),六十三岁的山西襄陵知县斌椿率领该馆学生赴法、英、荷兰、丹麦、瑞典、俄、普鲁士等国游历,为中国现代化的发展域外求经。这是近代中国官方派遣的首次游历之行,也是近代出国考察活动对中国教育现代化应如何发展的第一次回应。至甲午战争之前,洋务领袖们在天津、福建、广州、湖北等地建立了一些新式学堂,然而这些零散的新式教育机构既不能在形式上形成完整的学校系统,又在内容上缺乏先进的教育理念进行指导,因此甲午一战即暴露出新式教育在教育思想与教育制度上的先天不足,中国教育现代化首途即遭挫折。中国教育现代化的道路应该如何前进才能避免战争形式上的惨败,洋务后期领袖人物张之洞及维新派纷纷主张以游学或游历的形式来寻求教育发展的空间,以达到增强国力、民力的目的。清末新政时期,朝廷颁布兴学诏书,然而如此大规模、大范围的兴学运动无章可循,于是清政府朝野内外一致将目光锁定近邻日本,赴日教育考察活动呼之欲出。这是出国教育考察活动对中国教育现代化发展需求的第二次回应。在赴日教育考察活动的影响下,统一全国学校系统的《壬寅·癸卯学制》和指导教育发展方向的五项教育宗旨相继出台,中国教育现代化得以继续发展。辛亥革命后建立的新兴政权重新给予教育界人士以冷静反思的机会，他们开始注意到清末时期的中国教育现代化的方向出现了偏离，即一味模仿并移植日本教育制度并不能带来中国教育的长足发展。然而匆促之际制订的《壬子·癸丑学制》依然未能扭转这一局面，于是以全国教育会联合会为先声在全国范围内掀起了学制改革大讨论，众多教育界人士再次将出国考察作为制订新学制的重要途径与依据。这是出国教育考察活动对中国教育现代化发展需要的第三次回应。在考察日本、欧美尤其是欧美的教育制度后，酝酿已久的新学制终于制订出来。然而由美国"引进"的《壬戌学制》也因不完全符合中国的实际国情而逐渐暴露出很多弊端，于是民国后期对学制的不断修订以及由此引起的教育实验与研究活动广泛开展起来，由此也激发了国人考察欧美教育以进行新一轮的教育改革的热情。

鉴于笔者目前掌握的已有研究成果和搜集到的相关资料的情况，初步将研究的时间范围确定在 1866 至 1949 年，即清末民国时期。其间，清末新政十年是出国教育考察的第一次高潮，民国时期虽称不上什么高潮，但一直是溪流涓涓不断，偶尔也出现过几股出国教育考察活动的小浪潮。

本研究采用的方法主要是文献法、比较法、因素分析法、个案分析法。以文献法分析近代出国考察的历史成因以及演变过程，分析考察成员的各类考察报告、日记、讲演的内容及其对新式教育的影响；以比较法和因素分析法比较分析不同时期出国考察的历史背景和考察特征；以个案分析法研究出国考察教育人员对中国教育现代化的影响和作用。

本文的不足之处甚多：其一是对阶段性出国教育考察活动特征把握不够，其原因在于研究时段较长且不对称，即清末新政时期较短，且出国教育考察活动较为单一、集中，活动特点容易把握；民国时期较长，但出国教育考察活动比较分散、复杂，活动特点不易把握；其二是对中国出国教育考察活动理论分析不够，尤其是民国时期出国教育考察活动与中国教育现代化的互动关系分析不够，虽然笔者花费大量时间和精力查询到了甚多的出国"考察日记"或有关教育考察的"消息报道"，但其中的大多数都只是单纯的考察流程的记录，加之未能搜集到充足相关的外文资料，因此可供本文进行理论分析的资料仍显不够。另外，本人浅薄的学术功底也是本文理论性不强的重要原因。

第一章　十九世纪末国人出国教育考察与中国教育变革

几千年的悠久历史成就了中华民族灿烂的思想与文化,然而泱泱大国的自豪也滋生了"夷夏之防"的自我中心意识。近代鸦片战争的坚船利炮不仅轰开了中国的地理壁垒,也震醒了国人"天朝上国"的精神迷梦,冲击了国人夷夏之分的固有观念。战争的教训之一便是以"师夷长技以制夷"思想为主导的一代知识分子迈出了"开眼看世界"的重要一步。林则徐的《四洲志》[①]、魏源的《海国图志》、徐继畬的《瀛环志略》都是这一时期的初步成果,为国人打开了"世界之窗"。然而,这些介绍性的著作不可避免地暴露出一定的弊端:一是仅仅局限于地理、科技、器物等层面的初步介绍,少有政治、教育等方面的涉及;二是多由前人流传或翻译间接而得,缺乏对世界各国的实证考察研究,因此势必会出现一些令人不满意的地方或稍许差错。如同治七年(1868年),清政府派出的第一个外交使团成员之一的孙家谷,在游历欧美归来之后,即称"西洋风土,惟《瀛环志略》一书,尚堪尽信,但未详耳"[②]。又如,关于日本长崎的介绍,徐继畬、魏源均承袭了陈伦炯《海国闻见记》中所说,将长崎、萨摩、对马说成是"日本三岛",何如璋亲历日本之后,指出"日本三岛"其实是"西海道"(九州)、"南海道"(四国)和"中央一大岛"(本州),还应该加上"东北一大岛北海道",实际上是"日本四岛",长崎不过是"西海道"岛上的一处港湾,萨摩是"南海道"西南一

---

① 此书系林则徐令人翻译英国人幕瑞(Hugh Murry)的《世界地理大全》编辑而成,概述了五大洲三十余国的地理历史,重点介绍英、美、法、俄等国情况。

② 孙家谷著:《使西书略》,钟叔河主编《走向世界丛书》第1辑第1册,岳麓书社1985年版,第383页。

境,对马则是"西海道"北方海中的小岛。① 因此,这些"耳闻"到的世界地理知识直至游历"目见"之时才得以纠正过来。至于世界各国教育情形,在介绍中虽然没有出现如上地理方面的常识性错误,但终因"道听途说"且涉及太少,以致未能引起中国方面的基本重视,这种情形直到 19 世纪 60 年代以后才略见转机。正如近代著名思想家黄遵宪所言,"儒生不出门,勿论当世事"②,要想正确地认识西方世界,不出门是不行的。同治五年(1866年),中国官方开始第一次派员出洋游历。自此之后,每隔一段时间便有派员此类活动的开展。在综合考察西方国家各项情形的过程中,西方国家的教育也随之进入了中国游历官员的视野,并通过文字的方式传递给国人。虽然多数考察者并没有对西方教育给予足够的关注与重视,但有胜于无,他们毕竟直接提供了一些西方教育的有关资料,尤其是王韬、郭嵩焘、傅云龙、黄遵宪、薛福成、张德彝等人的考察记录所记载的教育信息,丰富了国人关于西方教育的知识来源。甲午战争之后,国人迅速意识到蕞尔岛国——日本强盛的原因在于教育的发展,于是将出洋考察的范围缩小至日本,尤其是日本的教育。百日维新前后,以姚锡光为先例的中国人赴日专门进行教育考察的活动正式启动,为清末新政时期大规模赴日教育考察活动的开展奠定了实践基础。

第一节　甲午战争前出国教育考察活动概述

明末清初,西方传教士以澳门为突破口陆续进入中国,西学东渐以此为契机开始影响一批中国学者。他们通过与传教士的交往开始对西方国家有了初步的了解,但由于此时的西方世界尚未对中国构成武力威胁,因此,绝大多数中国人对西方世界还仅仅只是停留在耳闻的认识层面上,不屑于"睁眼"看世界。第一次鸦片战争后,西方的坚船利炮在击破了中国的地理壁垒的同时,也震松了中国人的心理防线,在西方的强势强权的挤压下,产生了近代"开眼看世界"的第一批知识分子,如林则徐、魏源等人。鸦片战争以后,一些西方国家取得了在中国广州、厦门、

---

① 参见何如璋著:《使东述略》,钟叔河主编《走向世界丛书》第 1 辑第 3 册,岳麓书社 1985 年版,第 106 页。

② 钱仲联著:《人静庐诗草笺注》,上海古籍出版社 1981 年版,第 1 页。

福州、宁波、上海等五处口岸通商的特权,西方人士也相应获得了在中国内地自由游历的通行证,于是一批批外交家、传教士先后涌进中国。至此,西方人士对中国的了解越来越多,越来越深,而中国人对世界的了解却非常薄弱。因此,一些有识之士就意识到中国必须走出国门去了解西方世界。19世纪60年代,清政府的一些较为开明的大臣发起了洋务运动,"开眼看世界"终于衍变为"走向世界"的实际行动,中国教育的现代化也随之迈向一个新的台阶。

早在道光二十七年(1847年),就有中国人游历外洋的记载。是年春,厦门人林鍼因"素习番语"而得有机会"受外国花旗聘舌耕海外"①一年,并留有《西海纪游诗》一册,简略记录了其在美国的见闻。然而,这一偶发的民间游历事件在当时并未引起丝毫重视。直到二十年后,中国首次官方派遣的游历活动才开始启动。同治元年(1962年),京师同文馆成立,标志着中国教育正式迈出了现代化的第一步。这是一所以培养翻译人才为目标、以外语教育为内容的洋务学堂。因此,它必然会与早期的出洋游历活动建立密切的关系,其首批学生张德彝曾多次充当游历官员及外交使节的随员。四年之后(1866年),清政府派遣斌椿随同总税务司英人赫德(Robert Hart)一道赴欧洲游历,这便是近代最早的官方派遣的出洋游历活动。此后,清政府官员出洋游历活动渐次开展。随着与他国的外交关系的建立,清政府向英、法、德、俄、瑞士、荷兰、比利时、日本等国派出驻外使节。诸多清政府驻外使节在任职期间,也分别对所在国的政治、经济、教育、社会等方面进行过一番考察。除官方出洋游历活动外,19世纪下半叶,民间有志之士也将出洋游历作为实现自己救国抱负的重要方式,对西方政治、文化、教育的考察更加丰富了他们关于中国政治、教育改革的理性认识。出于文化之自觉或迫于职责之所在,大多数游历人员在考察后都有"游记"或"日记"留世(见表1-1),从不同角度描述了游历国的政治、经济、文化及教育情形,为时人了解西洋世界和后人研究中外文化交流留下了丰富的资料。

---

① 钟叔河著:《走向世界——近代中国知识分子考察西方的历史》,中华书局1985年版,第53页。

表 1-1 甲午前国人出洋游记简表①

作者	身份	游历年份	游历国别	书名	曾否刊行
林鍼	洋商随员	1847	美国	西海纪游草	1849 刊
斌椿	政府派遣游历团成员	1866	欧洲	乘槎笔记、海国胜游草、天外归帆草	1866 刊
张德彝	斌椿游历团成员	1866	欧洲	航海述奇	曾刊，年代不详
王韬	应理雅各赴英	1867	英国	漫游随录	1870
志刚	蒲安臣使团成员	1868	欧美	初使泰西记	曾刊，年代不详
张德彝	蒲安臣使团成员	1868	欧美	再述奇（欧美环游记）	未刊
张德彝	崇厚使法随员	1870	法国	随使法国记	未刊
祁兆熙	第三批留美幼童护送	1874	美国	游美洲日记	曾刊，年代不详
郭嵩焘	首任出使英国大臣	1876	英、法国	伦敦与巴黎日记	未刊
刘锡鸿	郭嵩焘副使	1876	英、德国	英轺私记	1895
黎庶昌	随使英、德法、西班牙等国	1876	英、法、德、瑞、荷、比等国	西洋杂志	1900
张德彝	郭嵩焘随使	1876	英、俄国	随使英俄记	未刊
李圭	参加世界博览会	1876	美国	环游地球新录	1878
何如璋	首任出使日本大臣	1877	日本	使东述略	曾刊，年代不详
张斯桂	出使日本副使	1877	日本	使东诗录	曾刊，年代不详
黄遵宪	何如璋驻日参赞	1877	日本	日本杂事诗、日本国志	先后为1879、1895②

① 此表根据钟叔河编著的《从东方到西方——"走向世界丛书"叙论集》（上海人民出版社 1989年版）和《走向世界丛书》（岳麓书社 1985—1986 年版）两书编制而成。

② 《日本国志》一书在光绪十三年（1887 年）年成书后，并未出版，直至光绪十六年（1890 年）才有羊城（广州）富文斋初刻本，光绪二十一年（1895 年）冬第一次出版。因此，此处以 1895 年为准。

（续表）

作者	身份	游历年份	游历国别	书名	曾否刊行
曾纪泽	出使英、法大臣	1878	英、法、俄国	出使英法俄日记	1882
王韬	文人自游	1879	日本	扶桑游记	1880
徐建寅	李鸿章派遣	1879	德、英、法等国	欧游杂录	曾刊，年代不详
李筱圃	自费	1880	日本	日本纪游	曾刊，年代不详
傅云龙	游历大臣	1887	日本、美国、加拿大、秘鲁、巴西	游历各国图经、游历日本图经余纪	1889
薛福成	出使英、法、意、比四国大臣	1890	英、法、意、比四国	出使英、法、义、比四国日记	曾刊，年代不详
黄庆澄	沈秉成、汪凤藻资助	1893	日本	东游日记	1894

一、专门游历官员出洋考察

甲午战争之前，专门出洋游历活动并不多见。有历史记载的主要是斌椿一行的欧洲游历之行和傅云龙、顾厚焜等的东、西洋游历之行。

（一）斌椿等欧洲之行——中国官方派遣的首次出洋游历活动

同治五年（1866 年），海关总税务司赫德借回国休假之机，请求总理各国事务衙门派遣京师同文馆学生随同前往英国考察。鉴于同文馆学生皆在"弱冠之年"，恐于外交上不识大体甚至有失大体，总理衙门大臣奕䜣遂奏派"老成可靠之人"率同前往。奏议既出，然大小官员"总苦眩晕，无敢应者"，唯有年过花甲的斌椿"慨然愿往"。① 众多官员担心海上风险不过是不愿出洋的次要原因，主要原因应该是其时出洋游历风气未开，朝廷官员中保守思想依然严重。斌椿虽然不是饱含洋务先进思想之人，但自被邀请至"总税务司"办理文案后，便有机会接触洋人及西方一些近代文化知识。于是，他被圈定为最合适的游历人选。

兹查有前任山西襄陵县知县斌椿，现年六十三，系内务府正白旗汉军善

---

① 钟叔河著：《从东方到西方——"走向世界丛书"叙论集》，岳麓书社 1989 年版，第 29 页。

禄管领下人,因病呈请回旗,于咸丰七年在捐输助赈案内加捐副护军参领衔。前年五月间经总税务司赫德延请办理文案,并伊子笔帖式广英。襄办年余以来,均尚妥洽。……拟令其沿途留心,将该国一切山川形势、风土人情随时记载,带回中国,以资印证。[①]

于是,斌椿有幸成了近代中国首个游历官。随同斌椿出行者,除其子广英外,还有京师同文馆英文馆的三名学生(凤仪、德明和彦慧)。同治五年(1866年),斌椿一行前往法、英、荷兰、丹麦、瑞典、俄、普鲁士等国游历,开启了近代中国官方派遣的首次考察之旅。斌椿一行在欧洲的游历时间总共不到四个月,其游历记录见于《乘槎笔记》及两篇纪游诗——《海国胜游草》《天外归帆草》,简要描述了各国山川形势及风土人情。这也正是清政府派遣游历的初衷,即亲临其地见识其地理风俗,以便利与其交涉。正如清廷大臣奕䜣在上《奏请派斌椿等随赫德出国往泰西游历折》时所称:"查自各国换约以来,洋人往来中国,于各省一切情形日臻熟悉。而外国情形,中国未能周知,于办理交涉事件,终虞隔膜。臣等久拟奏请派员前往各国,探其利弊,以期稍识端倪,藉资筹计。"[②]遗憾的是,游历归国后,斌椿的思想并没有发生较大的变化,他本人也未能借此机会在洋务事业上有所建树。

在斌椿的三个随员学生中,最突出的是德明,即《航海述奇》的作者张德彝。张德彝是京师同文馆的首批学生,经过三年的外语学习,已具备初步的洋务知识与能力。在此次游历活动中,张德彝非常留心欧洲各国的社会情形,并将其记录,题为《航海述奇》。有了此次出洋经历,张德彝在洋务运动及新政时期先后七次被派为随员专门出洋游历或随同驻外使节办理外交事宜,并留下了丰富的有关西洋风土器物及文化教育等方面的游历记录。

(二)傅云龙等游历之行——中国官方派遣的最大阵容出洋游历活动

光绪十三年(1887年),傅云龙、顾厚焜一行十二人分赴东、西洋二十国游历,此举可谓是有史以来中国官方派遣的最大阵容的游历活动。是年春,在总理各国事务衙门主持下,京师同文馆举行了一场别开生面的出洋游历人员选拔考试。虽然之前即有出洋游历的先例,但对游历人员进行选拔考试则属破天荒之举,即使是在清末新政及民国时期的诸多考察事实中,也罕见如此类型的举措。光绪十二年十二月(1887年1月),御史谢祖源奏请"广

---

① 中华书局编辑部、李书源编:《筹办夷务始末》(同治朝),中华书局2008年版,第1622页。

② 中华书局编辑部、李书源编:《筹办夷务始末》(同治朝),中华书局2008年版,第1621页。

收奇杰之士游历外洋"。鉴于以往出使人员大多素质较差,对外国调查研究不够深入,谢氏建议以"翰林院六部核实保荐,并咨送总理衙门考核"为方式,选拔一批文化修养较高的中央各部官员出国游历。[①] 总理各国事务衙门接纳了谢氏之言,迅即拟定了出洋游历人员章程。这是中国近代史上第一份较为周密、翔实的关于出洋游历的章程。该章程在游历资格、经费开支、人员名额、选拔考试及归国考核等方面均有涉及,现摘录如下。

总理衙门:奏定酌拟出洋游历人员章程
光绪十三年(1887)

一、设法节省出使经费每年四万余两,以供派员游历之费,除翻译外,当以十员或十二员为定额。

二、除翰林人员由本衙门咨送外,其各衙门人员供保送名单汇齐后,由总理衙门定期考试,以长于纪载、叙事有条理者入选。

三、京官四品以上及有紧要职事者,届时请旨,方定行止。八品以下每月薪水银二百两,准雇请翻译生一名,月支薪水五十两。

四、往返船价及游历火车价准开公项,每人给二等舱价。每官一员,准带仆役一名,工价自备,仍给三等舱价。雇船雇车、责成文报局使署、领事署经理。

五、游历至久以二年为限,往来程途均在限内,过限即自备资斧,过一年半后先归者听。

六、各员准预支薪水六个月,公项银一千两,其或不敷,准各使署借支。

七、船价车价,由各员分两次造册报销。

八、各国可游地方应支车价若干,可于使署、领事署询明。

九、游历应将各处地形要隘、防守大势以及远近里数、风俗政治、水师炮台、制造厂局、火轮舟车、水雷炮弹详细记载以备查考。

十、各国语言文字、天文、算学、化学、重学、电学、光学及一切测量之学、格致之学,各员有性情相近者,自能审择学习,亦可以所写手册交总理衙门以备参考。

---

① 参见高时良编:《中国近代教育史资料汇编·洋务运动时期教育》,上海教育出版社1992年版,第857页。

十一、各员游历回华，将所习何业、所精何器、所著何书呈明后，应择其才识卓著之员奏请给奖。

十二、由总理衙门给文牍护照，写明由出使大臣领事官照料。

十三、各员可先后具报启程，不必齐都同行，免致游戏征逐，耽误公事。

十四、各员如因父母老病不愿出洋者，准其呈明免行。倘在洋闻讣丁忧，期满回华后补行守制。①

按照章程第三条的规定，光绪十三年四月（1887 年 6 月），总理衙门举行了"第一届"也是唯一的一届游历官员选拔考试。此次应考者均为六部保荐人员，共七十五人，考题为《海防边防论》《通商口岸记》《铁道论》《记明代以来与西洋各国交涉大略》。此次笔试共录取二十八人，其中兵部郎中傅云龙名列第一。② 这二十八人经由总理衙门大臣面试后引荐给光绪帝进行复试，最后由光绪帝亲自圈定傅云龙、顾厚焜、刘启彤、李瀛瑞、孔昭乾、陈燨唐、李秉瑞、程绍祖、缪祐孙、金鹏、洪勋、徐宗培等十二人为正式游历使，分赴亚洲、欧洲与南北美洲各国游历。具体分工为：傅云龙、顾厚焜赴日本、美国、加拿大、秘鲁、巴西、古巴；刘启彤、李瀛瑞、孔昭乾、陈燨唐赴英国、法国及其所属殖民地印度等国；李秉瑞、程绍祖赴德国、奥地利、荷兰、比利时、丹麦；缪祐孙、金鹏赴俄国；洪勋、徐宗培赴西班牙、葡萄牙、意大利、瑞典、挪威。游历官们沿途将各国考察情形记载成书，取得了丰硕的文字成果，尤以傅云龙所记为著。据载，傅云龙此行的"游历途径"及"余纪"多达一百一十卷（见表 1-2）。

表 1-2 傅云龙等游历图经一览表③

傅云龙	《游历日本图经》30 卷、《游历英属加纳大图经》8 卷、《游历秘鲁图经》4 卷、《游历图经余纪》15 卷、《游美利加诗权》1 卷、《游古巴诗董》1 卷、《游巴西诗志》1 卷、《游历美利加合众国图经》32 卷、《游历古巴图经》2 卷、《游历巴西图经》10 卷、《游历日本诗变》4 卷、《游加纳大诗隅》1 卷、《游秘鲁诗鉴》1 卷
顾厚焜	《日本新政考》《美利坚合众国地理兵要》《巴西政治考》《巴西国地理兵要》《英属加拿大政治考》《秘鲁政治考》《古巴政治考》

① 高时良编：《中国近代教育史资料汇编·洋务运动时期教育》，上海教育出版社 1992 年版，第 859～860 页。

② 《论游历人员之责重》，《申报》1887 年 11 月 10 日。

③ 根据北大历史系王晓秋教授讲座整理。http://www.douban.com/group/topic/6995016/

（续表）

刘启彤	《英政概论》《法政概》《英藩政概》《欧洲各国火轮车道纪略》《印度车道纪略》。
洪勋	《游历意大利闻见录》《游历瑞典挪威闻见录》《游历西班牙闻见录》《游历葡萄牙闻见录》《游历闻见录总略》《游历闻见拾遗》
缪祐孙	《俄游汇编》《俄游日记》

　　在以游历日程及见闻感想编成的"余纪"十五卷中,傅云龙重点介绍了美国和日本的教育情形,这可以从他编制的有关美国和日本教育的图表中看出。傅氏将美国的教育考察结果编成十四张图表——《美利加(即美国——引者注)大学校表》《美利加大学校师生年表》《美利加学期表》《美利加官立师范学校表》《美利加学校师生系地表》《美利加官学校费表》《美利加学校财产表》《美利加学费通记表》《美利加学校师薪水系地表》《美利加官立小学校年表》《美利加非官立学校师增减表》《美利加市镇小学校岁费表》《美利加习师会表》《美利加不学人表》。对于日本教育情况的介绍,除了类似于介绍美国教育的十五张图表(《日本学校合表》《已、未入学表》《日本小学校师弟子表》《寻常中学校表》《寻常师范学校表》《日本专门学校表》《高等女师范表》《官立学校表》《日本杂学校表》《杂学校科表》《幼稚园表》《书籍馆表》《日本人留学别国计费表》《公学费岁入表》《公学校岁出表》)外,①傅云龙还用适量的笔墨记述了前往东京大学、海军兵学校、寻常师范学校、画学校、女学校、师范学校、商业学校和图书馆等教育机构的参观过程。

　　鉴于以上丰硕的考察成果及游历之辛劳,傅云龙、刘启彤等归国后,总理衙门立即奏请"保奖出洋游历人员":

　　兵部候补郎中傅云龙、户部主事缪祐孙、刑部主事顾厚焜、兵部主事程绍祖、礼部主事李秉瑞、兵部主事刘启彤等,各呈有札记及翻译编撰之册。傅云龙所著《游历日本等国图经》八十六卷,纂述较多,征引尚博,实属留心搜辑,坚忍耐劳。缪祐孙、刘启彤,亦采访精详,有裨时务。除未回京报到各员,届时查看办理外,其已到各员,请分别给奖。以示鼓励。傅云龙、刘启彤,请发往北洋差遣委用。

---

　　①　参见傅云龙著：《游历日本图经余纪》,钟叔河主编《走向世界丛书》第1辑第3册,岳麓书社1985年版,第265～276页。

二、外交使臣出洋考察

外交使臣出洋游历活动主要分为两类：一类是因专门处理某项特殊事务而临时出行的外交使臣的出洋游历活动，如"蒲安臣使团"和"崇厚使团"在西洋的游历活动；一类是驻外使节的出洋游历活动，如郭嵩焘、薛福成、黄遵宪等在英、法、义、比、俄、美及日本出任使节时的考察活动。光绪元年（1875年），在处理"马嘉理事件"的促成下，中国近代出使制度得以建立。次年，清政府制定了中国近代第一个《出使章程》。该章程明确规定出使人员的各项职责，"出使一事，凡有关系交涉事件及各国风土人情，该使臣当详细记载，随时咨报"，并要求出使人员将每日所见所闻笔之于书，"饬使臣将大小事件，逐日详细登记，按月汇成一册，咨送臣衙门（总理各国事务衙门——引者注）备案查核，即翻译外洋书籍、新闻纸等件内，有关系交涉事宜者亦一并咨送，以资考证"。① 在此章程的要求下，晚清驻外使臣涉洋期间均留心包括教育在内的外洋事务的考察。

（一）蒲安臣使团及崇厚使团出洋考察

同治六年（1867年），第二次鸦片战争中签订的《天津条约》已届续约之期，为了避免英、法等国提出进一步要求，总理衙门大臣奕訢等计划事先主动与英、法各国进行交涉，具体办法是派遣使节出使英、法等国。鉴于此时中国极端缺乏外交人才，"一时乏人堪膺此选"，②于是总理衙门决定聘请原来担任过美国驻华使节现已卸任的蒲安臣来权当使臣。蒲安臣使团一行十三人于同治七年（1868年）出发，先后访问美、英、法、普③、俄及其他一些欧洲国家，其中两名是中国官员，即总理衙门记名海关道志刚、礼部郎中孙家谷，张德彝充当翻译。志刚、孙家谷、张德彝三人在此次出访过程中对欧美各国进行了一番考察，并分别著成考察记录（张德彝所记见前文）。志刚所著《初使泰西记》和孙家谷所著《使西书略》除了记述该使团在欧美各国所做交涉活动外，还记录了西方国家的政治、经济、文化、教育及社会情况。

同治九年（1870年），崇厚一行赴法国为天津教案谢罪，张德彝是随员之一。在此之前，张德彝已经游历过法国三次，对法国的各种社会情形有了一

---

① 刘锦藻著：《清朝续文献通考（四）》，浙江古籍出版社1988年版，第10785页。
② 钟叔河著：《从东方到东西——"走向世界丛书"叙论集》，岳麓书社1989年版，第48页。
③ 普鲁士：欧洲历史地名。此处指1701—1871年的普鲁士王国。——编者注

定的了解。此次出使,张德彝随崇厚在法国驻留一年时间,自始至终亲闻目见到普鲁士和法国的交战过程——普法交兵、法国投降、巴黎起义、凡尔赛部队攻占巴黎、血腥镇压法国革命者。因此,他在《随使法国记》中于此次游历活动的记述主要为教案道歉之事和期间的考察法国普法战争之事。

(二)郭嵩焘、曾纪泽、薛福成等出使英、法等国

光绪元年(1875年),英国驻华使馆官员马嘉理率人到云南"探险",与当地居民发生冲突时被杀,是为"马嘉理事件"。英国驻华公使威妥玛(Thomas Francis Wade)借机向清政府多方威胁,提出六项要求,其中一项即是中国应派遣一位特使赴英国道歉通好。清政府于当年夏天派遣郭嵩焘出使英国处理"道歉"事宜,并于嗣后通知郭嵩焘直接出任驻英公使。就当时情况而言,清政府处理此事较为冷淡,一是没有一份出使他国的正式公文,二是以"道歉"为出使名义,所以此次出使英国无疑是一份苦差事。当郭嵩焘就任驻英公使的决定一出,引起朝野一片哗然,"有讥讽者,有为郭氏扼腕叹息者",但曾经有过几次涉外经历并热心洋务事业的郭嵩焘却能以"数万里程途避而不任,更有艰巨,谁与任之"[①]的决心,接受了此项出使任务。在出使期间,郭嵩焘不仅出色地完成了许多涉外事件的处理,还通过广泛接触西方各国由政治体制到文化层次的方方面面,进而对中国洋务事业的发展提出一些重要的策略性建议,影响着李鸿章等一批清廷上层决策人物,对洋务运动发展起着重要的推动作用。在郭嵩焘所著《伦敦与巴黎日记》中,可以看到诸多频繁介绍西方先进的科学技术及文化教育方面的文字记录。

光绪四年(1878年),郭嵩焘卸任后,曾纪泽、薛福成等相继出使英、法等国。曾纪泽将自己在外洋的经历撰写成《出使英法俄国日记》,和郭嵩焘不一样的是,曾纪泽很少在日记中发表自己对于东西洋政治、文教的认识和看法。光绪十六年(1890年),薛福成出使英、法、义、比四国。这次出使为业已具有洋务思想的薛福成提供了一次宝贵的亲历西洋各国的机会,使他的眼界进一步打开,从而完成了其由洋务思想到维新思想的转变,并使他以早期维新思想的重要代表而载入史册。薛福成的这次出使,不但对他本人产生了重要的影响,更为重要的是,他于这次亲历西洋所留下的对西方各国民俗风情、经济、政治、文化、教育等情况介绍的日记及政论文章,为近代中国人认识世界、了解世界、走向世界,提供了大量宝贵的资料。其出使日记《出使

---

① 　熊月之:《郭嵩焘出使述略》,《求索》,1983年第4期。

英法义比四国日记》，是一份不可多得的了解欧洲各国政教知识的重要史料。

（三）黄遵宪、张斯桂、何如璋等出使日本

光绪三年（1877年），清政府正式在日本建立驻日公使馆，驻日公使何如璋、副使张斯桂、参赞黄遵宪等成为首批派驻日本的外交使臣。至中国首批驻日公使游历日本之时，日本的明治维新已有近十年的历史，此时的日本已经发生了翻天覆地的变化。日本效法西方后所发生的巨大变化，让中国使臣何如璋、黄遵宪等人大为叹服："近趋欧俗，上至官府，下及学校，凡制度、器物、语言、文字，靡然不以泰西为式"；"其进步之速，为古今万国所未有！其成功的奥秘，则在于改从西法，革故取新"。① 驻日公使何如璋和副使张斯桂分别在其考察日记《使东述略》和《使东诗录》中记录日本在明治维新后所发生的变化，为近代中国人了解日本明治维新提供了较为翔实的资料，但二者的影响远不及黄遵宪及其《日本国志》《日本杂事诗》所产生的效应。

黄遵宪在出使日本期间，对日本的政治、经济、文教、外交等方面都进行了认真细致地考察与研究。其考察日记《日本国志》和《日本杂事诗》就是对这些考察活动及心得体会的实况记录。《日本国志》是中国人所写的第一部日本通志，共四十卷，分十二志，即"国统志""邻交志""天文志""地理志""职官志""食货志""兵志""刑法志""学术志""礼俗志""物产志""工艺志"。除"国统志""职官志""邻交志""学术志"略述日本古代历史外，其余八志都是关于明治维新史的记载。在记述日本"明治维新史"的同时，黄遵宪还论述了日本维新变革的经过及得失利弊，并推论及于中国。有关日本明治维新时期教育改革的具体措施及成果，如文部省的设立、全国学制的颁布、大学区的设立、教育经费的筹措与开支、实用学科的开设等文教内容，黄遵宪都收集在"学术志"内。《日本杂事诗》是黄遵宪以诗赋体形式对日本历史、社会风俗及维新变革等方面进行全面介绍的著作。全册共计200首短诗，每首诗后又有数语注解。其中"西学""留学生""学校课目""士官学校""女子师范""女学生""幼稚园"等七篇诗作，是黄遵宪对日本明治维新后教育情形所作的咏诵。

（四）王之春出使俄国

光绪五年（1879年），中俄伊犁交涉吃紧，日本乘机正式宣布吞并琉球，并对中国东部疆域虎视眈眈。为了刺探敌情，时任南洋大臣、两江总督沈葆

---

① 钟叔河著：《从东方到西方——"走向世界丛书"叙论集》，岳麓书社1989年版，第180、224页。

桢决定派遣一向留意中外交涉的王之春赴日考察。这是王之春的首次出洋之旅。王之春在日期间,游历过长崎、横滨等地。归国后,王之春将此次日本之行的见闻和所得编写成册,以《谈瀛录》之名于光绪六年(1880 年)刊刻出版。就在游历日本前后,王之春完成了《国朝柔远记》的初稿,其完整刻本于光绪十一年(1891 年)问世,期间不断的修订和增补,可能受到了他本人及其他游历人员的西洋观的影响。十五年之后,王之春以头品顶戴湖北布政使的身份奉命出使俄国以吊唁俄皇亚历山大二世逝世,并恭贺新皇尼古拉二世嗣位。王之春此番出使俄国的政治意图似为"借俄之力以制楼人(日本)"。然而,仅凭王之春一己之力是无法扭转局面的,丧权辱国的马关条约被迫签订。既然已经出来不妨走得更远些,离开俄国,王之春继续考察英、法、德等国,"周阅工厂,访其政制,察其异同"。① 次年回国后,王之春向朝廷上陈自强新政八条,主张修铁路、重商工、开矿务、变通科举等,并整理刊刻《使俄草》八卷作为出使俄国行程的日记。

三、民间人士出洋考察

除了专门游历官员和外交官员出洋考察外,甲午战争前也有少许民间人士出洋游历,如王韬、李筱圃、黄庆澄等。李筱圃早年曾在江西做官,后在上海"隐于市",于光绪六年三月至五月(1880 年 4～6 月),自费游历日本,著有《日本纪游》一书。黄庆澄因于光绪十八年(1892 年)任安徽潜山县幕僚期间曾上书安徽巡抚沈秉成提出政教革新建议,大受赏识后经沈秉成推荐于次年五月(1893 年 6 月)赴日考察。回国后,黄庆澄将考察所得整理成《东游日记》。

在民间人士出洋游历活动中,影响最大的应数王韬。其欧洲之行是"中国文化知识精英首次以自由身份对欧洲的实地考察"。② 同治六年(1867 年)年初,英华书院院长理雅各(James Legge)因事回国,临行前邀约时任该书院助译的王韬游历泰西各国。是年底,自幼喜读"域外书"、常想"汗漫游"的王韬由香港出发,开始了他的第一次外洋游历活动。在游历欧洲的过程中,王韬目睹了西方国家物质文明的先进、社会制度的优越和思想文化的进步。自此之后,他的思想发生了深刻的变化。利用"曾经沧海,遍览西学"的亲身

---

① 赵春晨:《王之春和他的〈国朝柔远记〉》,汕头大学学报(人文科学版),1986 年第 1 期。

② 张海林著:《王韬评传》,南京大学出版社 1993 年版,第 117 页。

体验,王韬批评洋务派学习西方徒袭其皮毛,而应借鉴西方变法以图自强。他主张办理洋务应该学习西方国家,其主要措施是从取士、练兵、学校、律例四个方面着手改革中国的用人、军事、法律、教育等方面的制度。十二年后(1879 年),王韬受日本文人寺田宏的书信邀请赴日游历。在日本期间,王韬除了与日本文化界广泛交往外,还对明治维新后的日本社会进行了考察。不过,与欧洲游历相比,王韬在日期间的多数时间都花费在游山玩水和广交朋友上,对日本教育留意不多。王韬因两次游历经历而撰写的游记——《漫游随录》《扶桑游记》,不仅为国人了解欧洲和日本提供了丰富的一手资料,也为中外教育文化交流做出了重要的历史贡献。

第二节　甲午战争前游历人员对西方教育的认识与吸纳

一、游历人员对西方教育的认识

在游历日本及西洋过程中,大多数游历人员都曾借此难得的机遇留意过西方的教育情形,形成了自身关于西方教育的初步认识。其考察记录中对西方学校的教育制度、教育内容、教学方法等均有所涉及,尤其是关于近代西方教育制度、实学教育、普及义务教育、女子教育等方面的介绍打开了国人了解西方教育的又一扇窗牖。

(一)西方学制的完备

西方教育经过现代化的历程后,形成了完备的学制系统,不仅在纵向上建立了小、中、大或初等、中等、高等的学校系统,还在横向上设立了分科教学的制度,当中国游历人员接触到西方系统的教育制度时,无不感叹其完备程度。如薛福成称赞英国:"在乡则有乡塾,至于一郡一省以及国都之内,学堂林立,有大有中有小,自初学以至成材,及能研究精微者,无不有一定程度";"文则有仕学院,武则有武学院,农则有农政院,工则有工艺院,商则有通商院,非仅为士者有学,即为兵为工为农为商,亦莫不有学。学校之盛有如今日,此西洋诸国所以勃兴之本原欤!"[1]张德彝也曾指出英国学制的完

---

① 薛福成著:《出使英法义比四国日记》,钟叔河主编《走向世界丛书》第 1 辑第 8 册,岳麓书社 1985 年版,第 291 页。

备：“英之官学义塾,共分三类,曰大学院,曰学堂,曰书塾。凡男女幼童初学入书塾,继入学堂,肄业有成则入大学院。考中后,言由某大学院出身,颇为人所敬重。”①王韬在游历法国之后,对其太学、国学、小学三级之分的学制亦极为推崇。驻日参赞黄遵宪在日本期间也为日本学制所折服。在《日本国志》的“职官志”与“学术志”中,黄遵宪分别对文部省的行政组织机构、职能和日本学制进行了详细的介绍,尤其是对学制的介绍,涵盖了学区、学校设置、教科书、教学组织形式、教育经费及七大学区学事统计表。日本完备的学制也给黄庆澄留下了深刻的印象,“见其办理学校,井井有条,其敢藐视上国者,亦以学校得人耳”。②

除了考察西方的整个学制系统外,游历者还考察了西方个别学校的教育制度,如郭嵩焘在英国期间就曾详细地考察了牛津大学所属二十一个学院以及该大学的学生人数、入学条件、图书馆、教育经费、学科课程、学科教学、学位及考核制度等。在纽约期间,郭嵩焘又考察了纽约学校生活的全貌,包括早上的晨会和晨练、作息时间安排、教室布置、教学方法、师生关系、教师资格考试及教育管理机构等。薛福成尤为叹服美国由郡学院至实学院、再至大学院、再至仕学院的大学升级制度,并将各级学院的入学资格和学习科目详载于日记之中。

美国人皆入书院,分十余班。升首班者入郡学院,专教格致、史鉴、力学、算法、他国语言文字及艺术必用之书。再上有实学院,院有上下,分十三班。考得首班者,入大学院肄业;肄业既成,升入仕学院,盖欲其学而优则仕也。院中藏书,与英略同。其所肄业诸学,一经学,专论教中事也;二法学,考论古今政事利弊及通商事宜也;三智学,格物兼性理、文字、语言诸事也;四医学,博考经络表里及制配药品也。美之文教盖如此。③

（二）西方重实学教育

文艺复兴和宗教改革运动以后,随着市民和工人阶级的兴起以及工业生产的需要,西方传统教育及其空疏学风已然过时。17 世纪初,英国思想家

---

① 张德彝著：《随使英俄记》,钟叔河主编《走向世界丛书》第 1 辑第 7 册,岳麓书社 1986 年版,第 605 页。

② 黄庆澄著：《湖上答问》,陈庆念编《苍南文献丛书》,上海古籍出版社 2005 年版,第 54 页。

③ 薛福成著：《出使英法义比四国日记》,钟叔河主编《走向世界丛书》第 1 辑第 8 册,岳麓书社 1985 年版,第 775 页。

培根提出了"知识即力量"的著名论断,自然科学和科学教育在西方引起重视。此后,一大批教育家如夸美纽斯、洛克、狄德罗、斯宾塞等,纷纷提倡实学教育。1708年,德国创办了世界上最早的实科学校——数学机械学经济学实科学校。至19世纪中期,英、法、德、俄、美等国的实学教育已发展到初、中、高等各级教育领域。

国人对西方实学教育的了解最早是通过传教士及其有关西方教育的著述。自开始游历西洋之后,西方实学教育首次进入国人的视野。在游历者们的考察记录中,经常可以见到有关介绍西方实学教育的文字记载,尤以英国的实学教育为最。

英国以天文、地理、电学、火学、气学、光学、化学、重学为实学,弗尚诗赋辞章。其用可由小到大。如由天文可知日月五星距地之远近、行动之迟速,日月合璧,日月交食,彗星、行星何时伏见,以及风云雷雨何所由来。由地理知万物之所由生,山水起伏,邦国大小。由电学知天地间何物生电,何物可以防电。由火学知金木之类何以生火,何以无火,何以防火。由气学知各气之轻重,因而创气球,造气钟,上可凌空,下可入海,以之察物、救人、观山、探海。由光学知日月五星本有光耀,及他杂光之力,因而创灯戏,变光彩,辨何物之光最明。由化学、重学辨五金之气,识珍宝之苗,分析各物体制。又知水火之力,因而创火机,制轮船火车,以省人力,日行千里,工比万人。①

这是王韬在《漫游随录》中对英国人注重实学的详细记载。工业革命以后,英国传统古典教育的主导地位逐渐动摇。19世纪中期,斯宾塞提出了"科学知识最有价值"的著名观点,主张学校教育应该注重数学、力学、化学、天文学、地质学、物理学、植物学等实用学科。随后赫胥黎也极力批判英国传统教育,提倡科学和自由教育。斯、赫二人的思想对英国的教育改革产生了很大的影响。实学科目很快在各类学校中取得与古典科目同等重要的地位,英国职业技术教育也得以迅速发展。

王韬游历英国时正值其实科教育兴盛之际。他此番关于英国实学教育的记载在国内竞相传开。在王韬赴英9年之后,随同郭嵩焘出使英国的张德彝在《随使英俄记》中介绍英国实学的时候仍将王韬之记载原班照录。② 除

---

① 王韬著:《漫游随录》,钟叔河主编《走向世界丛书》第1辑第6册,岳麓书社1985年版,第116页。
② 详见张德彝著:《随使英俄记》,钟叔河主编《走向世界丛书》第1辑第7册,岳麓书社1986年版,第434页。

总体概括英国实学教育特征外,王韬还具体介绍了其各类学校的实学教育细况。在参观埃丁濮大书院(爱丁堡大学——引者注)时,正值该校举行学期考试。其考试内容既有历算、兵法、天文、地理、书画、音乐,又有专习各国语言之文字。见此情景,王韬不禁感慨英国人所学与所用是如此一致,"其所习武备、文艺,均可实见诸措施;坐而言者,可以起而行者"。[①] 张德彝在《随使英俄记》中也介绍了英国各校的实学科目。在英国,张德彝观察到,无论小学大学均需学习实学,"年逾十岁,教以算术、勾股、开方之法,是谓小学";"年至十五……,其资禀特优者,令之学天文、地理、化学、光学、格物、医学,以及机器、画工等艺,是谓大学"。[②] 在一所名为"德露芝学堂"的普通学校里,张德彝发现其所学多为化学、格物、测算、画工、力学等实学课程。张德彝还重点考察了英国敖克斯佛大学院和勘卜立址大学院(牛津大学和剑桥大学——引者注)两所大学,发现二者所教科目更是实学居多,如天文、地理、化学、道学、医学、算学、光学、性学、力学、壮学、气学、测学、重学、格物学、药性学、金石学、草木学、禽兽学、治理学、机器学、泥瓦学等。[③]

　　除英国外,法、德、俄、美、日等国的实学教育也为游历者们所欣羡。郭嵩焘驻法期间,亲眼目睹了法国各级学校的实学教育科目:乡学馆(小学堂——引者注)教授行文、算法、入门、地舆志等科,省学馆(中学堂——引者注)教授勾股画法、格致学、代数学、化学等科,国学馆(大学堂——引者注)教授格致算学、矿物、船机、枪炮、五兵、建造等科。[④] 参观完俄国的医学院、技艺学堂及其所教格物、化学、测算、光学等实用科目后,张德彝认为俄国近十数年的进步得益于此类学堂的开办。[⑤] 李圭在游历美国时,称赞美国教育"不尚虚文,专务实效"。[⑥] 另外,游历者们还关注到西方普通学校之外的实

---

　　① 王韬著:《漫游随录》,钟叔河主编《走向世界丛书》第1辑第6册,岳麓书社1985年版,第125页。

　　② 张德彝著:《随使英俄记》,钟叔河主编《走向世界丛书》第1辑第7册,岳麓书社1986年版,第545页。

　　③ 张德彝著:《随使英俄记》,钟叔河主编《走向世界丛书》第1辑第7册,岳麓书社1986年版,第605页。

　　④ 郭嵩焘:《伦敦与巴黎日记》,钟叔河主编《走向世界丛书》第1辑第4册,岳麓书社1985年版,第597~598页。

　　⑤ 张德彝著:《随使英俄记》,钟叔河主编《走向世界丛书》第1辑第7册,岳麓书社1986年版,第777页。

　　⑥ 李圭著:《环游地球新录》,钟叔河主编《走向世界丛书》第1辑第6册,岳麓书社1986年版,第185页。

学教育,如武备教育和舆地教育,"泰西各国,选将练兵,皆出学校。武备一院,选聪颖子弟读书十数年,再另入伍习练";①"西人皆知舆地之学。每村塾中,童子七八岁者,先读舆地诸书,四壁悬地球诸图,塾师随时指示。迨十三四岁,则又择舆地书之精者读之。盖凡为官为士为兵为工为商,皆当周知舆地,惟其童而习之,所以无人不洞悉形势,谙练世务"。② 由此可见,西方国家重视实学教育,这一点在游历人员心中已经达成共识。

除了实地考察外,游历者们还通过阅读西学书籍、同西学专家讨论等方式了解西方实学。在游历者当中,郭嵩焘和薛福成最善于学习西学。郭嵩焘自二十出头便开始办理洋务,在同西人罗伯逊、丁韪良等接触的过程中,郭嵩焘认识到西学的重要性。"其(西方)强兵富国之术,尚学兴艺之方,与其所以通民情而立国本者,实多可以取法"。③ 光绪元年(1875 年),郭嵩焘在其奏陈给总理各国事务衙门的"条议海防事宜"中指出,"西洋之法,通国士民,一出于学;律法、军政、船政,下及工艺,皆由学升进而专习之"。出使英、法等国之后,郭嵩焘更是积极学习西学知识。驻英期间,他经常与电学教习阿丹司、勾股算学教习克里弗尔得、化学教习格来斯登、天文教习侯根斯等知名学者探讨实学学问,并在他们的指导下阅读《电气学》《格物学》等实学书籍,了解到培根、伽利略、牛顿等科学家在英国实学教育方面所做出的伟大贡献。薛福成在出使期间十分注意搜集西方代数、电学、舆地学等方面的知识,并将其与中国古代《墨子》《管子》《庄子》等书相类比。

唯有对西方各种新事务常常嗤之以鼻的封建卫道士刘锡鸿,在接触到西方的实学教育时心情较为复杂。刘锡鸿对西方实学教育在一定程度上表示认可:"小学成,则令就工以谋食。其资禀优异者,益使习天文、机器、画工、医术、光学、化学、电学、气学、力学诸技艺,是之谓大学……总之,不离乎工商之事者尽是。"④虽然实学教育能够富强西方各国,但刘锡鸿骨子里却视实学为"工匠之事","所谓西学,盖工匠技艺之事也。……聚工匠巧者而督

① 薛福成著:《出使英法义比四国日记》,钟叔河主编《走向世界丛书》第 1 辑第 8 册,岳麓书社 1985 年版,第 137 页。

② 薛福成著:《出使英法义比四国日记》,钟叔河主编《走向世界丛书》第 1 辑第 8 册,岳麓书社 1985 年版,第 150 页。

③ 《清末外交史料》卷四,光绪元年十一月,《清将黔滇抚岑毓英交部宜处疏》。

④ 刘锡鸿著:《英轺日记》,钟叔河主编《走向世界丛书》第 1 辑第 7 册,岳麓书社 1986 年版,第 207-208 页。

课之,使之精求制造以听役于官,犹百工居肆然者,是则于义为当"。至于为官则不可,"以百工商贾之行,而为临民治世之事,安望有裨哉","若犹令殚心西学,使益致力于百工,与商贾习处,是适增其商贾之行也。官中多一商贾,即国多一蠹,民多一贼。岂政令不讲,民生不恤,而唯船炮机器之是恃,遂足治天下邪"。①

日本在明治维新改革中成功借鉴了西方实学教育的经验。国人在游历日本时,格外注意到日本实学教育的开展。在甲午之前的日本游记中,有关日本实学教育的文字处处可见:"其学校,都内所设,……曰理法,曰测算,曰海军,曰陆军,曰矿山,曰技艺,曰农,曰商,曰光,曰化";②"(东京大学)大略分文科、理科、法科、医科、工科,……其机器有分光镜、诊脉计、呼吸计、脉波计、截蚀牙器、验息器、地震上下计";③"(长崎寻常师范学校)内有习华文者,习东文者,习英、法、德文者,习国史者,习外事者,习算学者,习化学者,习光热学者,习制造者,习乐者,习画者,习作字者";④"大学章程分五科,曰法科,曰医科,曰工科,曰文科,曰理科。法科分二目,曰法律,曰政治。工科分六目,曰土木,曰机器,曰造船,曰造军器,曰造房屋,曰应用化学科。理科分六目,曰数学、曰物理学,曰化学,曰动物学,曰植物学,曰地质学";⑤"(小学校)其学科曰读书、曰习字、曰算术、曰地理、曰历史、曰修身、兼及物理学、生理学、博物学之浅者,……此外有工部大学校,以教电信、铁道、矿山之术。有海陆军兵学校,以教练兵、制器、造船之术。有农学校以教种植,商学校以教贸易,工学校以教技巧,女学校以教妇职"。⑥

(三)西方重视义务教育

欧洲是普及教育运动最早的发源地。文艺复兴及宗教改革运动时期,一

---

① 刘锡鸿著:《英轺日记》,钟叔河主编《走向世界丛书》第1辑第7册,岳麓书社1986年版,第51页。

② 何如璋著:《使东述略》,钟叔河主编《走向世界丛书》第1辑第3册,岳麓书社1985年版,第105页。

③ 傅云龙著:《游历日本图经馀记》,钟叔河主编《走向世界丛书》第1辑第3册,岳麓书社1985年版,第211页。

④ 黄庆澄著:《东游日记》,钟叔河主编《走向世界丛书》第1辑第3册,岳麓书社1985年版,第326页。

⑤ 黄庆澄著:《东游日记》,钟叔河主编《走向世界丛书》第1辑第3册,岳麓书社1985年版,第341页。

⑥ 黄遵宪著:《日本杂事诗〈广注〉》,钟叔河主编《走向世界丛书》第1辑第3册,岳麓书社1985年版,第650页。

些进步的教育家纷纷主张"人人都有受教育权利",即所有城镇、乡村的儿童,不分男女都应进学校读书。随后西方各民族国家开始制订普及义务教育方案。1559 年,德国威登堡公国公布了强迫教育法令;1619 年,魏玛公国法令规定,6～12 岁儿童都要到学校中就读,否则对家长课以罚金;1642 年,美国马萨诸塞州地方议会通过法律,规定一切儿童必须接受强迫教育;1763 年,普鲁士颁布《全国学校章程》,规定所有父母、监护人及其他拥有应受教育的儿童的人士,如果违反法令拒不送儿童入学者,应令其继续交纳本学期学费,如经牧师严正规劝仍不照常遣其子女入学者,市政行政官员可采取最后措施对其加以处罚;1833 年,法国通过《基佐法案》规定每个乡必须设立一所初等小学,每个城市要设立一所高等小学以普及初等教育;1842 年,瑞典议会通过决议,宣布对 7～14 岁儿童实行义务教育,普设初级国民学校。至 19 世纪下半叶,即国人开始游历外洋之时,西方的普及义务教育取得了更大的发展。1870 年,英国政府颁布了《初等教育法》,规定对 5～12 岁儿童实施强迫的初等教育;1882 年,法国两次颁布《费里法案》,规定 6～13 岁为法定义务教育年龄,对不送儿童入学的家长课以罚款,免除公立幼儿园及初等学校的学杂费;1885 年,德国普鲁士开始实行免费初等义务教育,至 19 世纪末,德国初等教育的入学率高达100%,文盲率不到 1%。由于普及义务教育推动了德国初等教育的发展,国民素质及国家实力因此得以提升,所以德国毛奇元帅将 1871 年普法战争的胜利归功于普及义务教育。国人游历西洋之时,距离普法战争甚近,应当耳闻过毛奇将军之说,格外留意西方义务教育情形。

在 19 世纪下半叶的游历日记中,经常可以看到关于西方普及义务教育的记载:"西国儿童,不拘男女,凡八岁不送入学者,议罚有例。故男女无论贫富,无不知书识字";^①"西洋各国教民之法,莫盛于今日。凡男女八岁以上不入学堂者,罪其父母。男固无人不学,女亦无人不学,即残疾聋瞽喑哑之人亦无不有学。其贫穷无力及幼孤无父母者,皆有义塾以收养之"。^② 除了

---

① 张德彝著:《随使法国记》,钟叔河主编《走向世界丛书》第 1 辑第 7 册,岳麓书社 1986 年版,第 202 页。

② 薛福成著:《出使英法义比四国日记》,钟叔河主编《走向世界丛书》第 1 辑第 8 册,岳麓书社1985 年版,第 290～291 页。王之春在其《使俄草》中关于西方普及义务教育的记载和薛福成几乎相同,只有少数文字上的变动。在《使俄草》卷四第 315～316 页,王之春这样记述:西洋各国教民之法,莫盛于今日。凡男女八岁以上不入学堂者,罪其父母。男固各学其学,女亦无所不学,即残疾聋瞽喑哑者流各有学院,设塾师择其所可为者以教之。其贫穷无力及幼孤无父母者,皆令收付义塾。

总体介绍外,在日记中还可以看到游历者们对各国义务教育的分别记载。张德彝在游历德国义务教育之乡时,描述了其义务教育规定及实施状况,"无论贫富之子女,至六七岁,皆须入学,如有抗例不遵者,则要追究其父母的责任","又特设夜学,使其未入学院者,于薄暮暇时,入内以学算学、画学各艺,使其学有长进"。[①] 游历日记中出现最多的是英国的义务教育情形,"凡生子女皆报官。乡官岁核户。已届五岁者即令入塾",[②]"故英国男女无一不识字者,虽车夫匠役,每于工作暇时,鲜有不阅新闻纸而广见闻者";[③]"英国之法,三四岁以上皆入学。子弟不入学,坐罪家长。贫家习工业、充役,约以十二岁为断;仍半日就工役,半日入学。至十六岁,乃听出学";[④]"英人最重文学(这里指教育——引者注),童稚之年,入塾受业,至状而经营四方;固虽贱工粗役,率多知书识字。女子与男子同,幼儿习诵,凡书画、历算、象纬、舆图、山经、海志,靡不切究穷研,得其精理"[⑤];"人家生育子女,咸报乡官。乡官岁核户籍,省知已届五龄,即驱率入学"。[⑥] 其他国家的义务教育情形也有少量记载,如芬兰,"虽非人人能读书,而不识字者无一人"。[⑦] 俄国的普及教育要晚于西欧诸国,1864年,沙皇政府公布《初等国民学校章程》,要求招收各阶层男女儿童入学,但是进展很慢,1914—1915年,俄国儿童的入学率还只达到20%。张德彝在随使俄国时,对此略有记载,"读书之人虽较

---

　　① 张德彝著:《稿本航海述奇汇编》(第五册),第221～223页。转引自楼秀丽:《张德彝——一个晚清外交官西方认识的成长史》,华东师范大学2008年硕士学位论文,第40页。

　　② 此处当是英国于1870年颁布的《初等教育法》之规定。该法案又称《福斯特法案》。它规定对5～12岁儿童实施强迫的初等教育,在缺少学校地区设公立学校,每周缴纳9便士以内的学费。张德彝所言"五岁入塾"和郭嵩焘所记"约以十二岁为断"即法案所指初等教育;而郭氏所言"三四岁皆入学"应该指的幼儿教育阶段。19世纪50年代,福禄贝尔幼儿园由德国传入英国,《初等教育法》颁布后,英国幼儿教育取得迅速发展。这时期,除了福禄贝尔幼儿园外,英国还开办了大量以贫民、工人子女为对象的幼儿学校和以中上层阶级子女为对象的幼儿园。国人在英国游历时曾留意过其幼教机构。

　　③ 张德彝著:《随使英俄记》,钟叔河主编《走向世界丛书》第1辑第7册,岳麓书社1986年版,第539～540页。

　　④ 郭嵩焘著:《伦敦与巴黎日记》,钟叔河主编《走向世界丛书》第1辑第4册,岳麓书社1985年,第422页。

　　⑤ 王韬著:《漫游随录》,钟叔河主编《走向世界丛书》第1辑第6册,岳麓书社1985年版,第107页。

　　⑥ 刘锡鸿著:《英轺日记》,钟叔河主编《走向世界丛书》第1辑第7册,岳麓书社1986年版,第207页。

　　⑦ 张德彝著:《随使英俄记》,钟叔河主编《走向世界丛书》第1辑第7册,岳麓书社1986年版,第778页。

逊于他国"，但"近十数年颇见长进，每百名竟得十一二名能读书者"。①

（四）西方重视女子及贫儿教育

同义务教育一样，女子学校教育亦始于近代社会，并伴随着义务教育的发展而发展。在西方，普及义务教育规定必须入学的适龄儿童实际上已经包括了适龄女童。但在中等、高等教育阶段，女子接受教育的机会要远远低于男子。18世纪末，经过启蒙思想的洗礼，女性权利意识被唤醒，专门的女子学校教育呼之欲出。1821年，美国妇女艾玛·威拉德在纽约创立了特洛伊女子中学；1869年，英国妇女运动领袖戴维斯女士创办了世界上第一所女子大学——格敦学院。国人初涉外洋之时，西方女子学校教育已经取得了迅速发展。虽然此时西方传教士已在中国创设了数十所女子学校，但对于风气未开之中国，此类女子教育必然不同于已然风气大开的外邦。因此，置身于外洋的游历者们，对西方的女子学校教育形成了深刻的印象。

在现已留存的西洋游历日记中，几乎都能见到有关西方女子教育的记载。王韬游历英法等国时就留意过英国的女子教育："女子与男子同，幼而习诵，凡书画、历算、象纬、舆图、山经、海志靡不切究穷研，得其精理。"②对照中国传统教育中"女子无才便是德"的落后观念，王韬感叹："中土（中国——引者注）须眉，有愧此裙钗者多矣。"③薛福成在出使期间，也注意到西方国家女子与男子享有同样的教育机会和权力："男固无人不学，女亦无人不学。"④对西方女子教育介绍较为详细的是郭嵩焘和张德彝。郭嵩焘不仅介绍了西方教育中男女机会均等的现象，"西人尚学问，男女一也"，⑤还记述了女子接受师范教育用以充作幼稚园或小学教师的情形："女子之学有专精，亦司教事……盖凡妇女入学五年，粗有成，可以授读，则就此学馆课以授读之方。如传授某艺应如何入门，如何分别次序，如何立言开导，使童子易明。如是两年……两年学成，国家遣人就试之，取中者记其名。乃令入各小学馆授

① 张德彝著：《随使英俄记》，钟叔河主编《走向世界丛书》第1辑第7册，岳麓书社1986年版，第778页。

② 王韬著：《漫游随录》，钟叔河主编《走向世界丛书》第1辑第6册，岳麓书社1985年版，第107页。

③ 王韬著：《漫游随录》，钟叔河主编《走向世界丛书》第1辑第6册，岳麓书社1985年版，第107页。

④ 薛福成著：《出使英法义比四国日记》，钟叔河主编《走向世界丛书》第1辑第8册，岳麓书社1985年版，第290～291页。

⑤ 郭嵩焘著：《伦敦与巴黎日记》，钟叔河主编《走向世界丛书》第1辑第4册，岳麓书社1985年版，第677页。

读,试其能否,然后给予文凭,听人延请课读。"①张德彝在游历欧洲时,也发现西方国家重视女子教育,女子和男子具有同等受教育权:"外国女子,无论贫富,皆须于七八岁入学读书,与男子同。故官中设有幼女学,女学与男学规模一律。"他还进一步指出,西方男女受教育的内容基本相同,只是在初等教育后略有差异:"其所学者与男子稍异,然其初学,亦皆读书写字,学画学算乃史记、律例、地理等学。"②经过多次考察后,张德彝分析了西方国家女学发达的原因是西方工业发展的必然趋势:

以泰西时势观之,妇女无学,无以度日,而所学不时,仍无以糊其口。盖现在织纺缝绣各工,皆改用机器,以其价廉而工者,则女工尽弃。女工尽弃,则贫妇愈多,因而凡店局铺肆,多系妇女督理掌柜,作伙计,作堂官,作教习,作工役,更有作抄写,佣翻译者,是贸易一道,实为急务,即所谓时学也。③

与大多数游历者不同,李圭不仅关注到西方男女教育并重的情形:"泰西风俗,男女并重,女学亦同于男";"近年来,各国女塾,无地无之。英国大书院,男女一律入学考试。德国女生八岁,例必入塾读书,否则罪其父母";还从智力角度论述女子接受教育的必要性,"天下男女数目相当,若只教男而不教女,则十人仅作五人之用。妇女灵敏不亚男子,且有特过男子者,以心静而专也。若无以教导之提倡之,终归埋没,岂不深负大造生人之意乎"。更可贵的是,李圭还认识到兴办女学能够提高女性地位,消除社会恶俗。在他看来,中国社会歧视女子这一现象的根源在于"女学坠废",倘若能像三代之时重视女学,断不至于误尽女子,"倘得重兴女学,使皆读书明理,妇道由是而立,其才由是可用。轻视妇女之心由是可改,溺女之俗由是而自止"。需要指出的是,由于时代的局限,李圭关于女子教育的认识仅仅是停留在提高女才女德之上,对于西方所提倡的女权则不敢苟同,"若英美妇女之议,则太过矣"。④ 对此,多数游历者均秉此认识,王之春亦指出,"欧洲妇人无一不

---

① 郭嵩焘著:《伦敦与巴黎日记》,钟叔河主编《走向世界丛书》第1辑第4册,岳麓书社1985年版,第435页。
② 张德彝著:《稿本航海述奇汇编》(第五册),第517~518页。转引自楼秀丽:《张德彝——一个晚清外交官西方认识的成长史》,华东师范大学2008年硕士学位论文,第42页。
③ 张德彝著:《稿本航海述奇汇编》(第五册),第517~518页。转引自楼秀丽:《张德彝——一个晚清外交官西方认识的成长史》,华东师范大学2008年硕士学位论文,第42页。
④ 李圭著:《环游地球新录》,钟叔河主编《走向世界丛书》第1辑第6册,岳麓书社1985年版,第237~238页。

识字,就学者无事不与男子同。今中国万不能似欧洲之薄无检束,然建设女塾使之各习艺能,自未尝不可仿而行之"。①

19 世纪中后期,西方义务教育发展势头加快,但并没有完全实现免费教育。因此,此期出现了一种专门为贫儿设置的学校,游历人员称其为"义塾","夫义塾者,所以补官学之不足也";②"其贫穷无力及幼孤无父母者,皆有义塾以收养之"。③ 这类学校多由私人开办,经费渠道较多,"都会乡镇各有义塾,自数所以至数十所,每所延师数人以至十数人,均按其地大小酌行之。经费公捐、独捐、亦视其地有无巨富为断。学徒皆居宿于塾,供其衣服、饮啖,不听他出"。④ 刘锡鸿专门参观了英人阿木士汤创办的义塾,"余于十七日九点钟造之,阿木士汤导观其所建义塾。义塾颇宏邃,堂室数十楹。学徒男女共一千二百人,每百数十人延一师。女子傅以女师,幼孩亦女师。四五岁者教唱耶稣经,手足舞蹈,咸使与乐节相应,以观其不犯令。稍长,习书算。又长,授以勾股开方之法。其师一一面试,鲜不娴。……每年经费,约金钱六万。阿木士汤独供之,盛举也。"⑤

此外,西方国家还设立了一些特殊学校以供聋哑等儿童接受教育,"即残疾聋瞽喑哑之人亦无不有学"。⑥ 李圭在游历美国时详细描述了一所有六十余年历史的聋哑学校:

> 聋哑院,基址大,屋舍多,建造已阅六十年。存有公项,皆富室乐捐,每年得息二万五千元。其制:凡美国东北六省聋哑人欲来院读书,无论男女,须先禀地方官给凭送院。每人每年取饮食洋钱一百七十五元,富者或多取,贫者或不取,七年为满。现在院内共二百四十人。每十人或十二人延一师,以手口作势代文字,教法绝奇。能使哑人说话、读书,足补天地缺陷焉。各

---

① 王之春:《使俄草》,上海文艺斋印,光绪二十一年,第289~290 页。

② 张德彝著:《随使英俄记》,钟叔河主编《走向世界丛书》第 1 辑第 7 册,岳麓书社 1986 年版,455 页。

③ 薛福成著:《出使英法义比四国日记》,钟叔河主编《走向世界丛书》第 1 辑第 8 册,岳麓书社 1985 年版,第 290~291 页。

④ 刘锡鸿著:《英轺日记》,钟叔河主编《走向世界丛书》第 1 辑第 7 册,岳麓书社 1986 年版,第207 页。

⑤ 刘锡鸿著:《英轺日记》,钟叔河主编《走向世界丛书》第 1 辑第 7 册,岳麓书社 1986 年版,第173~174 页。

⑥ 薛福成著:《出使英法义比四国日记》,钟叔河主编《走向世界丛书》第 1 辑第 8 册,岳麓书社 1985 年版,第 290~291 页。

人眠食、起居、读书、工作,皆有定规。女子令居别室,为其师者亦女人。每卧室容十余榻,必用一人相伴照料,以防火烛及一切意外之虞。[1]

二、游历人员对西方教育的吸纳

游历人员在亲临外洋的过程中,普遍认识到西方教育不仅具有较为完备的学校制度,而且还十分注重实学教育、义务教育、女子教育,这些都是中国传统教育所欠缺的。然而,一些游历者只是限于对西方近代教育的这些特征的记述,或略作感叹,很少与中国的教育进行深刻比较,更谈不上从思想言论上和实际行动中参考近代西方先进教育制度,从而为中国教育改革出策出力。唯有郭嵩焘、薛福成、王韬等人在认识西方教育后对其有所吸纳。

(一)提倡实学教育

在游历的过程中,游历们不仅观察到西方各国重视实学教育的现象,还认识到实学教育的实施是西方国富民强的真正原因,"至泰西,而见三代学校之制,犹有一二存者。大抵规模整肃,房屋精详,而一皆致之实用,不为虚文"。[2] 于是,他们纷纷建言在中国实施实学教育。郭嵩焘在从伦敦写给沈葆桢的信中,力言中国当以实学教育为急务,"宜先就通商口岸开设学馆,求为征实致用之学……此实今时之要务,而未可一日视为缓图者也"。[3] 郭嵩焘不仅在言论上力倡实学教育,还积极投身实践,回国后身体力行创办了以讲求征实致用之学为主的思贤讲舍,[4]并恢复湘水校经堂[5]。薛福成指出西方国富民强的本原在其实学教育,主张中国效法西方多设制造学堂,"以教学生而谋富强",并"收回洋商所夺之利"。[6] 在光绪十九年(1893年)呈奏的《强邻环伺谨陈

---

① 李圭著:《环游地球新录》,钟叔河主编《走向世界丛书》第1辑第6册,岳麓书社1985年版,第237页。

② 郭嵩焘著:《养知书屋诗文集》(第2册),沈云龙主编中国近代史料丛刊第152辑,台湾文海出版社1990年版,第548页。

③ 郭嵩焘著:《养知书屋诗文集》(第2册),沈云龙主编中国近代史料丛刊第152辑,台湾文海出版社1990年版,第550页。

④ 郭嵩焘创办思贤讲舍的目的是为了弘扬王夫之(船山)之学,故名"思贤讲舍"。该校的"为学大指"是:自重以为立身之本,讲求礼法以为接人应务之方,亲师取友以求共学之益,读书务实以立为学之程。参见《郭嵩焘日记》第4卷,湖南人民出版社1983年版,第157页。

⑤ 湘水校经堂系清代思想家阮元的门生湖南巡抚吴荣光创立。吴效法阮元创办的诂经精舍、学海堂的"专勉实学"精神,在湘水校经堂以经义、治事、词章分科试士。吴离任后,此堂名存实亡。郭嵩焘出使归国后不久,即向时任湖南学政朱逌然建议恢复湘水校经堂。

⑥ 薛福成著:《出使英法义比四国日记》,钟叔河主编《走向世界丛书》第1辑第8册,岳麓书社1985年版,第493页。

愚计疏》中，薛福成主张以"道德之蕴、忠孝之怀、诗书之味"为体，以"洞达时势之类才、研精器数之通才，练习水陆之将才、联络中外之译才"①为用的"中体西用"宗旨，进行新式人才的培养。鉴于对西学知识的深刻了解和对西学教育的极力提倡，薛福成还曾三次被以传授西学新知为目标的上海格致书院聘为特课季课命题人。② 王韬也主张效法西方建立有利于实学人才培养的新式教育制度："每省每郡每州每邑，由国家设立文武学塾，以为训习储才之地"；③"设立学校，以收教士之实效，……当令士子日夜肆习其中，必学立艺成而后可出也。其一曰文学，……其二曰艺学，……文艺两端，皆选专门名家者为之导师，务归实用，不尚虚文。"④王韬还设计出推行实学教育制度的具体措施，即创办外语学校、武备院、水师院、舵工馆、艺术院等专门学校。黄庆澄亦在其《东游日记》中提倡"取泰西格致之学、兵家之学、天文地理之学、理财之学及彼国一切政治之足以矫吾弊者，及早而毅然行之"。⑤

除了提倡开设实学科目或创办实学学校外，游历者们还主张选派青年俊才留学西洋专攻实学，"今中国虽设炮局船厂，必须西师教授，而所往者非上等精能之人，况一人司教，所学仅一人之技。莫若遴选青年聪慧者一二百人，分赴英美德法各国船厂炮局学习，则集思广益，自有成效可睹云"。⑥ 他们在游历西洋之时，亲眼目睹了中国留学生在外洋的学业情况并加以肯定。同治十一年（1872年），在容闳和洋务大臣曾国藩、李鸿章等的共同努力下，中国首批幼童赴美留学，开启了中国近代官方留学之先河。五年之后，福建船政学堂选派三十八名学生赴英、法等国留学。光绪七年（1881年），原定十五年留学期限的四批一百二十名幼童被要求全部召回，幼童留美计划以失败而告终。幼童在美肄业之时正值李圭赴美游历之际。光绪二年（1876年），李圭作为中国工商业的代表赴费城参加为纪念美国一百周年而举办的世界博览会。在博览会上，李圭见到了留美幼童的课程窗稿，"甘那的格省⑦哈佛书馆，我国幼童课程窗稿亦在列。尝见其绘画、地图、算法、人物、花木，

---

① 薛福成著：《庸庵海外文编》（第二卷），中华书局1957年版，第494页。
② 王尔敏著：《上海格致书院志略》，香港中文大学出版社1978年版，第54页。
③ 王韬著：《弢园文录外编》，辽宁人民出版社1994年版，第51页。
④ 王韬著：《弢园文录外编》，辽宁人民出版社1994年版，第57页。
⑤ 黄庆澄：《东游日记》钟叔河主编《走向世界丛书》第1辑第3册，岳麓书社1985年版，第339页。
⑥ 张德彝著：《随使英俄记》，钟叔河主编《走向世界丛书》第1辑第7册，岳麓书社1986年版，第493页。
⑦ 为康涅狄格州。——编者注

皆有规格。所著汉文策论,如《游美记》《哈佛书馆记》《庆贺百年大会序》《美国地土论》《风俗记》,亦尚通顺。每篇后附洋文数页,西人阅之,皆啧啧称赞"。留美幼童优秀的课业成绩,不仅获得了西人的赞许,李圭也由此感叹留学乃培养人材的良法美意,"惟言幼童在哈佛攻书二年,足抵当日在香港学习五年。诚可见用心专而教法备也"。① 观看幼童的课程窗稿后,李圭在博览会上见到了正在参观的幼童诸生,通过细心的观察和谈话,李圭发现幼童们的确在西语和西学方面进步很大。针对国内保守势力对留美幼童离经叛道的微辞,李圭据理驳斥道:"幼童之往业者,业其事为耳。我圣人之达道达德、三纲五常、此幼童固自有,亦固自在,不以业西人之事为而少有阙也。且取长补短,原不以彼此自域。"②李圭的据理力争虽然没能挽回幼童被召回的狂澜,但其盛赞留学是培养新式人才最佳途径的言论无疑是留学风气尚未大开时一声有力的呐喊。

相比留美幼童而言,福建船政学堂的留欧生则比较幸运,因为他们能够顺利地在异国他乡完成学业。光绪七年(1881年)、十一年(1885年)、二十二年(1896年),福建船政学堂先后又派出了第二、三、四批学生赴欧留学。船政学堂学生留欧之际,清政府已先后向英、法等国派出郭嵩焘、曾纪泽、薛福成等使臣。因此,对留欧学生学业的关心成为郭嵩焘等人的重要工作。郭嵩焘驻英期间,曾多次会见在英留学生,询问其学业情况。如光绪三年十月二十八日(1877年12月2日),郭嵩焘询问在京斯科里治学习化学的罗丰禄该校的化学课程、教材及教习等;次月十四日,郭嵩焘又邀罗讲述化学知识;光绪四年正月初一(1878年2月2日),郭嵩焘会见了在格林里治肄业的严宗光、方伯谦、何心川、叶祖珪、林永叔和萨镇冰等六人,询问他们的读书章程;三月初七,郭嵩焘再次邀请格林里治学生往谈西学。在留欧诸生中,郭嵩焘接触最多的是严复。郭嵩焘盛赞严复深得西学之精要。正是通过对福建船政生业的考察,郭嵩焘深刻认识到留学教育的重要性,"足征出洋就学之为益多也"。③ 薛福成对福建船政生各人所学专业及掌握程度亦是非

① 李圭著:《环游地球新录》,钟叔河主编《走向世界丛书》第1辑第6册,岳麓书社1986年版,第212页。
② 李圭著:《环游地球新录》,钟叔河主编《走向世界丛书》第1辑第6册,岳麓书社1986年版,第300页。
③ 郭嵩焘著:《伦敦与巴黎日记》,钟叔河主编《走向世界丛书》第1辑第4册,岳麓书社1985年版,第607页。

常了解,如制造船械学生以陈兆翱、魏瀚最出色,矿物学生以林庆昇、池贞铨最优,水师管驾学生以刘步蟾、林泰曾、严宗光(严复)最出色等。

如果说同本国留学生的交往加深了游历者们对留学教育的认识,对日本留学教育实效的关注则坚定了他们提倡留学教育的决心。郭嵩焘在游欧时了解到日本重视学习各国专长,"日本求矿学于德国,求筑塘坝工程于荷兰,经营招致,进而未已。兼闻其修造铁路求之英法两国,安设电报求之丹麦,一皆用其专精之学为之"。① 于是,他建议中国应该效法日本迅速派员留学西洋:"各省督府多选少年俊才,资其费用,先至天津、上海、福建各机器局,考求仪式,通知语言文字,而后赴外洋,各就才质所近,分途研习。"②薛福成也认识到日本举国皆习西学,"日本通国肄习洋学者,几于十居四五;往泰西读书学艺者,络绎不绝,拔取医学、矿学、律学者皆有其人"。③ 黄遵宪则指出日本维新改革者们大多留学过西洋,"今之当路诸公,大率从外国学校归来者也。维新以后,一意外交,既遣大使巡览欧美诸大国,目睹其事务之美、学术之精,益以崇尚西学为意";"既广开各国语言文字学校,复遣子弟之秀异者、官吏之谙练者留学于外国。……如伊藤博文、井上馨、鲛岛尚信、森有礼、吉田清成辈皆在其中。学成归朝,值变革之际,咸破格擢用。维新之初,各朝贵侯封,争遣子弟往学"。④ 薛、黄之字里行间无不透露出对日本留学教育成功的无比欣羡以及对本国留学教育的无限期待。

(二)主张变革科举

一些游历人员在考察了西方的教育制度之后,深感中国科举制度在人才培养和选拔上的劣势,于是对科举制度的批判较以往更加尖锐。郭嵩焘通过对中西教育及成效的考察及比较,强烈批判科举制度对人才培养的严重戕害:"是以终日读书为学而不知其何事,意以为苟习虚文以取科名富贵,即学之事

---

① 郭嵩焘著:《伦敦与巴黎日记》,钟叔河主编《走向世界丛书》第1辑第4册,岳麓书社1985年版,第973页。

② 郭嵩焘著:《养知书屋诗文集》(第2册),沈云龙主编中国近代史料丛刊第152辑,台湾文海出版社1990年版,第533页。

③ 薛福成著:《出使英法义比四国日记》,钟叔河主编《走向世界丛书》第1辑第8册,岳麓书社1985年版,第425页。

④ 黄遵宪著:《日本杂事诗〈广注〉》,钟叔河主编《走向世界丛书》第1辑第3册,岳麓书社1985年版,第649页

毕矣"；①"中国收召虚浮不根之子弟,习为诗文无实之言,高者顽犷,下者倾邪,悉取天下之人才败坏灭裂之,而学校遂至不堪闻问。"②薛福成抨击近代中国国贫民弱的根源在于,士大夫"多靡于时文试帖小楷之中","鄙弃工艺而不屑道"。驻伦敦期间,薛福成多次向国内建言变通科举考试章程。在呈请闽浙总督的条议中,薛福成建议更改科考场次和内容以注重实学,"第一场先考古学,兼及机器、算法、船炮","第二场再考文学","第三场策论,半出天算、机器、船械、炮法、矿电各题","武试于弓刀石之外,另试后膛枪炮;默武经时,亦询以船械、炮法、沙线、风云,庶异日可为轮船管驾"。③ 薛福成还主张在乡会试时兼考算学,"如乡会试兼考算学,则凡天学、地学、化学、电学、重学、热学、光学、声学等皆可旁及,而总以算学为归"。他认为由如此科考选出的人才定当特用,"凡考得者先予记名,遇有修葺城郭、兴筑炮台、测量舆地、制造器械、操练水雷等事,则用之。似于大局必有裨益"。④

王韬在认识到西方教育中注重实学内容后,也是竭力抨击八股取士制度的僵化与虚妄,主张改革科举制度首在变更科考内容。早在未出洋游历之前,王韬就曾主张科举考试内容中"二场之经题宜以实学,三场之策题宜以时务";⑤出洋游历之后,王韬更加强调西学应成为科举常规考试内容的一部分:"西学即开别科,缙绅家父兄子弟每误为外洋之奇技淫巧,与六经之旨异而不敢尝。而敢尝者又多读书不就无赖之人。其弊或至以西学诋六经,而转为学六经者之所笑。其能望天下真才之迭出哉?"⑥王韬由此设想用一种中学西学并重的考试制度以取代科举,其具体方案是:中学合四书五经为六经,以《易经》为首,西学以几何学为首,其次则化学、物理、天文、地理、兵学、动植物学、公法学等。凡能通两经和西学两科,且概要了解儒经和西学的士子,便可授予官职。

---

①　郭嵩焘著:《伦敦与巴黎日记》,钟叔河主编《走向世界丛书》第 1 辑第 4 册,岳麓书社 1984 年版,第 196 页。

②　郭嵩焘著:《伦敦与巴黎日记》,钟叔河主编《走向世界丛书》第 1 辑第 4 册,岳麓书社 1984 年版,第 948 页。

③　薛福成:《出使英法义比四国日记》,钟叔河主编《走向世界丛书》第 1 辑第 8 册,岳麓书社 1985 年版,第 440 页。

④　薛福成著:《出使英法义比四国日记》,钟叔河主编《走向世界丛书》第 1 辑第 8 册,岳麓书社 1985 年版,第 710 页。《郭嵩焘日记》第 4 卷(湖南人民出版社 1983 年版)

⑤　王韬著:《弢园文录外编》,辽宁人民出版社 1994 年版,第 27 页。

⑥　《万国公报》第六十三期(1892 年 8 月)。转引自(美)柯文著:《在传统与现代性之间——王韬与晚清革命》,江苏人民出版社 1998 年版,第 152－153 页。

　　光绪十一年（1885 年），王韬被聘为上海格致书院①山长，作为一所以传授西方科技知识为目标的新式学堂，开办之初生源并不理想。为了改变这一局面，王韬对书院的课时制度进行了改革，"王氏于讲授新知，极抱热望，而来院就学者仍属寥寥，终不得不改用其他课士方法，以资鼓励"。② 考课制度是中国传统书院的统一考试制度，分四季分别进行，考课内容无一例外地为时文（八股）诗赋。王韬认为此种课时方法和内容有碍于西学人才的培养。他认为格致书院的考课内容应该包括两个方面：一是有关西学新知的讨论与理解；二是对时务局势的分析与批评。与传统书院的每季一考不同，上海格致书院在四个季考之外还增开了春秋特考，每次考课均设采录名次，并附赠奖金，以促进士子们的向学热情。为了扩大上海格致书院实学教育的社会影响，王韬改变传统书院院内命题的方式，专门聘请南、北洋大臣及其他社会名流为书院命题。王韬对上海格致书院考课制度的改革取得了很大成功，据时人记载"（考课）所取优秀文章，均内容充实，议论高远，同时参与考课多一时俊彦，乃至功名士子贡举官绅均来参与"。③

　　与上述游历人员不同，王之春认为科举变革可从沟通学堂与科举入手，一方面，鼓励待考生员进入新式学堂学习实学科目，"应饬各州县学官就生员中择其才质聪敏，志趣高远，年在十八以上二十五以下者，申送省城学堂，俾资学习，庶业易成而用可久。其所习之事，则分天文、地舆、兵法、掌故、算学、格致为六门。随其才之高下与质之所近，从而教授之。黜其荒嬉，奖其勤学"。④ 另一方面，用科举考试之形式对学堂生进行考试甄别，"由各学堂教习届时考查诸生之优绌，造册赍送督抚，由督抚臣于乡闱前预试一场，如录科然，量其成才之多寡，堪以应举者共若干人，酌定几名内取中一人，先期奏请谕旨，即就各省中额内拔出若干名，与旧攻举业诸生同时分别取中，暂于并行不悖。其卷可仿照各省官生之例，令编字号以示区别；或虑考官难得其选，此等试卷在初变科举一二科之中，计亦为数无多。主试向有二员，或请钦派通知时务者一员专阅此卷，亦易毕事；或由各督抚臣预调他省学堂教

　　① 　格致书院由英国传教士傅兰雅和江苏徐寿创建于清同治十三年（1874），是中国教育史上第一个专门研习科学知识的教育机构。其主旨是使"中国便于考究西国格致之学、工艺之法、制造之理"。

　　② 　王尔敏著：《上海格致书院志略》，香港中文大学出版社 1978 年版，第 40 页。

　　③ 　王尔敏著：《上海格致书院志略》，香港中文大学出版社 1978 年版，第 54 页。

　　④ 　璩鑫圭、唐良炎编：《中国近代教育史资料汇编·学制演变》，上海教育出版社 1991 年版，第 26 页。

习,为此省各房考官,入场襄校,既可免遗珠之叹,且更无徇情之嫌"。①

当然,此期批判并主张改革科举考试制度的并非仅限郭嵩焘、王韬、王之春等游历人员,洋务大臣李鸿章、张之洞及社会贤达冯桂芬、郑观应等都曾有此主张,是他们的共同呼声加速了近代科举制度的变革。

三、甲午战争前出国教育考察活动评析

(一)拓宽了国人了解、学习西方教育的渠道

近代以前,中国人了解西方教育的途径主要是通过西方传教士的介绍。早在明末清初西方耶稣会士进入中国本土时,就开始将西方教育介绍给中国人。如耶稣会意大利传教士艾儒略及其《西学凡》就曾详细地介绍了西方的科学知识和方法论教育,并影响了中国著名学者徐光启。中国进入近代以后,西方传教士仍然是介绍西方教育思想和制度的主要生力军,如德国传教士花之安及其撰写的《德国学校论》,美国传教士丁韪良及其撰写的《西学考略》,英国传教士李提摩太及其撰写的《七国兴学备要》,美国传教士林乐知翻译的《文学兴国策》等。这些教育著作较为系统地介绍了包括课程设置、管理方式、教育经费的学校教育制度乃至西方近代教育思想,是中国人了解西方教育制度的重要参考资料之一。同时,这些兼任宗教与教育事业于一身的传教士也活跃在中国洋务事业当中,与他们的交往也是了解西方教育的一条重要渠道。然而,仅仅凭借外人的介绍来了解西方教育是不够的,国人应该走出国门以自己的视角观察和审视西方教育。

甲午战争前的游历活动虽然开展不多,但将中国人了解世界的"窗口"砸成了大门,开启了近代中国出国考察教育的先河,树立了近代中国出国教育考察的新风气。这些考察者中大多数人于出国考察前便通过阅读介绍西学内容的书刊或与西方人士交往或与通晓洋务中国人交往,对西方国家政治、文化有所了解。通过实地考察,进一步加深了对西方的了解,丰富了自己的洋务知识结构。同时,考察者们将考察所得书之于册,为其他未能经历出洋的人开展洋务事业提供了诸多参考资料。

(二)为维新时期教育改革提供了翔实的资料

甲午之前关于出洋游历所记录下来的各国教育情形大多数没有引起世

---

① 璩鑫圭、唐良炎编:《中国近代教育史资料汇编·学制演变》,上海教育出版社 1991 年版,第27 页。

人的注意，更谈不上得到重视。洋务学堂出身的张德彝在多次的出洋经历中所接触和认识到的西方教育可谓不少，然而他也只是"述而不论""言而不行"，不敢大声呼吁、公然主张兴办新式教育，更没有身体力行的实践。曾经在游历人员选拔考试中名列前茅、其游历成果最为丰硕的傅云龙回国后并没有受到重用，仅是加赏二品衔以道员分派北洋，后来被李鸿章任命为北洋机器局会办和海防支应局会办。傅云龙其人及其游历的事迹、游历图经也很快被时人淡忘。即使是享有洋务名气的郭嵩焘，在保守派强烈的舆论压力下，他的教育改革的思想及其游历著作也几乎惨遭封杀，其早期游历日记《使西纪程》先临毁版，接着他本人也从公使任上被撤回，从此再未被起用。郭嵩焘对欧美教育的介绍与研究终于未能对当时的中国产生及时而广泛的影响。王韬虽然在参照西方教育的基础上为中国教育设计过改革方案，但终因未能获得相应的地位和机会，其所记所言亦不为朝廷所重视。直至甲午战争之后维新运动之时，游历人员关于日本明治维新时期的政治、教育改革的介绍，才迅即引起人们的高度重视。

中日甲午战争后，国人为日本的强大所震惊，于是数年前游历日本人员所撰写的有关日本明治维新的文章被奉为至宝，在国内很快掀起了研究日本政治、经济、文化及教育改革的浪潮。甲午之前关于日本的文字记录，如顾厚焜撰写的《日本新政考》、王韬撰写的《扶桑游记》和黄遵宪撰写的《日本国志》，理所当然地成为国人研究日本明治维新的重要资料来源，尤以《日本国志》的影响为最。从该书在维新期间的数次刊印就可以看出：《日本国志》在光绪十三年（1887 年）成书后，并未出版，直至光绪十六年（1890 年）才有羊城（广州）富文斋初刻本，光绪二十一年（1895 年）冬第一次出版，光绪二十三至二十四年（1897－1898 年）前后改刻发行，戊戌年（1898 年）分别由浙江官书局、上海图书集成印书局、汇文书局多次重刊。① 正是在对黄氏《日本国志》认真研读后，维新领袖康有为和梁启超等人都认识到中国如若效法日本，进行维新变法，将会收到事半功倍的效果。康有为本人所编纂的重要维新著作《日本变政考》，便是在参考《日本国志》的基础上得以完成的。十几年前的考察结果终于在这一场短暂的维新运动中派上了用场。然而其意义远非如此，它无论在形式上还

---

① 盛邦和著：《黄遵宪史学研究》，江苏古籍出版社 1987 年版，第 109～110 页。关于《日本国志》具体出版时间，以前大多存有误读。学者盛邦和根据考证后认为，1890 年是该书的付刻年，不能误为出版年，1895 年才是《日本国志》初版本出版之年。

是在内容上,都掀起了 19 世纪末 20 世纪初赴日游历的风潮。

黄遵宪在其游历日记中对日本教育的介绍非常详细。在《日本杂事诗》中,他共计赋有"西学""留学生""学校课目""士官学校""女子师范""女学生""幼稚园"等七篇诗作,并在每首诗后以数语注解日本该类教育情形。《日本国志》的"职官志"与"学术志"则分别对文部省的行政组织机构、职能和日本学制进行了详细的介绍,尤其是对学制的介绍,涵盖了学区、学校设置、教科书、教学组织形式、教育经费及七大学区学事统计表(见表 1-3)等多项内容。这是截至黄遵宪随使日本时为止,记录日本教育制度、教育内容及教学组织形式的最系统的文字。以上二书尤其是后者所搜集的有关日本教育资料,经常被维新人士所参考引用,他们希望参照日本明治维新时期的教育改革为中国时下的教育改革设计蓝图。

表 1-3　日本七大学区学事统计表(部分)①

大学区		第一	第二	第三	第四	第五	第六	第七	总计
小学区数		8355	7469	5772	8425	6702	2480	3539	42922
人口	男	2983802	2862754	3073484	2807012	2581112	1559622	1567991	17435777
	女	2933153	2829885	3009412	2630959	2386581	1545548	1474008	16809546
	全数	5916955	5692639	6082896	5437971	4967693	3105170	3041999	34245323
学龄人员	男	450920	429561	471113	445476	429710	242710	258772	2728267
	女	414367	400139	434429	415213	403354	221997	234041	2523540
	全数	865287	829700	905542	860689	833069	464707	492813	5251807
学龄就学	男	276166	274749	259041	221221	203697	148021	144012	1526907
	女	26871	131559	30028	72089	5859	41122	27203	567391
	全数	393037	406308	379069	293310	262216	189143	171215	2094298
学龄不就学	男	174594	153516	212072	224255	226018	94689	11476	1199904
	女	297656	267237	1214401	34734	344835	180875	206838	1958966
	全数	472250	420753	526473	571379	570853	275564	321598	3158870
六岁以下就学生徒	男	4332	3758	4399	4939	3874	2757	1142	25201
	女	2076	1597	1981	1951	1238	1031	322	10196
	全数	6408	5355	6380	6890	5112	1788	1464	35397

① 黄遵宪著:《日本国志》,天津人民出版社 2005 年版,第 814 页。

（续表）

大学区		第一	第二	第三	第四	第五	第六	第七	总计
十四岁以上就学生徒	男	23531	7917	15525	14395	10180	5271	6126	82945
	女	2271	933	5329	1323	990	280	298	11424
	全数	25802	8850	20854	15718	11170	5551	6424	94369
人口百中就学生徒		7018	7038	6067	5080	5060	6039	5088	41390
小学	公立	4196	3992	4536	3865	3282	2202	2208	24281
	私立	694	84	197	132	54	5	12	1778
中学	公立	4	4	3	7	7	5	1	31
	私立	224	14	36	82	1	1		358
大学	官立	1							1
专门学校	公立	9	4		1	2	1	1	18
	私立	19	4	2	9				34
小学师范学校	官立	2		1		1		1	5
	公立	17	12	21	14	8	10	9	91
中学师范学校	官立	1							1
	公立		1						1
外国语学校	官立	1		1					2
	公立		1	3			1		5
	私立	4	3	10		1	1	2	21
女子手艺学校	公立			56					56
	私立			185					185
学校全数		5172	4119	5051	420	3356	1316	2234	26268

（三）甲午战争前出国教育考察的局限性

甲午战争前多数游历官员出国考察意识不强，仅以考察外情为主，缺乏借他山之石以推动中国改革与现代化的明确意图。其原因可以归纳为以下三点：一是清政府方面对于出洋游历活动立意不高。按照清政府对游历者的规定："游历（官员）应将各处地形要隘、防守大势以及远近里数、风俗政治、水师炮台、制造厂局、火轮舟车、水雷炮弹详细记载，以备查考。"① 由此可

---

① 高时良编：《中国近代教育史资料汇编·洋务运动时期教育》，上海教育出版社 1992 年版，第 860 页。

见,清政府开展游历活动的主要目的在于了解西方国家的器物层面,对于西方的政治制度、学术思想等西政、西学则很少提及。二是受游历者本身知识素养的限制。即游历者虽然具有较为深厚的中国传统文化知识,但在游历前对外洋的了解非常有限。这就导致他们在游历过程中只能是浮光掠影地走马观花而已。三是受游历性质的限定。即初期的游历多属百科全书式的综合性质的考察,它决定了游历者的考察范围的广泛与考察内容的散乱,因此,很难形成对某一专门领域的特别关注与研究,正如蒲安臣使团成员志刚所言:"西人各家学问与夫制造之法,仅得之时刻浏览之间,无暇与之深究,未免有遗憾焉。"① 从这些考察著作可知,此时期的考察与记录具有一个共同的特征:要么蜻蜓点水式地一笔带过,如上文言及的斌椿、张德彝、志刚、何如璋、张斯桂等;要么大量采撷有关图藉、统计报表,如黄遵宪、傅云龙等。在今人看来,与其说他们是研究著作,不如说是流水账或资料大汇编更为贴切。这种行为完全符合人们认识事物由表及里、由浅入深、由"感受为主"转为"记载为主"的客观规律。

与近邻相比,开国略迟于中国的日本却是非常重视游历一事。明治维新初期,日本政府在"富国强兵""殖产兴业""文明开化"三大方针指引下,开始致力于政治、经济、军事、文化等领域的改革,并将派出国外考察团作为推动现代化改革的原动力。明治四年(同治十年,1871 年)十一月,日本政府派出了右大臣岩苍具使、参议木户孝允、大久保利通、伊藤博文、外务少辅山口尚芳等组成的代表团赴欧美考察和洽商修改条约。该团在欧美期间认真考察了欧美各先进国家在政治、法律、经济、教育等方面的制度理论、法规和推行方法,以备回国后仿效。② 由上可知,日本此次代表团的成员均是由当时政府中最大的实力派人物担任,且其考察目标明确,有的放矢,他们的考察过程以及考察结果势必会极大地影响到日本明治维新的实际成效,事实的确如此。回观甲午之前清政府所派遣的历次考察团,无论是朝廷开展此项活动的初衷,还是考察成员的身份、地位,远没有达到近代日本的认识水平,正如中国现代化的进程远没有日本顺利一样。因此可以说,没能像样地走向世界是中国现代化包括教育现代化发展迟缓的一个重要原因。

---

　　① 志刚著:《初使泰西记》,钟叔河主编《走向世界丛书》第 1 辑第 1 册,岳麓书社 1985 年版,第 316 页。

　　② 参见汪向荣著:《中国的现代化与日本》,湖南人民出版社 1987 年版,第 12 页。

第三节　甲午战争至维新时期出国教育考察活动概述

光绪二十年(1894 年)爆发的中日甲午之战震惊朝野,一方面中国政府不得已签订了丧权辱国的《马关条约》;另一方面则是激起了国人对日本的重新审视。近代以前,中国一直都是日本学习的榜样,因此在中国绝大多数人的心目中,"蕞尔小岛"的日本只不过是"天朝上国"东边不起眼的邻居。即使是在日本明治维新之后中日甲午战争之前,从国人游历日本时与其文人墨客唱和诗文的场景中,仍能感受到中国文化的持续影响以及国人在日本人面前一如既往的自豪感。然而,历史不能停留在过去,战争的教训实在太深刻。如同鸦片战争的警醒一样,"以敌为师"仍然是时人对失败教训的持续反应。但是,在如何"以敌为师"的观念上,此时却比数年前进步了很多,即不再局限于器物层面的学习,敌国的军事制度、教育制度乃至政治制度都开始成为国人效仿的对象。于是,赴日考察、留学日本成为借鉴、学习日本的重要途径之一。

一、甲午战争至维新时期赴日教育考察概述

(一)维新时期赴日教育考察背景

1.维新教育改革主张

在甲午战争之后维新变法之前,一些维新人士就为改革中国教育大声疾呼,如贵州学政严修于光绪二十三年十一月二十三日(1897 年 12 月 16日)奏请在科举考试中设置经济特科,"以表会归而收实用";[①]刑部左侍郎李端棻于光绪二十二年五月初二日(1896 年 6 月 12 日)奏请"自京师以及各省府州县皆设学堂"[②]以推广学校。光绪二十四年四月二十三日(1898 年 6 月11 日),光绪皇帝谕令"明定国是"诏书,宣布维新变法。康有为、梁启超等维新健将于是多次上书力陈革新教育的诸项措施,如废除八股改试策论、改书

---

① 汤志钧、陈祖恩编:《中国近代教育史资料汇编·戊戌时期教育》,上海教育出版社 1993 年版,第 28 页。

② 汤志钧、陈祖恩编:《中国近代教育史资料汇编·戊戌时期教育》,上海教育出版社 1993 年版,第 117 页。

院办新式学堂、兴办京师大学堂、广派游学。尤其在兴办新式学堂上，康有为认为这是培育新式人才用以改变国贫民苦现状的前提基础，"近者日本胜我，亦非其将相兵士能胜我也，其国遍设各学，才艺足用，实能胜我也。吾国任举一政一艺，无人通之。今其害大见矣，不可不亟设学以育成之矣"。新式人才的培育必须依靠新式学堂，如何兴办新式学堂？康有为主张效仿曾经效法德国的近邻日本："今各国之学，莫精于德，国民之义，亦倡于德，日本同文比邻，亦可采择。请远法德国，近采日本，以定学制，乞下明诏，遍令省府县乡兴学。"①尽管随着变法的失败，维新教育的改革措施还没来得及开展就被扼杀在摇篮之中，但由此造成的改革旧式传统教育的势头却势不可挡。这股强劲的改革之风促使国人从多方面着手考虑中国的教育出路，游历、游学日本以谋本国教育之发展于是成为中国人的必然选择。

2. 朝臣对游历活动的倡导

此期最早倡导出洋游历的当属张之洞。光绪二十一年闰五月二十七日（1895 年 7 月 19 日），张之洞向清廷上奏"吁请修备储才折"，主张"宜多派游历人员"出洋考察："夫洋务之兴已数十年，而中外文武臣工罕有洞悉中外形势、刻意讲求者，不知与不见之故也。不知外洋各国之所长，遂不知外洋各国之患，拘执者狃于成见，昏庸者乐于因循，以致国势包耳旁加占危，几难补救，延误至此，实可痛心。今欲破此沈迷，挽此积习，唯有多派文武员弁出洋游历一策。"②继张之洞之后，群臣力谏游历之声不绝于耳。光绪二十二年五月（1896 年 6 月），刑部左侍郎李端棻在"奏请推广学校以励人才折"中建议"选派游历"："生徒既受学数年，考试及格者当选高才以充游历。"李端棻所言的游历既包括国外游历，亦包括国内游历，且国外游历还包含有游学之意，"游历之道有二：一、游历各国，肄业于彼之学校，纵览乎彼之工厂，精益求精，以期大成；二、游历各省，察验矿质，钩核商务，测绘舆地，察阅物宜"。③同年五月（1896 年 6 月），总理各国事务衙门议覆李端棻此折，并就游历一事奏道："游历诚多多益善，而过多亦虑经费之难支。应请嗣后游历之诸学生，由学堂选派者即由学堂筹给资斧；由商务局选派者由商务局筹给资斧。"④以

① 汤志钧、陈祖恩编：《中国近代教育史资料汇编·戊戌时期教育》，上海教育出版社 1993 年版，第 51～52 页。
② 陈山榜编：《张之洞教育文存》，人民教育出版社 2008 年版，第 113 页。
③ 朱寿朋编：《光绪朝东华录（第四册）》，中华书局 1958 年版，总第 3794 页。
④ 舒新城编：《中国近代教育史资料（第一册）》，中国人民大学出版社 2012 年版，第 6～7 页。

上两折所言游历活动主要是指学堂学生出洋一事,且清政府对开展此项活动的态度并不积极。为大开游历之风气,光绪二十四年四月初四(1898 年 5月),侍郎荣惠奏请"请派王公近支游历各国"。[①] 同月十三日(1898 年 6 月 1日),康有为代御史杨深秀拟定"请派近支王公游历各国"。在该片中,康有为分析了派遣王公近支出洋游历的必要性,"练天下之人才,当自王公始。伏乞断自圣衷,变通旧历,特派近支王公之妙年明敏有才志者,游历泰西各国"。[②] 请派宗亲贵族出洋游历实属创举。在此之前的所有出洋游历活动中,罕见宗亲出洋,大概是因为出洋是件苦差事,且海行风险极大。杨琛秀的奏议得到光绪帝的首肯。光绪帝迅即发布了诏选宗室王公游历各国的上谕。此期,对游历一事论述最为详细的是《格致新报》。光绪二十四年(1898年),该报第一期曾刊发"论游历为国家之要道"一文,将出洋游历一事比喻为救国之良方。

医国之法无他先开其灵慧之胸,继求其实事之效。开灵慧利于攻,求实事宜于补,二者舍游历曷为功。游历之事,贵有专责,任之者宜富室与学堂中人。盖唯彼二者,能易用其权力也。商人游历,能知图势之兴衰;制造游历,能新耳目之规矩;律师借游历以破除成见,兵家借游历以考察要区。核轩采风,入国问俗,殆此意也。天下事必须足迹所周,亲为考察,方可笔之于书,以待学者,断不可以凭空臆造之说误之。故游历一端,为推广聪明之本,虽偶有弊窦,然其利固昭然,可坐而待也。[③]

同年,张之洞在《劝学篇》中也极言游历一事,"出洋一年,胜于读西书五年",[④]并主张游历东洋胜于西洋。

3. 赴日留学活动的铺垫

中国近代官方派遣的留日活动肇始于光绪二十二年五月(1896 年 4月)。为了增补使馆工作人员,清驻日公使裕庚派理事官吕贤笙赴上海、苏州一带,招募唐宝锷,朱忠光、胡宗瀛、戢翼翚等13名学生赴日学习。这是清

---

① 朱寿朋编:《光绪朝东华录》(第四册),中华书局1958年版,总第4095页。

② 汤志钧编:《康有为政论集》(上册),中华书局1981年版,第252页。

③ 高时良编:《中国近代教育史资料汇编·洋务运动时期教育》,上海教育出版社1992年版,第864页。

④ 苑书义、孙华峰、李秉新主编:《张之洞全集》(第12册),河北人民出版社1998年版,第9738页。

政府派遣的首批赴日本学校留学的中国留学生,此举拉开了近代国人正式留学日本的序幕。而大批的留学生真正开始登上留日舞台,则是在两载后的维新之年。百日维新之际,维新人士主张开展留学日本活动以作为推动变法的重要措施,"昔日本变法之始,派游学生于欧美,至于万数千人,归而执一国之政,为百业之师,其成效也,此臣所以请派游学也"。① 在留学的国别上,他们主张应以日本为主,"日本变法立学,确有成效,中华欲游学易成,必自日本始"。② "若法民主,于欧东多变,覆车可鉴,吾国体不宜。唯日本道近而费省,广历东游,速成尤易"。③ 与国内的留日主张相呼应的是,日本驻华公使矢野文雄以日本国家的名义,邀请中国派遣留日学生,并答应提供留学经费。光绪二十四年七月初二日(1898 年 8 月 18 日),光绪帝谕旨"派遣日本游学",并电寄各省督府,"日本政府允将该国大学堂中学堂章程,酌行变通,俾中国学生易于附学,一切从优相待,以期造就",并着令各省督府,"就学堂中挑选聪颖学生,有志上进,略谙东文英文者,酌定人数,克日电咨总署核办"。④ 于是,各省先后选派学生赴日留学。据记载,光绪二十四年直隶、湖北、浙江等省区曾陆续派出赴日官费生 64 人。另外,湖广总督张之洞还拟"选取聪颖子弟湖北 100 人、湖南 50 人,前赴日本学习武备、格致、农商工艺,兼通各种专门术业"。⑤ 在留学日本风气的影响下,赴日游历活动也渐次展开。其中,部分是专门赴日教育考察活动,部分是以处理留日事务为契机而开展的教育考察活动。

(二)维新时期赴日教育考察活动概观

1. 地方大臣积极开展赴日教育考察活动

近代中国专门赴日教育考察之举为湖广总督张之洞首创。由于多年担任学政和主持洋务教育的经历,张之洞形成了自己独特的教育观。他主张应以"中体西用"作为中国新式教育发展的根本指导方针。在其著名教育著作《劝学篇》中,张之洞具体阐述了他的"游学""设学""学制""广译""变科举"等一系列的教育改革主张。其中"游学第二"指出的"出洋一年,胜于读

---

① 陈景磐、陈学恂主编:《清代后期教育论著选》(下册),人民教育出版社 1997 年版,第 310 页。

② 陈景磐、陈学恂主编:《清代后期教育论著选》(下册),人民教育出版社 1997 年版,第 299 页。

③ 陈景磐、陈学恂主编:《清代后期教育论著选》(下册),人民教育出版社 1997 年版,第 310 页。

④ 汤志钧、陈祖恩编:《中国近代教育史资料汇编·戊戌时期教育》,上海教育出版社 1993 年版,第 57 页。

⑤ 王桂著:《中日教育关系史》,山东教育出版社 1993 年版,第 477 页。

西书五年;入外国学堂一年,胜于中国学堂三年"奠定了其时出洋游学游历的理论基础。在出洋国别上,张之洞显然青睐于日本,"游学之国,西洋不如","我取径于东洋,力省效速"。① 张之洞的这一认识很快成就了中国近代首次赴日教育考察活动。光绪二十三年秋(1897 年 10 月),日本参谋部邀请中国军事观察团参观 11 月中旬即将在日本九州举行的盛大军事演习。为了促成此事,同年底日本大臣神尾光臣大佐、大尉宇都宫太郎及梶川等代表受命与时任湖广总督的张之洞接触②,商定派遣中国教育考察团和中国学生入读日本陆军学校等事宜。于是便有了姚锡光等赴日考察之行,此举开启了近代专门出国教育考察之先河。正如姚氏在其考察日记——《东瀛学校举概》③序中所言:"丁酉(1897 年)冬,胶澳变起,电达鄂垣,官吏震骇,谓我种类之覆亡无日矣。于时,日本陆军大佐神尾光臣、大尉宇都宫太郎先后来鄂,陈言谓:'俄法德合纵谋,不利于东方。今胶州之役,非特中国之忧,亦敝国之患也。中东地密迩,人类教旨不殊,请释甲午乙未之嫌相联络……'。而神尾、宇都宫犹在鄂益,戒我育将才、练陆军以图自存。大府(张之洞)然之,遂议遣湘鄂子弟百人入日本陆军各学校学习。"④姚锡光在日本考察的两个月时间内,"得阅其国陆军省、文部省各学校及步骑炮工辎重队各操,旁及议院、银行、工厂并各工会凡六十余所,见其公卿士大夫及林下巨公工师商贾三百余人"。⑤

姚锡光从日本考察归国后,于该年闰三月廿十日(1898 年 5 月 10 日)向张之洞上陈《查看日本各学校大概情形手折》,报告了此次考察的整个过程及其他相关事宜。由是,张之洞对日本的教育制度有了进一步的了解。美国学者任达认为张之洞的《劝学篇》是在姚锡光考察回国之后才完成的,受到了姚锡光及其考察报告的影响。⑥ 通读《劝学篇》之后,的确可以看出

---

① 苑书义、孙华峰、李秉新主编:《张之洞全集(第 12 册)》,河北人民出版社 1998 年版,第 9738 页。

② 参见(美)任达著,李仲贤译:《新政革命与日本——中国,1898～1912》,江苏人民出版社 2006 年版,第 23～24 页。

③ 该书于 1899－1900 年发行过三版,说明其流传较为广泛。

④ 吕顺长编著:《晚清中国人日本考察记集成·教育考察记(上册)》,杭州大学出版社 1999 年版,第 4 页。

⑤ 吕顺长编著:《晚清中国人日本考察记集成·教育考察记(上册)》,杭州大学出版社 1999 年版,第 4 页。

⑥ 参见(美)任达著,李仲贤译:《新政革命与日本——中国,1898—1912》,江苏人民出版社 2006 年版,第 30 页。

张之洞对日本教育制度的一定了解和强烈兴趣,尤其是对游学一事的论述,奠定了当时乃至新政时期游学、游历日本的基本格局:"至游学之国,西洋不如东洋;一、路近省费,可多遣;二、去华近,易考察;三、东文近于中文,易通晓;四、西书甚繁,凡西学不切要者,东人已删节而酌改之。中东情势风俗相近,易仿行。事半功倍,无过于此。若自欲求精求备,再赴西洋,有何不可。"[①]

继湖广总督张之洞派遣姚锡光赴日教育考察之后,各省地方官员纷纷效仿。同年四月(1898 年 6 月),浙江候补知县张大镛、浙江候补巡检蒋嘉名奉浙江巡抚廖寿丰之命,率领求是书院钱承志、陈榥、何燏时、陆世芬和武备学堂肖星垣、徐方谦、段兰芳、谭兴沛等八人赴日留学。在日四月期间,张大镛和蒋嘉名对日本各普通学校及军事学校进行了详细的考察,回国后分别将考察记录编订成《日本各校纪略》《日本武学兵队纪略》。前者以记录考察日本普通学校为主,如东京府公立师范学校、高等师范学校、日本小学校(附幼儿园)、寻常中学校、第一高等学校、日本国大学(即东京帝国大学)、农科大学、高等商业学校、东京工业学校(附职工徒弟学校、工业教员养成所)、东京美术学校、庆应义塾、女子高等师范学校、附属高等女学校(附附属小学校)、盲哑学校,主要记述这些学校的立校宗旨、建校时间、入学章程、例定功课、学生名额、考试制度、教职员人数、教学经费等内容。光绪二十五年(1899 年)秋,日本举行秋季军事大演习,邀请中国派员阅视日本兵操。四川总督奎俊于该年七月委派统领四川长胜全军记名提督丁鸿臣和二品顶戴四川特用道世袭一等轻车都尉沈翊清前往日本阅视并考察日本学制。沈翊清等不辱使命,对日本军事制度、军事教育及普通教育均进行了详细地考察。光绪二十五年八月(1899 年 9 月),闽浙总督许应骙派遣福建福强军右翼、徐继藩哨官花翎守备刘玉林等赴日考察军事及学事。

2. 中央政府派员赴日教育考察

光绪二十四年(1898 年)维新之际,历经三年酝酿周折的京师大学堂终于得以建立。作为近代第一所新式综合大学暨全国最高教育行政机关,其建立和运作的参考资料基本上依据国人对日本明治维新时期教育情形的前

---

① 苑书义、孙华峰、李秉新主编:《张之洞全集》(第 12 册),河北人民出版社 1998 年版,第 9738 页。

期介绍,由梁启超起草的《筹议京师大学堂章程》便是在参考黄遵宪等人对日本教育介绍的基础上得以完成的。学堂筹办过程中,最重要的前提基础莫过于校舍的建筑。同年五月十六日(1898 年 7 月 2 日),清政府任命庆亲王奕劻、礼部尚书许应骙负责校舍建筑事宜,并做出模仿日本东京帝国大学建筑的重要决定,委托驻日公使裕庚对东京帝国大学进行考察。据奕劻等奏:"臣等奉命承修大学堂工程,业经电知出使日本大臣裕庚,将日本大学堂规制广狭、学舍间数,详细绘图贴说,咨送臣衙门参酌办理。"①裕庚在考察东京帝大的校舍建筑、学校制度、学科课程之后,迅速拟写了详细的考察报告寄回国内以备参考。② 然而,管学大臣孙家鼐犹感不足,于是在该年七月十四日(1898 年 8 月 30 日)向朝廷上奏:

> 窃维大学堂事当创始,一切条规不厌其详,叠次奏定章程,均系参考东西洋各国之制,但列邦学校,日新月盛,条目繁多,必须详考异同,庶立法益臻美备。闻日本创设学堂之初,先派博通之士分赴欧美各国,遍加采访,始酌定规制,通国遵行,故能学校如林,人才蔚起。今大学堂章程略具,各省中学堂、小学堂已立者未能划一,未立者尚待讲求,均应由大学堂参核定议……欧美各国,程途窎远,往返需时,日本相距最近,其学校又兼有欧美之长,派员考察较为迅速。③

于是,八月十三日(1898 年 9 月 28 日)江南道监察御史李盛铎、翰林院编修李家驹、翰林院庶吉士宗室寿富、工部员外郎杨士燮一行四人赴日再次考察东京帝国大学。

3. 学校关联者自费赴日考察教育

除了中央政府和地方官员积极派遣赴日教育考察活动外,这一时期还出现了中国近代最早以自费形式赴日考察教育的代表团,即朱绶赴日教育考察团。光绪二十四年(1898 年),江西人朱绶与邹殿书等十余人筹议在本省创设经济学堂,于是相约先赴日本考察学校规制,正如朱绶在《东游纪程》中所言:"余本意为访察学校规制,向闻东校私建为多,意欲选其规制,劝设

---

① 国家档案局明清档案馆编:《戊戌变法档案史料(上册)》,中华书局 1958 年版,第 266 页。
② 国家档案局明清档案馆编:《戊戌变法档案史料(上册)》,中华书局 1958 年版,第 270~271 页。
③ 国家档案局明清档案馆编:《戊戌变法档案史料(上册)》,中华书局 1958 年版,第 276 页。

学堂,使吾乡人获造就成才备。"[①]在日本外务省指派翻译官的引导下,朱绶等考察了日本成城学校、户山学校、陆军中央幼年学校、陆军地方幼年学校、寻常小学校、寻常女学校、高等女子师范学校、高等师范学校等。尤为可贵的是,朱绶首次将日本学校教育系统绘制成"日本学校联络图",还在图表处附加总说及各级各类学校分说,其详细程度连新政时期的赴日教育考察者也未能企及。

朱绶一行开启了近代自费专门赴日教育考察的先河。维新运动后,贵州人士乐嘉藻自费赴日本游历并考查学务,并花费数千金购置图书、仪器、标本,运回贵阳,供同好研读、实验,同时大力倡导新学。光绪三十年(1904年),乐嘉藻在贵阳市创办蒙学堂,为贵州省新式学校之始。清末新政时期,严修、张謇等自费赴日教育考察活动以图地方兴学运动正是维新时期自费赴日教育考察的延续。

二、甲午战争至维新时期出国教育考察活动特征

(一)日本一边倒

甲午战争之前,日本已建立起包括初等教育、中等教育及高等教育的比较完备的近代学校体系。明治初年,作为推行"富国强兵""文明开化"这一基本国策的重要手段之一,日本于明治四年(同治十年,1871年)年设立了文部省,并在参考欧美学校制度的基础上,于次年制定了日本最早的近代学校制度《学制》,确立了建立小学、中学、大学三级学区,使人人都有接受学校教育机会的制度。明治十二年(光绪五年,1879年)文部省废除《学制》,推出《教育令》,并通过实践不断地修正完善,初步确立了初等、中等和高等教育体系。明治十八年(光绪十一年,1885年)森有礼任伊藤博文内阁首任文部大臣后,于次年颁布了《帝国大学令》《师范学校令》《中学校令》《小学校令》《各类学校通则》等学校章程。此举标志着日本原有的教育体系开始进入调整并逐步走向完善。日本明治维新教育改革的成功在甲午一战之后为更多中国人所认可。于是,考察并学习日本教育以谋中国之发展成为19世纪末20世纪初中国有志之士的共同选择。故此,此期的出洋考察势必呈现日本一边倒的态势。表1-4为1895—1900年国人赴日教育考察活动举概。

---

① 吕顺长编著:《晚清中国人日本考察记集成·教育考察记(上册)》,杭州大学出版社1999年版,第94页。

表 1-4 1895—1900 年国人赴日教育考察活动举概①

派遣年份	派遣者	员数	姓名	身份	考察内容	东游日记
光绪二十四年正月 (1898.2)	湖广总督张之洞	6	姚锡光	湖北武备学堂兼自强学堂总督、补用知府、候选直隶州知州	军制、学制	《东方兵事纪略》(1897)、《东瀛学校举概》(1899)
			张彪	湖北护军统带官、湖广尽先补用游击		无
			徐钧浦	湖北枪炮厂监造官、同知衔湖北候补知县		无
			吴殿英	湖北武备学堂监操官、都司衔尽先补用守备		无
			黎元洪	湖北护军后营帮带官、五品顶戴尽先补用千总		无
					略	
光绪二十四年七月 (1898.8)	自费	15	邹凌瀚	经济学堂(江西)校长	教育	无
			周泰瀛	经济学堂英文教习		无
			朱绶	候选大使		《东游纪程》(1899)
			邹邦楙	同知		无
			邹邦棨	候选大使		无
			邹邦乐	监生		无
					略	

---

① 本表根据王宝平主编《晚清中国人日本考察记集成》(杭州大学出版社 1999 年版)及汪婉著《清末中国对日教育视察の研究》((日本)汲古书院 1998 年版)统计而成。

（续表）

派遣年份	派遣者	员数	姓名	身份	考察内容	东游日记
光绪二十四年八月（1898.9）	管学大臣孙家鼐	4	李盛铎	监察御史	帝国大学	无
			李家驹	翰林院编修		无
			寿富	翰林院庶吉士		无
			杨士燮	工部员外郎		无
光绪二十四年四月（1898.5）	浙江巡抚廖寿丰	2	张大铺	浙江候补知县	军校、兵营	《日本武学兵队纪略》（1899）、《日本各校纪略》（1899）
			蒋嘉名	浙江候补巡检		
光绪二十五年三月（1899.4）	湖广总督张之洞	1	钱恂	秘书官	学事	无
光绪二十五年六月（1899.7）	清政府	1	刘学询	即选道	商务、学校	《游历日本考察商务日记》（1899）
光绪二十五年八月（1899.9）	四川总督奎俊	8	丁鸿臣	统领四川长胜全军记名提督	学制、兵制	《四川派赴东瀛游历阅操日记》（1900）、《游历日本视察兵制学制日记》（1900）
				二品顶戴四川特用道世袭一等轻车都尉		无
			张望龄	四川补用知县		无
			贾凝禧	福建船政学堂教习		无
				略		

（续表）

派遣年份	派遣者	员数	姓名	身份	考察内容	东游日记
光绪二十五年八月（1899.9）	闽浙总督许应骙	9	崔祥奎	候选直隶州	日本兵队组织、军事学校	无
			张啓正	补用知县		无
			刘玉林	哨官花翎守备		无
			徐继藩	福建福强军右翼、哨官花翎守备		无
			邹玉云	福建福强军左翼、哨官花翎守备		无
				略		

（二）以军事考察为先导，集军事、教育考察为一身

甲午战争失败之后，清政府各地方大臣开始着手进行军制改革、新军操练。光绪二十一年（1895 年）袁世凯在天津小站督练新式陆军，张之洞也奏请编练自强军。这是清末编练新军的开始。在自行编练新军的同时，日本优越的军备吸引着那些锐意改革中国军事制度的重要官员，同时日本也经常举行军事大演习，并邀请中国人赴日阅操，于是，一些地方督府先后派遣官绅、学生赴日考察军事制度，并掀起了日本军事考察的高潮。光绪二十四至光绪二十七年（1898—1901）是军事考察的最高潮，大量的军事游历官被派往日本，与遣唐使时代大批日本人来华相映成趣，且有过之而无不及。据各种历史文献的初步统计，短短四年中清朝各地方政府派遣东渡考察的官员中，以军事为目的或涉及军事类的竟多达 51 人次，而这一时期东渡游历官的总数也不过 69 人次。[①]

在考察日本军事制度的过程中，游历官们在感叹日本军事强国的同时，还认识到日本也是一个教育强国，日本兴邦强国的重要基础是其教育的飞速发展。于是在考察军事的同时，日本的教育理所当然地被列为重要考察对象。由 1895—1900 年国人赴日教育考察活动举概（见表 1-4），也可看出姚锡光、张大镛、丁鸿臣、崔祥奎、沈翊清等人同时将日本的军事与教育作为重点考察对象。军事教育及武备学校是融合军事、教育为一的结合体，因

---

① 沈丹昆、孔丽君：《1899 年沈翊清的日本陆军考察和〈东游日记〉》，http://hi. baidu. com/fzgxsj/item/88ead12bb15bf48c6e2cc319

此,对日本军事教育或武备学校的考察成为当时游历官员的主要活动。以沈翊清一行对日本军事教育的考察为例。光绪二十五年八月(1899 年 9月),四川总督奎俊派遣统领四川长胜全军记名提督丁鸿臣、二品顶戴四川特用道世袭一等轻车都尉沈翊清一行八人赴日进行军事考察。在日考察期间,沈翊清不仅考察了日本的军事机构,还参观了不少日本军事学校,如陆军成城学校、陆军地方幼年学校、陆军中央幼年学校、陆军户山学校、陆军军医学校、涩谷陆军骑兵实施学校、陆军兽医学校、陆军士官学校。除此之外,沈翊清还先后参观了东京幼稚园、东京寻常高等小学校、东京高等女学校、东京女子高等师范学校、东京工业学校以及附属职工徒弟学校、东京高等商业学校、东京外国语学校、京都第一高等中学校、日本工科大学、日本理科大学、日本医科大学、日本邮便电信学校、警察监狱学校、盲哑学校、驹场农科大学校等非军事教育的学校。沈翊清将考察记录撰为《东游日记》,同行的丁鸿臣则著成《四川派赴东瀛游历阅操日记》,两书都是将日本的军事考察与教育考察并举记录。其中沈翊清的《东游日记》在全书结尾处尤为注重对日本整个教育概观的总结:"日本学校共二万八千四百五十三处,教官八万七千八百五十五人,学生四百十六万八千七百十七人。全国统算每百人内约有六十六人入学者,卒业学生五十七万三千七百九十六人。小学六年,六岁入学至十二岁。中学五年,十三岁至十七岁。预科三年,十八岁至二十岁。大学校三年或四年,二十一岁至二十四岁。"①由此可见,《东游日记》对日本教育的重视程度。正如孙诒让为《东游日记》作序所言:"沈丹曾……记其所见,为书一卷,于兵事外,旁及工艺商务,而於学校尤详。"②

三、甲午战争至维新时期出国教育考察活动评析

与甲午战争之前的出国考察活动相比,甲午战争至维新时期的出国考察活动具有目标明确、范围集中的特征。这是以往任何一次出国考察活动所不具备的,从前文的论述中也可看出。因此,该段时间内的出国教育考察活动对中国近代教育的影响也更为直接些。其主要表现是:第一,促成了中

① 吕顺长编著:《晚清中国人日本考察记集成·教育考察记(上册)》,杭州大学出版社 1999 年版,第 161 页。
② 吕顺长编著:《晚清中国人日本考察记集成·教育考察记(上册)》,杭州大学出版社 1999 年版,第 124 页。

国近代第一个兼具教育行政与教学功能的京师大学堂的建立。第二,奠定了清末新政时期赴日教育考察活动的实践基础,开启了清末新政时期全面学习、借鉴日本教育的全新局面。

(一)京师大学堂的建立为清末新政时期的教育改革打下了基础

京师大学堂从倡议到筹议再到筹办以至正式建立,经历了一系列的筹划方案和措施,其中派员前赴日本尤其是赴日本帝国东京大学进行专门考察起到了关键性作用。虽然中国近代第一所新式学堂——京师同文馆在同治元年(1862年)就开始设立,但那毕竟是一所专门学堂,以培养洋务外语人才为目的,与西方国家和日本的综合性大学相去甚远。因此,在中国首善之地创设一所综合性大学是大多数致力于提倡并实践新式教育的朝野人士的共同愿望。然而,这毕竟是一件前所未有之事,不能以"闭门造车"之术来完成。是故,参考并借鉴西方特别是日本现行的大学制度成为筹建京师大学堂的首要之举。在筹建京师大学堂期间,主管大臣先后两次派人考察日本东京大学堂:第一次是由负责校舍建筑事宜的庆亲王奕劻、礼部尚书许应骙委托驻日公使裕庚,对日本东京帝国大学的校舍建筑、学校制度、学科课程进行考察,其主要目的是为京师大学堂的硬件建设拟订方案;第二次是管学大臣孙家鼐专门派遣江南道监察御史李盛铎、翰林院编修李家驹、翰林院庶吉士宗室寿富、工部员外郎杨士燮赴日本考察各类教育,其主要目的是为京师大学堂行使主管全国教育行政工作打基础。维新失败后,京师大学堂作为唯一的变法成果被留存下来。光绪二十六年七月(1900年8月)八国联军攻占北京,京师大学堂被迫停办。清末新政时期教育改革的首要措施就是复办京师大学堂。光绪二十八年十一月十八日(1902年12月17日)京师大学堂复办开学,为清末新政时期的教育改革拉开了序幕。

(二)奠定了清末新政时期赴日教育考察活动的实践基础

甲午战争之前,中国历史上从未出现过专门赴日进行教育考察的活动,姚锡光不仅是近代中国第一个赴日进行教育考察的人物,也是中国整个历史上第一个专门赴日进行教育考察的人物,其撰写的考察日记《东瀛学校举概》为维新以至新政时期的教育改革提供了翔实的参考资料,引领了清末时期学习并研究日本教育的风气。同时,姚锡光及同时期的张大镛、沈翊清、朱绶等的赴日教育考察活动,奠定了新政时期赴日教育考察活动的实践基础,使得新政时期大规模地赴日教育考察活动成为可能。在维新至新政时期的赴日考察过程中,中国人对日本学习与研究逐步转向主动:"研究的动机由被动的本能反应——防御转为主动的虚心学习,研究者已从知识分子扩展至所有东渡考察者:官吏、文人、实业家和学生。对中华民族来说,研究日本再也不是抽象的纸上谈兵,而是活生生的现实亟需。从某种意义上说,它不是一种书斋式研究,而是一种社会运动。"①这种非书斋式的社会运动的发起正是以姚锡光等人的赴日教育考察活动作为实践基础的。

小　结

19世纪末是中国教育现代化的起步阶段。这一时期教育改革成果主要有:一是在京师及其他重要城市建立了多所洋务学堂及一所综合性大学,如京师大学堂;二是在传统科举考试中增加了西学科目;三是变通书院,在书院设置西学课程;四是开展派遣学生赴美国、欧洲及日本的留学教育活动。这些改革措施分别从教育制度、教育内容、教育目标、教学方法、人才培养及选拔方式等多个方面将中国传统教育推至现代化发展的道路上。中国教育现代化的启动是多种力量合力作用的结果,洋务大臣和维新人士是中国教育现代化启动工程的决策力量,从第一所近代新式学堂京师同文馆的创设到第一所综合性大学京师大学堂的建立,从派遣第一批留美幼童到派遣第一批留日学生,可以说,没有他们的参与决策,这些活动是无法得以开展的。除了洋务大臣和维新人士外,还有其他一些力量也参与到中国教育现代化的事业中来。他们主要是走向中国的外洋人(以外国传教士为主)和走向外洋的中国人(包括游历西洋的人员和留学生)。外国传教士主要通过创办教会学校、翻译西学书籍、创办西学刊物、在中国新式学堂任职等方式参与中国教育现代化的启动事业。留学生学成回国后,则在各自的专业领域发挥作用,间接推动了中国现代化以及教育现代化事业的发展。出洋游历人员则以另一种方式推动着中国教育现代化。他们影响中国教育现代化的表现形式主要有:一是通过撰写游历文章向国人介绍西方先进的教育制度、教育内容及教育思想,如前文所论述的对西方先进实学教育、普及义务教育、女子教育及完备学制的介绍。二是通过与洋务大臣和维新人士的接触,将自

---

① 吕顺长编著:《晚清中国人日本考察记集成·教育考察记》,杭州大学出版社1999年版,第3页。

己的游历见闻及感想直接陈述给他们,间接地影响到洋务大臣和维新人士的决策和主张。尤其从郭嵩焘、薛福成、黄遵宪等进步人士人游历前后与洋务大臣及维新人士的交往,可以看出这种影响的存在。三是通过自身的教育实践活动将西洋游历时的收获运用到教育改革中去,如王韬在格致书院的教育改革。四是游历者们走出国门的游历活动本身就是对传统中国故步自封式文化心理、社会风尚及教育观念的巨大冲击,它从一个侧面、一定程度上加速了封建教育的解体,"这种'无形'的进步,正是中国教育现代化起步阶段的最主要成就"。① 当然,由于受到客观历史背景的影响,游历人员对中国教育现代化的推动作用毕竟是有限的。由于清政府对外洋游历活动立意不高,对中国教育现代化产生较大影响的不是清政府专门派遣的游历人员及其考察活动,而是那些"顺便"游历的外交官员、民间游历人士及其考察活动,如出使外洋的郭嵩焘、薛福成、黄遵宪及民间人士王韬等。像斌椿、傅云龙等大规模游历团及其考察活动则基本上没对当时及后世带来什么影响,他们在中国近代史上的作为随着该游历活动的结束也即告终。这就决定了中国教育现代化起步阶段的艰难性。回观甲午之前清政府所派遣的历次考察团,无论是朝廷开展此项活动的初衷,还是考察成员的身份、地位,远没有达到近代日本的认识水平,正如中国现代化的进程远没有日本顺利一样。因此可以说,没能像样地走向世界是中国现代化包括教育现代化发展迟缓的重要原因之一。

---

① 田正平、肖朗:《论中国教育现代化起步阶段的成就、特点及问题》,《教育研究》,1998 年第10 期。

第二章　清末新政时期国人出国教育考察与中国教育改革

　　光绪二十六年十一月二十九日(1901 年 1 月 29 日),慈禧太后在西安颁布了"变法"上谕,并令各地方大吏奏陈"如何而国势始兴,如何而人才始出,如何而度支始裕,如何而武备当修"。[①] 刘坤一和张之洞联名发出三个奏折(史称"江楚会奏变法三折"),提出了"整顿中法以行西法"的各项变革措施。该年三月,清政府设立"督办政务处"作为负责筹办新政的机构,参照"江楚会奏"颁布了一系列措施正式"变法":在经济上,振兴商务、奖励实业;在教育上,废科举、兴学堂并鼓励游学;在军事上,仿照西法编练新军和警察。教育改革是清末新政改革的重头戏,从《壬寅·癸卯学制》的建立到蒙养学堂章程、初等小学堂章程、高等小学堂章程、师范学堂章程、实业学堂章程、各学堂考试章程、女子师范学堂章程及女子小学堂章程等一系列章程的确立,从京师大学堂的复办到分科大学的创办,从中央学部的设立到省提学使司及地方劝学所的设立,从科举的废除到各类新式学堂的开办,以及"忠君、尊孔、尚公、尚武、尚实"五项教育宗旨的厘定,无不标志着中国教育现代化取得了阶段性成果。这些成绩的取得离不开包括赴日教育考察在内的全面学习日本的教育发展方略。

第一节　清末新政时期赴日教育考察活动概述

一、清末新政时期赴日教育考察政策

(一)朝臣建议

新政变法伊始,中央和地方官员纷纷就如何造就人才、振兴国势建言献

---

　　① 故宫博物院明清档案部编:《义和团档案史料》(下册),中华书局 1959 年版,第 914 页。

策,其中重要的言策即是倡游历之风。光绪二十七年三月(1901 年 4 月),时任山东巡抚袁世凯奏请《遵旨敬抒管见备甄择折》,主张"拟请简派王公分赴外洋各国,慎选留心时务之官随从游历,考究各国政治、学术、工艺、风土人情"。① 同年,御史张百熙在《敬陈大计疏》中也建议朝廷于各学堂中挑选学生出洋游历,"(学堂学生)学成之后,每学酌派数人,游历欧美,助其资斧";② 安徽巡抚王之春在《议覆新政疏》盛赞"多派干练人员亲往游历"为"最长学问"之事,并请求朝廷立即采取行动,"拟请旨饬下大学士、部院堂官、督抚、将军、学政、出使大臣,迅即保奏游历之员,内外三品官以下,以至举贡生员皆可派往"。③

在所有关于游历的建言中,最有影响力的当推湖广总督张之洞和两江总督刘坤一于光绪二十七年六月初五(1901 年 7 月 20 日)上呈的《会奏变法自强三疏》。该奏议是自新政诏书颁布后由地方大臣提出的最为系统的改革方案,从育才兴学到致富致强再至采用西法,深得慈禧赞许,成为新政改革的基本指导方略。在《第三疏》中,张之洞、刘坤一构思了"广派游历"的一条,二人一致认为"中国欲起积弱而抗群强","必自游历始"④。关于游历人员的选派,中央和地方政府都应该负起责任,"拟请敕派王公、大臣以及宗室后进、大员子弟、翰詹、科道部属各项京官,分赴各国游历,询其愿往者请旨遴选酌派,不愿者听";"并请敕下各省督抚选派官员出洋游历,实缺官愿往者,免其开缺"。⑤

此外,尚值得一提的是,曾先后游历过日本和欧洲的王之春在安徽巡抚任内亦建言多派干练人员出洋游历。作为曾经的游历者,王之春主要从中外比较的角度论述出洋游历的益处,且论及教育之处甚多。因此,王之春的广派游历主张显得更有说服力,特辑录如下:

多派干练人员亲往游历之事,最长学问。中国聪明财力并非不如外人,

---

① 沈祖宪辑:《养寿园奏议辑要》,袁世凯史料汇刊(6),沈云龙主编,台湾文海出版社 1966 年版,第 3 页。

② 张百熙著:《张百熙集》,岳麓书社 2008 年版,第 16 页。

③ 璩鑫圭、唐良炎编:《中国近代教育史资料汇编·学制演变》,上海教育出版社 1991 年版,第 28 页。

④ 璩鑫圭、唐良炎编:《中国近代教育史资料汇编·学制演变》,上海教育出版社 1991 年版,第 22 页。

⑤ 璩鑫圭、唐良炎编:《中国近代教育史资料汇编·学制演变》,上海教育出版社 1991 年版,第 21~22 页。

病在痼弊太深，习气太重。欲治此病，唯有多派各等人员游历各国，其益至大。如中国有书院，各国有学堂一也。彼之学堂，教者数十人百数十人不等，教者数十人百数十人不等。师弟朝夕相见，规矩整齐，学有等级，循序渐进，日深一日，以迄于成。所教皆有用之书，所学者皆有用之事。我之书院院长，或以他事羁牵，不尽常年到院。学生或以膏火难给，未能常年住院。平时不立课程，月仅考八股试贴一二次，其欲收实效也难矣。有如中国有勇，外国有兵一也。彼之兵皆由武备学堂训练出身，将与兵习，兵与兵习，能识字，能画行阵草图，能放枪炮有准。其将廉武严整，鲜明兵法，众皆服之。我之营勇旧制，事事与之相反，何怪强弱悬殊，当之辄靡。又如中国有保甲局，外国有巡捕警察一也。彼国之政，于巡捕一事尤为认真。境内警察严密，盗贼绝迹，间有失窃，必能寻还。各处客店往来之人，籍贯职业必记于册，几于夜不闭户，路不拾遗。我之办理保甲，往往奉行故事者多，稽查得力者少，或至良莠杂居，奸宄窃发，地方隐受其患。以上三条，乃中国处处皆有，人人皆知之事，若无外国相较，彼此得失之故，尚难自明。唯有人游历，观于中国如此，观于各国如彼。虽中材之士，亦知其不如矣。知其不如则必求所以及之者，此一大转机也。拟请旨饬下大学士、部院堂官、督抚、将军、学政、出使大臣，迅即保奏游历之员，内外三品官以下，以至举贡生员皆可派往。归时以日记为凭，明白事理者奖之，能明专门之学者加奖；在外生事，贻笑外人者，唯原保官是问。游历经费，现行酌定。此举颇有关系。天下事百闻不如一见，取彼之长，补我之短，似宜从此入手，处处历验体察，力求实际，庶何去何从，晓然于利害之所在，不致游移罔据矣。①

　　朝臣们除了从变法自强、振兴国势的宏观层面倡言出洋游历外，还从教育的微观层面，即学制建设的实际需要出发鼓励出洋游历。庚子、辛丑年变后，清政府决定施行新政。为了培养从事新政改革的各类人才，教育改革成为新政改革的重头戏。光绪二十七年八月初二（1901 年 9 月 14 日），清廷颁布谕旨，明令于全国范围内设立学堂："作育人才，端在修明学术，除京师已设大学堂，应行切实整顿外，著各省所有书院，于省城改设大学堂，各府厅、

---

　　① 璩鑫圭、唐良炎编：《中国近代教育史资料汇编·学制演变》，上海教育出版社 1991 年版，第 28～29 页。

直隶州均设中学堂,各州县均设小学堂,并多设蒙养学堂。"①"谕旨"所规定的各类学堂的改设或新设,实际上关系到统筹全国各级学校系统的学制问题。没有统一学制的规划,新式教育将会重蹈洋务运动时期零散、肤浅的覆辙,因此学制的建立刻不容缓。在如何建立新式教育制度的问题上,新政时期基本继承了维新时期学习日本的指导方略。光绪二十八年正月三十日(1902年3月9日),张之洞在给管学大臣张百熙的信中,从建立学制的角度出发,提出了赴日考察学务尤其是日本学制的重要性:"管学人员应赴东学习。教授固要,管学亦要。屋台规式、各种章程、饮食起居,皆有定法。此有关于学业甘苦迟速,亦非派员赴东考究不可。"②

(二)游历政策出台

光绪二十九年十一月二十六日(1904年1月13日),清政府正式公布了由张百熙、荣庆、张之洞主持拟定的《奏定学堂章程》,又称《癸卯学制》。该章程包括一系列学制系统文件,为首的是《学务纲要》。鉴于新式学堂开办之初,办学人员尚不具备新式教学法及教育管理方面的必备知识,《学务纲要》第五条明确规定,出洋考察为"办学堂入门之法",希望通过此类活动来提高办学效率及办学人员的教育理论素养,"倘不从此举入手,恐开办三四年,耗费数万金,仍是紊乱无章,毫无实德";"学堂所重不仅在教员,尤在有管理学堂之人。必须有明于教授法、管理法者,实心从事其间,未办者方易开办,已办者方能得法,否则成效难期,且滋流弊"。③ 有鉴于此,《学务纲要》规定:"各直省亟宜于官绅中,推择品学兼优,性情纯挚,而平日又能留心教育者,陆续资派出洋,员数以多为贵,久或一年,少或数月,使之考察外国各学堂规模制度,及一切管理教授之法,详加询访体验。目睹外国教习如何教,生徒如何习,管理学堂官员如何办理。回国后分别派入学务处暨各学堂办事,方能有实效而无糜费。"考虑到出洋考察费用颇多,除各直省应多派人员出洋考察学务外,其他边瘠地区可量力而行,即"至边瘠省份,至少亦必派

---

① 朱有瓛主编:《中国近代学制史料(第1辑下册)》,华东师范大学出版社1986年版,第776页。

② 苑书义、孙华峰、李秉新主编:《张之洞全集(第十一册)》,河北人民出版社1998年版,第8744～8745页。

③ 璩鑫圭、唐良炎编:《中国近代教育史资料汇编·学制演变》,上海教育出版社1991年版,第490页。

两员"，①实在是不能多派的边省地区，只好以广购译刊为下策。

1. 鼓励政策

虽然在新政的头一两年内便有赴日教育考察活动的开展，部分民间人士也自愿去日本考察取经。为了进一步了解日本的教育制度，争取在短时间内高效率地推动新式教育改革，一些朝廷大臣也积极提倡京城及地方职官出洋游历，并建议对游历官绅进行适当的奖励，以促进游历活动的进一步开展。早在光绪二十七年六月初五(1901年7月20日)，湖广总督张之洞和两江总督刘坤一在《会奏变法自强第三疏》中就提出应对出洋游历人员进行一定的奖励。该奏疏主张，如若是王公、大臣以及宗室后进、大员子弟、翰詹、科道部属各项京官出洋游历，"归国时察其实有进益之员，游历一年者酌奖，游历三年者优奖"，"其未经选派自备资斧游历者，归国时一体给奖"；如若是地方督抚选派人员出洋游历，"游历一年者外奖，三年者奏请内奖，经费准其开支，自备资斧者从优请奖"。除了直接奖励外，该奏疏还通过对任官进行限制用以鼓励游历活动，"自今日起，三年以后，凡官阶资序才品，可以开坊缺送御史升京卿放道员者，必须曾经出洋游历一次，或三年或一年均可；若未经出洋者，不得开坊缺送御史升京卿放道员"。②

光绪二十九年十一月二十六日(1904年1月13日)，张百熙、荣庆、张之洞联名上奏《请奖励职官游历游学片》，力陈职官游历的数处益端：其一是职官游历本身的长处，"已入仕途之人，类多读书明理，循分守法，如内而京堂、翰林、科道、部属，外而候补道府以下等官，无论满汉，择其素行端谨、志趣远大者，使之出洋游历，分门考察，遇事咨询，师人之长，补己之短，用以开广见闻，增长学识，则实用有益无弊"；其二是对游学生的监督，"职官出洋游历游学者众，不独将来回国后任使之才日多，而在洋时与本国游学生渐相稔习，灼知其品谊才识，何人为学行荣修之士，何人为乖张不逞之徒，异时以类相求，黑白确有证明。且力持正论之人日多，则邪说诐词，势自孤而不敌，学生嚣张之气，亦必可默为转移"。对于游历职官的奖励，则规定为："以遍涉东西洋各国，往返在三年以外者为上；择游欧美两洲之一二，或二三国，往返在二年以外者次之；专游欧美各国中之一国，往返在一年以外者又次之；仅至

① 璩鑫圭、唐良炎编：《中国近代教育史资料汇编·学制演变》，上海教育出版社1991年版，第490～491页。

② 璩鑫圭、唐良炎编：《中国近代教育史资料汇编·学制演变》，上海教育出版社1991年版，第21～22页。

东洋游历,往返在一年以外者又次之。无论东西洋,其游历在一年以内者无奖。"①不过在事实上,当时的游历国别基本上无一例外的都是东洋日本,且大多数游历者在日本的考察时间为两至三个月。因此,这些奖励条例形同虚设。

2. 限制游历

在朝臣们的振臂疾呼声中,游历之风日盛。正当游历之风一日盛过一日之际,学部于光绪三十二年七月二十日(1906 年 9 月 8 日)正式颁行《京外官绅出洋游历简章》,其目的是对游历风气做出一定的限制。该简章规定:"各省选派员绅出洋游历及京外员绅自请出洋游历均应由各本衙门及各将军督抚详加考察,确系性行端谨、学有根底、年力富强、不染嗜好,平日于各项政治、学术、实业留心考察者始予给咨。"游历前,"游历者应将所欲游历之国暨所欲考察之事项预先呈明,其茫无宗旨者概不给咨";归国后,"游历人员应将游历情形、考查事项逐日笔记,归国时呈请出使大臣给予咨文,咨明原咨衙门"。对教育类的游历则具体规定为:"学堂教员、毕业学生自请出洋游历,在外具呈提学使转详将军、督抚核办,在京取具同乡官印结,具呈本部核办。"②陈青之在《中国教育史》中也曾指出:"在学部成立以前,提倡游历的空气非常高涨,但自学部成立以后,只有游学一事,继长增高,而游历遂不为要图了。"③同年,学部奏派三等咨议官刘崇杰、高逸为驻日调查委员,于是中国官方考察日本教育活动得以制度化。④ 此举在一定程度上减少了国人随机赴日游历之活动。

二、清末新政时期赴日教育考察活动概观

(一)清末新政时期赴日教育考察活动类别
此期赴日游历活动十分频繁,也较为复杂,主要有以下三类。

1. 中央机关派遣
新政时期清政府各中央部门,如学部、商部、外务部、吏部、户部、农工商

<hr>

① 苑书义、孙华峰、李秉新主编:《张之洞全集(第三册)》,河北人民出版社 1998 年版,第1593 页。
② 学部总务司编:《学部奏咨辑要(卷二)》,沈云龙主编《近代中国史料丛刊》(第3 编第10 辑),台湾文海出版社有限公司 1986 年印行,第 119～121 页。
③ 陈青之著:《中国教育史》,中国社会科学出版社 2009 年版,第 573 页。
④ 田正平、霍益萍:《游学日本热与清末教育》,《文史》第 30 辑,第 164 页。

部、陆军部、巡警部、民政部、资政院、练兵处等，都曾派遣过赴日游历活动。其中除学部是专门派遣赴日教育考察活动外，其他各部员在游历过程中也都十分关注日本的军事、实业及社会等相关教育事业。因为赴日游历者在考察日本政治、军事、工商等事务时都认识到近代日本强盛的重要原因之一就是日本教育的发达，深刻体会到教育是日本明治维新最成功的一个方面。如张謇在结束考察后便指出："（日本）教育第一、工第二、兵第三、农第四、商最下。"①在清政府派出的游历活动中，当以"五大臣政治考察团"为著。自光绪二十七年（1901 年）以来，清政府开始施行新政改革，至光绪三十一年（1905 年），清廷震惊于日本在日俄战争中取胜，于是朝野上下预备立宪之声日起。在此舆论之下，清政府决定派遣游历团赴日本及欧美等国考察政治，即"五大臣政治考察团"。此次游历分两批进行：第一批由戴鸿慈、端方二人率 36 名随员于该年十一月（1905 年 12 月）出发，主要考察欧美各国政治和教育，途经日本横滨时，限于任务安排，并未对日本进行详细考察；第二批载泽、李盛铎、尚其亨三人率 64 名随员于次月出发。载泽等先期赴日本考察，继往欧美各国考察。在日期间，载泽等重点考察了日本的上下议院、邮政、教育和地方行政机构等，并著有《东游日记》详载各类考察事宜。

在中央机构派出的游历活动中，对日本教育考察最为详细的当推中央教育行政机关，尤其是光绪三十一年（1905 年 12 月）成立的学部。学部之前，晚清政府曾先后创办或设立过负责全国教育行政的京师大学堂、管学大臣、学务大臣及学务处。为了发展新式教育，以上部门或管理者也曾派遣相关人员赴日考察学务，影响最著者为京师大学堂总教习吴汝纶一行赴日考察教育一事。学部的成立，标志着中国历史上第一个专门的独立的中央教育行政机构的诞生。其官制之确立、机构之设立及职能之运行等诸多事务多仿自日本，正如学者关晓红所言，"学部成立之初，各方面摩仿日本"。是故，在学部设立之初，其派遣的赴日教育考察活动较为频繁。②学部设立后的第二个月，即拟派左侍郎严修"赴日本调查文部省之规则及其现行章程"，③以为制定学部官制草案的参考，但因部中公务繁重，始终未能成行。

① 吕顺长编著：《晚清中国人日本考察记集成·教育考察记（下册）》，杭州大学出版社 1999 年版，第 559 页。

② 关晓红著：《晚清学部研究》，广东教育出版社 2000 年版，第 502 页。

③ 《严侍郎将赴日本》，《大公报》1906 年 1 月 8 日。

光绪三十二年七月(1906 年 8 月),学部派出了第一批赴日教育考察人员,即行将赴任的各省提学使赴日考察地方教育行政。自此之后,学部多次派出各部委员、翰林院编修等赴日考察教育。具体见表 2-1 所列。

表 2-1 新政时期中央教育行政机关派遣赴日教育考察活动简表

时间	派出机构	人数	人员	身份	考察事项
1902.6	管学大臣张百熙	7	吴汝纶	京师大学堂总教习	教育
			荣勋、绍英等	京师大学堂提调官	
			中岛裁之	东文学堂堂长	
1903.2	管学大臣张百熙	2	梅光羲	藏书楼干事	学务
			包 鹤	仕学馆学生	
1905.6	总理学务处	1	黄世珍	广西试用道	学务
1905.7	京师大学堂总监督	1	林传甲	知县	教育
1906.8	学部	16	黄绍箕 沈曾植等	各省提学使	地方教育行政
1906.8	学部	5	林灏深	学部右参议	学务
			王仪通 杨熊祥 彭祖龄 彭诏宗	学部委员	
1906.9	学部	2	陆云鹏 燕世经	学部委员	学务
1907.5	学部	1	柯劭忞	贵州提学史	学校制度
1907.7	学部	10	李明哲 刘嘉琛等	翰林院人员	学务
1907.7	学部	2	朱寿朋 吴增甲	京师大学堂进士馆毕业学员	学务
1907.7	学部	1	唐宗愈	候选道	学务
1907.7	学部	1	张祖廉	京师大学堂预备科监督兼教务提调	大学制度

（续表）

时间	派出机构	人数	人员	身份	考察事项
1907.7	学部	2	王秉櫂	候选道	教育
			郭进修	候补知县	
1907.8	学部	1	郭则澐	翰林院编修	未详
1907.9	学部	5	吕佩芬 吴桐甲等	翰林院侍读学士	学务
1907.11	学部	2	刘崇杰、高逸	学部谘议官	教育
1907	学部	1	马振宪	京师大学堂进士馆毕业学员	教育
1908.3	学部	2	喻长霖 田应璜	翰林院编修	教育
1908.9	学部	2	商衍瀛	翰林院编修	东京帝国大学制度
			何燏时	学部主事	

资料来源:《晚清中国人日本考察记集成·教育考察记》(吕顺长编著,杭州大学出版社1999年版)和《学部官报》第一期至六十四期(1906.8~1908.8)。

2. 地方政府派遣

新政时期,地方政府仍然十分热心派遣地方官绅赴日游历。与新政之前相比,此期地方政府派遣的赴日游历活动无论在规模上,还是范围上都有过之而无不及(见表2-2所列)。除了湖北、直隶和两江等地外,山西、河南、云贵、陕甘、四川等偏远地区地方政府也多次派员赴日考察。

表2-2　新政时期地方政府派遣赴日游历活动简表

省、区名称	派遣次数	派遣人数
湖北	28	108
直隶	36	124
两江	29	79
南洋	12	51
两广	25	34
闽浙	13	26
山东	10	19
东三省	11	44

（续表）

省、区名称	派遣次数	派遣人数
四川	12	36
云贵	10	30
湖南	10	13
江西	5	18
安徽	3	12
山西	3	7
陕甘	4	11
河南	4	7
总计	215	619

资料来源:《晚清中国人日本考察记集成·教育考察记》(吕顺长编著,杭州大学出版社 1999 年版)、《学部官报》(学部编纂)第一期至六十四期(1906.8～1908.8)、《东方杂志》、《(直隶)教育杂志》(天津直隶学务处)、《张之洞全集》(苑书义、孙华峰、李秉新主编,河北人民出版社 1998 年版)、《袁世凯奏议》(天津图书馆、天津社科院历史出版社研究所编,天津古籍出版社 1987 年版)等。

3. 乡绅、士子自费游历

新政时期,乡绅、士子自费赴日游历活动也很频繁。自费游历活动者大都抱有非常明确的目的。严修与张謇都是当时国内著名的士绅。赴日前夕,严修正着力在自家宅院开办新式私学。为了办好私学,严修决定东渡日本汲取外邦经验。光绪二十八年七月(1902 年 8 月),严修携长子、次子赴日考察。在日期间,严修最为关注的是日本的各级私立学校,如富士见小学校、早稻田大学和庆应义塾。归国后,严修迅即创办了严氏女塾和天津民立第二小学,并协助官方办理三处官立小学,为天津的新式教育做出了卓越的贡献。张謇是光绪二十九年四月(1903 年 5 月)以日本即将举行大阪博览会为契机赴日的。考察期间,张謇十分关注日本的实业教育及其同普通教育的联系。归国后,他在家乡南通办起了从幼稚园到大学,从普通教育到实业教育,从学校教育到社会教育等一系列学校,奠定了南通的教育和实业基础。项文瑞、曹幹臣、贾李英、杨月如等四人则是上海闽行镇务敏学堂的教员。光绪二十八年(1902 年),为了响应清政府兴学号召,李祖佑、马恩培、李祖锡、顾言等在上海闽行镇创办务敏学堂。学堂草创之初,李祖佑便派遣教员项文瑞一行专门赴日考察。项文瑞等在日本考察一番后,回国即拟定了

"酌拟学堂办法"和"上海闽行镇务敏学堂办法略稿",为该校前期发展奠定了基础。同年,柳诒征随缪荃孙赴日本考察教育时,对日本"明治维新"以来的教育发展感受深刻。归国后,积极振兴中国教育,与友人在南京创立思益小学堂,该校为当地第一所新式学校,茅以升、宗白华为该校首届学生。[①]

除此之外,民间教育社团如江苏教育会也开展过赴日教育考察活动。宣统元年(1909年),该会派遣时任川沙青墩小学教员的俞子夷、上海龙门师范学校教员兼附属小学校办事员杨保恒、通州师范毕业生周维城、苏州长元吴半日学校教员胡宝书等前赴日本考察小学教学法,尤其是"单级教授法"。回国后,俞子夷等在上海创设单级教授练习所,面向全国招收学员进行教员培训,积极推广单级复式教学形式和方法。

(二)清末新政时期赴日教育考察的规模

在清末新政十来年时间里,赴日教育考察活动一直没有间断过,并且在中期五年间即光绪二十九年至三十三年(1903—1907)达到高潮。据不完全统计,光绪二十七年至宣统三年(1901—1911),中国赴日考察教育的人数达1137人,而光绪二十九年至三十三年(1903—1907)就达1072人之多(见表2-3所列)。

表2-3　1901—1911年中国赴日考察教育人数初步统计表

考察时间	考察团数	考察人数	教育考察人数
1901	7	19	15
1902	14	31	23
1903	30	212	186
1904	27	86	80
1905	43	326	298
1906	76	232	200
1907	91	334	306
1908	15	45	21
1909	18	22	3
1910	20	36	1
1911	19	41	2

① 顾明远主编:《中国教育大系·历代教育名人志》,湖北教育出版社1994年版,第491页。

注:本表系汪婉根据日本外务省外交史料馆所藏"外国官民本邦及鲜·满视察杂件"中"清国之部"、实藤文库所藏"东游日记"、中国科学院图书馆所藏"东游日记"、王锡祺《小方壶斋舆地丛钞》第十帙所收"东游日记"、王锡祺《小方壶斋丛书》第二帙所收"东游日记"、东京大学东洋文化研究所、东洋文库、北京图书馆、北京大学图书馆、中国社会科学院近代史研究所图书馆所收"东游日记"统计而成,其他未留下"东游日记"或所留"东游日记"未被后人发现的考察团体及个人不在统计之列,如 1909 年赴日考察的俞子夷、周维城、杨保恒、胡宝书一行就未作统计。因此该统计只是一个初步统计,实际数目远远不止这些。

清末新政时期赴日游历活动在发展趋势上与同时期赴日游学活动有着很大的一致性。根据表 2-3 可知,光绪三十三年(1907 年)后,赴日考察的人次迅速减少,光绪三十四年至宣统三年(1908—1911)赴日教育考察总人数不及光绪二十九年(1903 年)的六分之一,更不及光绪三十三年(1907 年)的十一分之一。又据学者王桂的初步统计,新政时期留日学生人数的变化趋势也是以光绪三十二年(1906 年)为最高点的抛物线形,正好与以光绪三十三年(1907 年)为至高点的赴日教育考察趋势相类同。以下是 1896—1909 年留日学生数据的大致情况(见表 2-4 所列),可与赴日考察及赴日教育考察人数做一比较。

表 2-4　1896—1911 年中国留日学生数简表[①]

年份	留日学生数
1896	13
1898	61
1901	274
1902	608
1903	1300
1904	2400
1905	8000
1906	12000
1907	10000
1908	不详
1909	3000

① 参见王桂著:《中日教育关系史》,山东教育出版社 1993 年版,第 488 页。

　　新政后期赴日教育考察活动逐渐减少的原因是多方面的,除了学部对游历之风的限制外,日本教习来华以及日本对中国态度的转变也是活动减少的原因之一。

　　日本教习虽说在学制颁布之前即有来华之举,然而大批日本教习的来华则是在废除科举的光绪三十一年(1905年)之后。据汪向荣的统计,1906年在中国的日本教习不下五六百名。而曾经担任过天津北洋师范学堂教习的中岛半次郎在"日清间的教育关系"一文中提到,根据他在宣统元年(1909年)11月的调查,当时在中国执教的356名外籍教员中,有311人为日本人。[①] 这些日本教习对中国教育的直接影响势必会减弱中国人赴日本考察的部分热情。

　　赴日游历人数骤减的另一个重要原因,应该归结为日本方面对于中国人赴日教育考察活动的态度。甲午战争之后,日本虽然取得了《马关条约》所规定的接受中国割地、赔款的巨大利益,但由于同德、俄等国在华利益冲突逐渐形成,于是重新确立起新的对华策略,即"清国保全论",企图通过扶持中国教育的发展一方面消弭中国人的敌对情绪,另一方面培养"在日本受感化的中国新人材",[②]为日本在华势力增添新的力量。中国近代第一批赴日留学生及教育考察人员就是在这样的背景下启动的,1896年和1898年的两次派遣活动都离不开日本官方及民间人士的积极参与。正如前文所提,姚锡光等人的出行就是在神尾光臣等与张之洞的交谈后促成的。这些考察人员在日本考察期间,都受到了日本文部省及所参观学校相关人员的热情接待和精心指导,"日本各官相待甚优"。[③] 罗振玉一行在日本的学校参观活动的导观者不是外务省、文部省的译员,就是县视学或郡视学,招待、解说十分周详。吴汝纶在日考察期间,更是受到日本各界的盛情接待,日本教育界特别是文部省及其负责官员还专门为吴氏安排了十九次有关教育的"特别讲演"。随之而至的严修(第二次东游)和各省提学使在日考察期间也都不同程度地受到日方的重视,并接受了系统的教育讲座的安排。

　　光绪三十一年(1905年),日本在中国本土取得日俄战争的胜利后,日本的

---

　　① 参见汪向荣著:《日本教习》,三联书店1988年版,第66页。

　　② (日)河村一夫:《驻清时代的矢野龙溪氏》,黄福庆著《清末留日学生》,台北"中央"研究院近代史研究所专刊(34),第8页。

　　③ 吕顺长编著:《晚清中国人日本考察记集成·教育考察记》(上册),杭州大学出版社1999年版,第18页。

侵略野心明显膨胀外露,大陆政策逐渐取代了先前的"保全清国"政策。受日本政府政策变化的影响,日本人逐渐改变了此前对待中国赴日考察者的态度。同时,中国赴日游历人次的不断增多,也导致了日本对待中国态度的转变。光绪三十二年(1906年)以后,日本对待中国赴日考察活动和考察人员的态度逐渐变得有些冷淡,由日本方面专门派人参观的情景已经较为少见,考察人员多是在留日中国学生的陪同或引导下赴日本学校参观。一些中国考察者即使已经到达所要考察的学校,却因为部分原因不得入内的事情常有发生。如翰林院侍读吕珮芬于光绪三十三年(1907年)八月受学部委托赴日考察教育,在参观东京美术学院时,"欲观于此,考其所以教之学之之法,不意前乎余而来者,校员概不令入教室,以为观者接踵而至,若尽人纵之入室,必将扰学者之心,而妨其课业,于是遂一切废止之。凡来者莫不废然而返"。在吕氏再三要求之下,校方也只是以一册"美术学校一览"相赠,谓"观此可以知其略也"。与此前参观者一样,吕氏只得"废然而返"。① 又如,江西信郡中学教员李文幹于光绪三十三年(1907年)十月十二日前赴日本外务省请领考察介绍书时,秘书"严村成允颇露虚骄气象",致使李氏一行等"几乎难忍"。② 以上冷遇场面在光绪三十二至三十三年(1906—1907)的"东游日记"中屡有记载。

另外,学部派遣驻日调查学务委员长期考察日本教育也是赴日游历人数骤减的原因之一。光绪三十一年(1906年),学部奏派三等咨议官刘崇杰、高逸为驻日调查委员,使在日的中国官方考察日本教育活动制度化、经常化,③从而取代了国内随机性赴日考察活动。

三、清末新政时期赴日教育考察的书面成果及考察内容

一般来说,对于专门派出的游历活动,派出方(中央政府或地方官吏或社团)都会要求游历者在完成考察任务后以书面材料汇报考察成果,以保证考察活动质量。清政府在开展近代中国首次出洋游历活动时,便"拟令其沿途留心,将该国一切山川形势、风土人情随时记载,带回中国,以资印证"。④

---

① 吕顺长编著:《晚清中国人日本考察记集成·教育考察记》(下册),杭州大学出版社 1999 年版,第 872 页。

② 吕顺长编著:《晚清中国人日本考察记集成·教育考察记》(下册),杭州大学出版社 1999 年版,第 802 页。

③ 田正平、霍益萍:《游学日本热与清末教育》,《文史》第 30 辑,第 164 页。

④ 钟叔河著:《从东方到西方——走向世界丛书叙论集》,岳麓书社 1989 年版,第 24 页。

张之洞在派遣姚锡光等近代首次赴日教育考察人员时,也责令"将政治学、法律学、武学、航海学、农学、工学、山林学、医学、矿学、电学、铁道学、理化学、测量学、商业学各种学校,选材授课之法,以及武备学分枪、炮、图绘、乘马各种课程,或随时笔记,或购去章程赍归,务详勿略,藉资考镜"①。当游历日本之风日盛,游历人员中出现滥竽充数的现象后,学部严格要求游历人员务必应将"游历情形、考查事项逐日笔记,归国时呈请出使大臣给予咨文,咨明原咨衙门"。② 即使不作要求,多数考察人员也会自觉地记录下考察情形,编辑成书,或一人一册,或数人共著一册,作为书面成果上呈或付印出版。清末新政时期赴日教育考察活动频繁,教育考察成果也颇丰(见表2-5所列)。

表2-5　清末新政时期中国人日本教育考察记举概③

书名	作者	出版时间	内容提要
扶桑两月记	罗振玉	1902	该书除逐日记载考察日本教育情形外,另附有《日本教育大旨》和《学制私议》。前者包括制度第一、方针第二、系统第三、经费第四、职员第五、教员第六、教科书第七、女子教育第八等项条目;后者是在前者的基础上提出的学制设想
东游丛录	吴汝纶	1902	该书分文部所讲第一、摘抄日记第二、学校图表第三、函札笔谈第四共四大部分。文部所讲包括教育行政、教育大意、学校管理法等七部分;学校图表有三岛博士卫生图说、东京大学员数度支表、西京大学预算表等各类图表19种;函札笔谈共收日本友人来函、新闻报道、笔谈记录共27篇。此外,吴汝纶在日本考察期间,日本各地数十家报纸对此做了报道,华北译书局对此加以整理,于1903年刊行了《东游日报译编》

① 苑书义、孙华峰、李秉新主编:《张之洞全集》(第五册),河北人民出版社1998年版,第3560页。

② 清学部总务司编:《学部奏咨辑要》(卷二),沈云龙主编《近代中国史料丛刊》(第3编第10辑),台湾文海出版社有限公司1986年印行,第119~121页。

③ 此表根据吕顺长编著《晚清中国人日本考察记集成·教育考察记》(杭州大学出版社1999年版)及田正平著《留学生与中国教育现代化》(广东教育出版社1996年版)第294~295页节录而成,另加入严修两次东游日记、湖南提学使吴庆坻著《日本东京各学校参观笔记》、涂福田著《东瀛见知录》及马振宪撰《东游考察政治丛录》。

（续表）

书名	作者	出版时间	内容提要
考察日本学校记	李宗棠	1902	该书收录了日本136所学校的章程、规则、科目、学生人数等各类资料,另有附录二则。1902—1908年间,李宗棠曾八次奉命考察日本学务、警务和矿务等,并都留下了其他考察日记:《查办学生日记》(1902)、《考察普务日记》(1903)、《商办游学日记》(1904)、《护送游学官绅学生日记》(1905)、《送儿妇行日记》(1905)、《劝导留学生日记》(1905)、《劝募皖赈日记》(1906)、《考察矿务日记》(1908)。这些日记后来与本篇一起,合编为《东游纪念》六册
壬寅东游日记	严修	1902	该书逐日记载参观日本富士见小学校、早稻田大学、东京高等师范学校、女子高等师范学校、东京美术学校、帝国大学等各类学校的过程,并载有同日本教育家伊泽修二、岩谷孙藏、大隈重信等关于教育谈话的内容
日本学校图论	关庚麟	1903	该书分通表、学校图论、结论三部分。通表收录"日本现行学校系统表""日本学龄儿童就学调查表"等13种;学校图论收录东京帝国大学、高等师范学校等各类学校35校及其附属机构,并附有著者等人所撰写的论述;结论部分类似后记,由同行者沈翊清(养源)所作
游日本学校笔记	项文瑞	1903	该书虽以日记体书写,但成书时却不以时间先后而以学校和内容类别排序。共分幼儿园、单级学校、小学校、与东友往来问答、中学校、专门学校、大学校、杂记等部分。另有附录"酌拟学堂办法""上海闽行镇务敏学堂办法略稿",系著者回国后所拟
瀛洲观学记	方燕年	1903	该书主要是神户市立幼儿园、东京市立有马小学校、东京府立师范学校等19所的参观记录,并附有"各学校学科课程年限统表"
日游汇编	缪荃孙	1903	该书分四大部分:一、高等师范学校校长嘉纳治五郎讲话;二、各类学校统计表;三、日本考察学务游记;四、日本访书记

（续表）

书名	作者	出版时间	内容提要
癸卯东游日记	张謇	1903	该书除自出发至返沪期间的逐日所记外,卷末附有著者在各地参观游览时所作的七言绝句二十五首
癸卯东游日记	林炳章	1903	该书主要是记录逐日考察日本各类学校的情形。在东京考察期间,林炳章曾三次前往高等师范学校校长嘉纳治五郎宅邸询问教育事情
东瀛纪行	胡景桂	1903	该书由直隶省学校司排印局校印,由直隶布政使杨士襄题序,内容为逐日考察记录
日游笔记	王景禧	1903	该书由直隶省学务处排印局校印。扉页书名由直隶布政使杨士骏题写,有光绪三十年孟夏袁世凯序和同年二月胡景桂序。内容为记录考察长崎医学专门学校、大阪高等工业学校、东京高等师范学校、女子高等师范学校、东京帝国大学等各类学校所见所闻
日本普通学务录	杨沣	1904	该书正文共分十条:教育宗旨、学校设置及辖属(附学校种类及学程)、学事管理(附小学校管理法)、校舍编制(附学校应备诸物)、普通教法要旨(附生徒学级)、各校功课课程、各校规则、经费、各校费用、各校教员薪水
第二次东游日记	严修	1904	该文系日记体,除记述考察日程外,重点记录了在日本文部省的十次讲座教育专题讲座和东京高等师范附属小学校佐佐木教授关于"教科书编纂法"的讲座
东游日记	郭钟秀	1906	该书系知县赴日游历考察日记的代表。在逐日记载考察日本学校、警察、司法、实业情形之后,郭钟秀陈述地方自治四条:一、绅衿宜公举也;二、私塾宜改良也;三、手艺宜求精也;四、林业宜普劝也
东瀛见知录	涂福田	1906	该书主要记载涂福田考察日本行政、学校、实业时的所见所闻

（续表）

书名	作者	出版时间	内容提要
岳云龛扶桑游记	吴荫培	1906	该书主要记录在东京考察学校、司法机构、银行、工厂等的经过。卷首之"出洋游历回国呈"系吴荫培向端方条陈的游历所得择要：一、兴女子师范学校及幼儿园；二、沿江海各行省酌设水产讲习所、试验场；三、各行省酌设农林讲习所、试验场；四、各省试办储蓄银行及邮便局存款；五、戏剧改良概仿东西国形式
日本东京各学校参观笔记	吴庆坻	1906	该书是迄今为止所发现的唯一一本提学使赴日教育考察的记录，共分四册：第一册为参观各学校时的日记，第二册为《日本兴学之经验》，第三册为《各国学制及其沿革》，第四册为《日本现行教育制度》
东航纪游	李文幹	1907	该文干此行系专门考察学务，主要以小学、中学简单易办之管理教授法为主要对象，故对中小学校的考察尤为详细
东游日记	黄藟	1907	该书主要记述黄藟参观日本成城学校、东京府私立寻常高等小学校、东京高等工业学校、富士见寻常高等小学校等的实际情形。卷末附日本"现行学校系统表"和日本"官公私立学校学生生徒儿童统计表"
龛东游日记	楼黎然	1907	该书由汤寿潜题写扉页书名。内容主要是记录著者参观日本各类学校及博物馆等社会机构的过程。卷末附有"学校系统图""官公私立学校学生生徒儿童统计表"等
东游考察政治丛录	马振宪	1907	该书系京师大学堂进士馆毕业生奉学部派遣游历所载日记之代表，详细记录了日本文部省的五课三局（秘书课、文书课、图书课、会计课、建筑课、专门学务局、普通学务局、实业学务局）的设官制度以及各自行使的教科书之编纂、义务教育、教育经费、学区划分、视学等职能

（续表）

书名	作者	出版时间	内容提要
东瀛参观学校记	吕珮芬	1907	该书系作者以翰林院侍读的身份受清学部的委派赴日考察教育时所作。在日三个月,吕珮芬专门进行学事考察。与其他逐日进行记录的考察记不同,本书以所参观的学校为篇名依次排列成篇
瀛洲客谈	郑崧生	1908	该游记为逐日所记,并附有考察期间所得的大量图片
东游日记	定朴	1909	该书主要记录参观考察早稻田大学、官立女子高等师范学校附属幼儿园等学校及监狱、裁判所等社会机构的经过
日本留学参观记	萧瑞麟	1910	该书系以留学生的身份对日本学校进行考察并专门记录的东游日记之代表

　　这些考察日记较为全面地介绍了日本现行的教育制度、教育内容、教育观念、教育经费、教育管理、教学方法、教科书等多个方面,其中在日本学制、师范教育、实业教育和普及义务教育等方面花费笔墨尤多。对日本学制的介绍主要是通过绘制图表的形式直观记录下来,其数量多达百张,尤以《日本学校图论》《东游丛录》及《日游汇编》最多,大到日本整个现行学校系统,小到某一具体学校的授课内容及授课时数,内容无所不包,为清末学制建立及修订提供了十分详细的参考资料。日本的师范学校和实业学校是所有赴日教育考察者必看的教育机构。日本富国强民的首要措施是教育,即通过实业教育增强国家经济能力,通过师范教育培养教员教育国民。在考察期间,考察人员注意到日本工业学校、农业学校及商业学校都非常普遍,实业部门和教育部门也极力扶持实业学校,"农工商三种学校最要,政府必欲其发达"。[①] 由此,考察人员认识到在中国兴办实业教育必须取得政府的大力支持,"无患实业之难兴,患无提倡之者耳",[②]并建议中国于"各府中学堂而

---

　　① 吕顺长编著:《晚清中国人日本考察记集成・教育考察记》(上册),杭州大学出版社1999年版,第246页。

　　② 吕顺长编著:《晚清中国人日本考察记集成・教育考察记》(上册),杭州大学出版社1999年版,第882页。

外,应急设各种实业学堂"。^① 日本师范教育在考察人员心中也留下了深刻的印象。清末新政时期,日本的师范教育已经取得了很大发展,不仅有寻常和高等师范,还有女子师范,并且还开办了实业教员养成所进行实业师范教育。在日期间,考察人员在考察了日本师范学校的发展历程、课程设置、教学方法、义务教授年限、实习制度等方面后深受启发,并建议中国应速办师范学校行师范教育。日本的普及义务教育也是考察成员所关注的重点内容之一。日本在明治中期便通过立法来保障义务教育的实施,"日本法,凡儿童,届学龄不入学校者,罪其父兄,故寻常小学不能不入"。^② 有感于日本普及义务教育的现状,赴日考察的罗振玉主张中国在教育宗旨上应守普及教育之主义,但鉴于中国教育发展实情,普及义务教育在中国的推行仍让考察者担忧,"自严谕兴学以来,无论内容,即就表明而观,合文事武备农工商务诸科,一省会不过三数学堂,旁僻州县,更有一校未立者,教育普及不知当在何时耳"。^③ 由此可见,清末赴日教育考察记对日本各项教育内容和考察者实际感受的记载,"具有较高的史料价值,是分析研究学务考察人员的活动及其对清末教育改革影响的可靠资料"。^④

第二节　赴日教育考察与清末学制的建立

自新式教育传入中国以来,国人便开始了对西方学制的初步探索,如洋务运动时期著名教育家郑观应在其所著《盛世危言·学校》中便介绍了西方近代学制的基本情况,并在书后附论《德国学校规则》《英、法、俄、美、日本学校规划》《英、德、法、俄、美、日六国学校数目》,详细介绍了西方国家的学制系统,希望以此为参照,建立中国的近代学制。然而,在风气未开的中国,郑观应的美好理想是难以实现的。直到甲午战争之后,以往介绍西方及日本教育制度的文章终于得到重视。尤其是有关日本学校教育制度的文章,如

---

① 吕顺长编著:《晚清中国人日本考察记集成·教育考察记》(上册),杭州大学出版社 1999 年版,第 634 页。

② 吕顺长编著:《晚清中国人日本考察记集成·教育考察记》(上册),杭州大学出版社 1999 年版,第 444 页。

③ 吕顺长编著:《晚清中国人日本考察记集成·教育考察记》(上册),杭州大学出版社 1999 年版,第 564 页。

④ 田正平著:《留学生与中国教育现代化》,广东教育出版社 1996 年版,第 294 页。

第一章提到的黄遵宪的《日本国志》和《日本杂事诗》,受到了前所未有的重视,并作为建立中国自己的学制体系的重要参照目标。无论是李端棻的《请推广学校折》,还是梁启超的《学校总论》、康有为的《请开学校折》,都花了不少篇幅介绍西方及日本的学制系统,并在此基础上设计了中国的学制蓝图。随着"百日维新"的失败,以上教育设想也随之化为泡影,演化为教育思想的"理论武器"。倒是张之洞《劝学篇》中的学制构想和"中体西用"思想成为20世纪初清末新政的指导方针。

20世纪初,新政伊始,教育改革张弦待发,确立统一全国学校教育的学制系统的任务迫在眉睫。赴日教育考察成为学制确立的终南捷径。因此,在朝野的一致认同下,赴日教育考察活动频繁开展,多以对日本教育制度的考察为主要对象,考察者在深入考察日本教育制度的基础上纷纷撰文讨论中国的学制建设问题(见表2-6所列)。

表2-6　1898—1903年游历日本的中国人关于学制的议论①

游历者	关于学制的议论文章	文章发表时间	备　注
姚锡光	《东瀛学校举概》	1898年6月	1898年春,受湖广总督张之洞的委托,以湖北武备学堂兼自强学堂总督的身份赴日考察各类学校
夏偕复	《学校刍议》	1900年	时任出洋局学生总监督
罗振玉	《扶桑两月记》	1902年	1901年11月,受湖广总督张之洞、两江总督刘坤一的委托,以湖北农务局总理兼农务学堂总监督的身份赴日考察学务
罗振玉	《学制私议》		
罗振玉	《日本教育大旨》		
李宗棠	《考察日本学校记》	1902年5月	1901年,奉派赴日本考察学务
吴汝纶	《东游丛录》	1902年	1902年6月,因张百熙之请,应承京师大学堂总教习之际,自请赴日考察教育制度
梁启超	《教育政策私议》	1902年	戊戌政变后流亡日本期间对日本教育颇为关注
缪荃孙	《日游汇编》	1903年	受两江总督张之洞的派遣,以高等学堂总教习的身份与提调徐乃昌等赴日考察教育

---

① 参见王桂著:《中日教育关系史》,山东教育出版社1993年版,第349页。

在以上诸多以介绍日本学制来探讨中国学制的文章中,对清末新政时期学制建设影响最大的是罗振玉的《扶桑两月记》①与吴汝纶的《东游丛录》,二者为《壬寅·癸卯学制》的确立提供了详细而直接的参考资料和理论基础。

一、罗振玉赴日教育考察与清末学制

(一)罗振玉与《教育世界》的创刊

罗振玉(1866—1940),浙江上虞人。初名宝钰,后改名振玉,字式如。又字叔蕴、叔言,号雪堂,永丰乡人,晚号贞松老人、松翁。清光绪二十四年(1898 年)五月,罗振玉在上海创办东文学社,通过"日语"的媒介开始与日本教育结下关系。光绪二十六年(1900 年)秋,应湖广总督张之洞之请,罗振玉来到湖北武昌,出任湖北农务局总理兼农务学堂监督,在学堂管理过程中,逐渐加强了对新式教育的认识与理解。次年四月,由罗振玉发起创办,以王国维为主编的中国最早的教育刊物——《教育世界》在上海出版发行。这是一份以编译世界最近教育学说为主的教育类杂志,初期主要以编译日本教育言论为主,其中全文详载日本各学科规则、日本各学校法令、日本教育学、日本学校管理法、日本学级教授法、日本各种教科书多达一百多种。② 如此之多的日本教育资料的翻译与介绍,一方面增强了罗振玉对日本教育制度的感性与理性认识,另一方面也是罗振玉为国内教育界打开了一扇了解近代日本教育的"窗口"。在《教育世界》第一号上,罗振玉即发表《教育私议》一文,建议设立学部以为全国"教育之纲领",并具体地阐述了学部的"措施之方",各地应分设学务官管理地方学务,直属学部,再分全国为几大学区,特任大臣任学政,按区巡视。此举明显受到了日本文部省明治六年(清同治十一年,1872 年)颁布的《学制令》以及明治七年(清同治十二年,1873 年)至明治十二年(清光绪五年,1879 年)期间分别实行的划分学区的教学制度和教学计划的影响。③

(二)罗振玉赴日考察

通过同藤田丰八等日本人士的交往以及对日本教育资料的翻译与介

---

① 《学制私议》、《日本教育大旨》两文均被收编入《扶桑两月记》。
② 罗振玉:《教育世界序例》,《教育世界》第一号(1901 年 5 月)。
③ 参见郑爱华:《罗振玉思想初探》,《日本问题研究》,2004 年第 4 期。

绍,罗振玉还了解到明治初期日本发展教育的重要途径是派员游历及留学。因此,他认为振兴中国教育也应该借鉴日本的这种方式,"此前事之师也"。在《教育私议》中,罗振玉即明确提出"派员游历与游学"的建议,"教育尤宜取鉴于人,则游历与留学于东西洋各国亦不可缓之事。而取径于日本尤为便捷,宜派大臣前往东洋考察教育之法,务极精详",并主张"凡是自费赴日游历并在归国后陈其所见者,可量其说加以施行并予以奖励,以鼓励后来者前往;准许官员前往考察,若以私费前往则加倍奖励"。① 光绪二十七年十一月(1901 年 12 月),罗振玉有幸受湖广总督张之洞、两江总督刘坤一的委托赴日考察学务。因此,其关于派员游历的建议很快在自己身上付诸实际。在日本考察期间,罗振玉在日本教育人士的指导下,先后参观了东京高等师范学校及其附属小学校、女子高等师范学校及其附属幼稚园、高等工业学校、私立女子职业学校、农科大学、高等女学校、第三高等小学校等数处学校。参观范围较为广泛,既有高等教育机关,又有基础教育及幼稚教育机构;既有普通教育,又有师范、职业教育;既有男子学校,又有女子学校,基本上囊括了日本学制系统所涉及的各级各类学校,这无疑为罗振玉充分了解日本当时的教育制度提供了丰富的素材。不满足于以上感性知识,罗振玉还充分利用机会与日本教育界人士就教育问题进行交谈,如高等师范校长嘉纳治五郎为罗振玉介绍普通教育之概观及文部省所属各学校的规制,贵族院议员伊泽二修就日本明治维新之初如何引进西洋教育制度,文部省普通学部局局长泽柳君针对中国小学教育读书最难而提出文字改革的主张等,这些言谈与主张为罗振玉思考中国教育问题和学制建设提供了一定的启发。

(三)以《教育世界》为阵地介绍日本学制

身为江楚编译局襄办身份的罗振玉此次日本之行的另一个重要任务就是搜罗关于日本教育的各类书籍回国翻译。回国之际,罗振玉带回了大量的日文教育书籍,丰富了新创不久的《教育世界》的译书资源。如《扶桑两月记》十一月二十七日(1902 年 1 月 6 日)所记,"选教育书中切要者五册,送陈

---

① 罗振玉:《教育私议》,《教育世界》第一号(1901 年 5 月)。转引自吕顺长著《清末中日教育交流之研究》,浙江大学 2007 年博士学位论文,第 168 页。

君士可(陈毅——引者注)等分译之",①又如十二月二十七日(1902年2月5日)所记,"泽柳君赠文部省年报及明治五年所订学制各一册",②均是罗振玉积极搜集日本教育书籍以备国人之用的有力佐证。③ 这些书籍成为是时国内教育界人士了解日本学制的重要资料。尤其值得一提的是,罗振玉归国后将考察时搜集到的日本各类教育法规登载于《教育世界》(见表2-7所列),为酝酿中的清末学制建设提供了宝贵的参考资料。

表2-7 《教育世界》介绍日本教育法规目录一览表(1901—1903年)④

卷号	日本教育法规名称	法规公布时间
第一号	日本各省官制规则	明治廿六年十月卅一日
	文部省官制	明治卅一年十月廿二日
	文部省分课规程	明治卅一年十月月廿八日
	文部大臣官房秘书课事务分掌规程	明治卅年十月十一日
	文部大臣官房文书课事务分掌规程	明治廿六年十一月十三日
	文部大臣官房会计课事务分学规程	明治廿九年十二月廿六日
	文部大臣官房图书课事务分学规程	明治卅一年十一月四日
	文部省参事官(并参与官)所当转议事项	明治卅二年五月廿二日
第二号	关于普通教育施设之文部大臣意见	明治廿四年
	关于小学校体育及卫生注意法	明治廿七年
	小学校令(未完)	明治廿三年十月六日
第三号	小学校令(续完)	同上
	关于幼稚园图书馆盲哑学校及其余类小学校之各种学校又私立小学校等规则	明治廿四年十一月十七日

---

① 吕顺长编著:《晚清中国人日本考察记集成·教育考察记》(上册),杭州大学出版社1999年版,第220页。

② 吕顺长编著:《晚清中国人日本考察记集成·教育考察记》(上册)》,杭州大学出版社1999年版,第228页。

③ 《教育世界》前期译篇的重要资料多系罗振玉一行日本考察所得,如第三十九、四十、四十一号的"明治五年学制"即如上文所言。另外,《教育世界》日文翻译的主要作者之一陈毅亦是此次考察学务的成员之一,不难看出此次考察活动对《教育世界》刊物本身以至中国近代教育的重要影响。

④ 参见上海图书馆:《近代期刊篇目索引》第二卷(上),上海人民出版社1979年版,第135～141页;朱有瓛主编:《中国近代学制史料》第二辑上册,华东师范大学出版社1987年版,第21～26页。

（续表）

卷号	日本教育法规名称	法规公布时间
第四号	小学校设备准则	明治卅二年七月
	私立学校令	明治卅二年八月
	私立学校令施行规则	明治卅二年八月
	地方学事通则	明治卅三年十月
	关于小学校教员检定等规则	明治廿四年十月
第五号	师范学校教育令	明治卅年十月
	师范学校学科及程度	明治廿五年七月
第六号	师范学校设备规则	明治廿五年七月
	师范学校卒业生服务规则	明治廿五年七月
	师范学校生徒募集规则	明治廿五年七月
	女子高等师范学校规程	明治卅年十月
	高等师范学校规程	明治廿七年四月
	小学校教则大纲	明治廿四年十一月
第七号	中学校令	明治卅一年二月
	高等女学校令	明治卅二年二月
	中学校学科及程度	明治十九年六月
	文部省令（寻常中学校之学科程度改正）	明治廿七年三月
	中学校实科规程	明治廿七年
	中学校高等女学校设置废止规则	明治卅二年三月
	高等师范学校商议委员规则	明治廿一年三月
第八号	师范学校中学校高等女学校建筑准则	明治卅二年四月
	高等师范学校生徒募集规则	明治卅年七月
	高等女学校学科及程度规则	明治卅二年二月
	女子高等师范生徒募集规则	明治卅年十月
	高等师范学校本科卒业生服务规则	明治卅年七月
	女子高等师范学校生徒卒业生服务规则	明治卅年七月
	高等师范学校生徒学费支给规程	明治卅一年四月

（续表）

卷号	日本教育法规名称	法规公布时间
第九号	师范学简易科规程	明治廿五年七月
	师范学校预备科规程	明治卅一年三月十九日
	师范学校预备科生徒学费补助规定	明治卅一年三月
第十一号	中学校编制及设备规则	明治卅二年二月
	实业学校令	明治卅二年六月
	实业学校设置废止规则	明治卅二年三月
	实业补习学校规程	明治廿六年十一月
	实业教育费用国库补助法	明治廿七年六月
	实业教育费国库补助法施行规则	明治卅二年三月
第十二号	发布实业补习学校规程训示	明治廿六年十一月
	工业学校规程	明治卅二年二月
	农业学校规程	明治卅二年二月
	商业学校规程	明治卅二年二月
	商船学校规程	明治卅二年二月
	徒弟学校规程	明治廿七年七月
第十三号	官学及编制等规程	明治廿四年十一月十七日
	官市町村立小学校授业料件	明治卅年十一月
	公立学校职员等级配当	明治廿五年四月
	官市町村立小学校教员俸给规定	明治廿九年十二月廿日
	官小学校校长及教员之任用解职及其他进退规则	明治廿四年十七月十七日
	市町村立小学校教员丰加俸等国库补助法	明治廿九年三月
	小学校长及教员职务及服务规则	明治廿四年十一月
	府县立师范学校长俸给并公立学校职员退隐料及遗族扶助料法	明治廿三年廿月

（续表）

卷号	日本教育法规名称	法规公布时间
第十四号	官公立学校职员退隐料件	明治廿六年三月
	市町村立小学教员年功加俸国库补助法实行规则	明治廿九年五月十方日
	官公立学校职员退隐料等法律施行方	明治卅二年五月十六日
	市町村立小学教员退隐料及遗族扶助料法	明治廿五年十月
	教科用图书检定规则	明治廿年五月
第十五号	官公立私立学校外国大学校卒业生教员免许规则	明治卅二年四月
	文部省直辖诸学校官制	明治廿六年八月廿四日
	帝国大学令	明治十九年三月
	东京帝国大学官制	明治卅年六月
	京都帝国大学官制	明治卅年六月
	东京帝国大学总长职务规程	明治廿六年九月廿二日
第十六号	帝国大学高等官官等俸给令	明治卅一年六月
	大学预科规程	明治廿七年七月廿一日
	私立小学校代用规则	明治廿七年廿一日
	东京职工学校附属工业补习学校校则	不详
	关西教育大会规则	不详
第十七号	言文一致规则	不详
	济美会纲领及规则	不详
	古绩取调会规约	不详
	表彰规程要旨	不详
	残废学校概算	不详
	理学文书目录委员会官制	明治卅三年十二月十七日
	高等女学校令施行规则	明治卅四年三月廿二日
第十八号	文部省外国留学生规程	明治卅四年三月廿八日
	文部省外国留学生规程细则	明治卅四年四月八日
第二十号	日本文部省直辖学校外国人特别入学规程	明治卅四年十一月十一日
	日本实业补习学校条议	不详

（续表）

卷号	日本教育法规名称	法规公布时间
第三十二号	东京府师范学校内规	不详
第三十三号	中学校令施规则	明治卅四年三月
第三十九号	日本明治五年学制（第四十、四十一号续完）	不详
第四十五号	日本高等学校规则要览	不详

（四）罗振玉的学制设想——《学制私议》

正是在此番赴日教育考察过程中，罗振玉形成了自己关于中国近代学制的初步想法，即建立由幼稚园、寻常小学、中学到高等学、分科大学、大学院的学校系统，并旁及师范教育、法律、政治、医药、文学、理学、实业学校等专门教育。罗振玉在此次考察后所撰写的高度体现其学制思想的《学制私议》共计12个条目，分别为教育宗旨、义务教育年限、教育阶级、教育设置、每日教授时数、教科书、教员、学校管理、考试及卒业任用、图书馆及博物馆、简易学校及废人（残疾人）学校、学会及实业陈列所。在"教育宗旨"条目中，罗振玉主张教育的恰当次序是：先在小学进行道德教育、国民教育，接着在中学进行高等普通教育，最后于大学进行学术、技能教育。其中，小学必须完成四年义务教育："守教育普及之主义，先教道德教育、国民教育之基础及人生必须之知识技能即小学教育；驯而进之以高等普通教育即中等教育；再进之以国家必要之学术技能之理论与精奥即大学教育。循序渐进、勿紊其序，定小学前四年为义务教育。"①"教育之阶级"一条则详细拟定了各级学校教育的年龄分段，是学制系统中最重要的部分（详见下文）。罗振玉认为以上设计只是一个较为笼统的学制主干，至于各级各类学校章程需待日后补充完善，"以上所陈，乃通国教育通制，本现在之程度立之，随后逐渐更改，至各

---

① 吕顺长编著：《晚清中国人日本考察记集成·教育考察记（上册）》，杭州大学出版社1999年版，第236页。

学校设立时当再拟细则"。① 由上可见,罗振玉的《学制私议》的确是近代较早而且较为全面的议论近代学制的重要论文。该文在《教育世界》上刊出后,引起了政教界的广泛注意,其中见解也深得湖广总督张之洞的赏赏。通读罗振玉的《扶桑两月记》可以看出,他的《学制私议》及其体现的学制设想受到了日本现行学校系统的影响。下面试将罗振玉在《日本教育大旨》中展示的日本学校系统与在《学制私议》中构思的教育阶级做一比较:

《日本教育大旨》"系统第三"

日本之制,定儿童六岁起至十四岁,八年间为学龄,然由三岁至六岁,当入幼稚园,受小学教育之预备。学龄期内必卒寻常小学业以后,由寻常小学入高等小学,由高等小学分两支,或入寻常中学,或入寻常师范。卒中学者,入高等学校及高等师范学校。卒寻常师范者,充小学校教师,卒高等学校者,入分科大学者。卒分科大学者,入大学院,卒高等师范者,为中学校及寻常师范教师。②

《学制私议》第三条"教育之阶级"

一、由六岁至九岁受寻常小学(亦称为蒙学)四年,十岁至十二岁受高等小学三年(将来必立幼稚园以三岁至五岁为保育年限,此刻女学未兴,无保姆,姑缓)。二、由十三岁至十六岁受中等学四年,或受寻常师范学四年。三、由十七岁至十九岁受高等学三年,或受专门学校(法律、政治、医药、文学、理学、实业学校之类)三年,或受高等师范学校则四年。四、由二十岁至二十二岁入分科大学三年。五、由二十三岁至二十七岁入大学院,凡五年。③

通观以上"系统"与"阶级"即可发现两者之间有着惊人的相似之处:从六岁入学至三十二岁左右大学院毕业,中经寻常小学、高等小学、中学、高等学校、分科大学、大学院;高等小学毕业后,可受中学教育,亦可受寻常师范教育;中学毕业,可入高等学校、专门学校,亦可入高等师范学校;各阶段及所需教育年限也基本一致(如图2-1所示)。唯有幼稚园教育,在罗振玉看

---

① 吕顺长编著:《晚清中国人日本考察记集成·教育考察记(上册)》,杭州大学出版社1999年版,第240页。

② 吕顺长编著:《晚清中国人日本考察记集成·教育考察记(上册)》,杭州大学出版社1999年版,第234页。

③ 吕顺长编著:《晚清中国人日本考察记集成·教育考察记(上册)》,杭州大学出版社1999年版,第236~237页。

来,因缺少条件可暂不开办,但在《学制私议》中罗振玉对此已有初步设想,即"将来必立幼稚园以三岁至五岁为保育年限",其年限略少于日本幼稚园教育一年。在《学制私议》中,不仅仅是教育阶级与日本学校系统极相类似,其他学制内容如课程设置、教科分配、教育设备等方面也基本一致。由此可以明显看出,罗振玉的《学制私议》受到了日本学制的启发与影响。

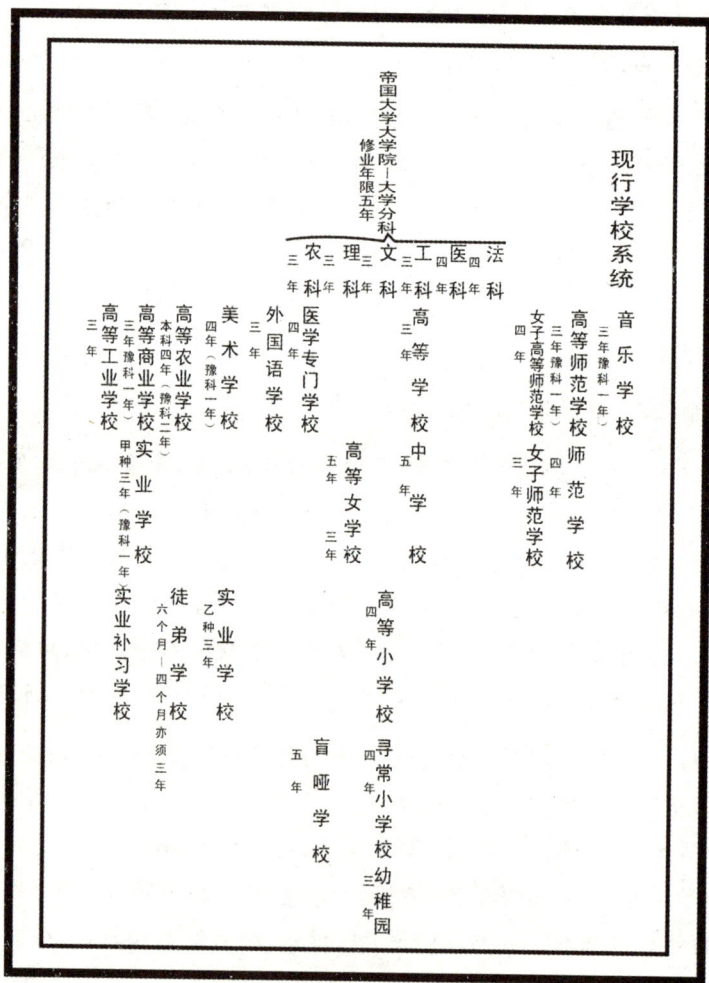

现行学校系统

帝国大学大学院—大学分科 修业年限五年

农科三年 理科三年 文科四年 工科四年 医科四年 法科

音乐学校（三年 豫科一年）
高等师范学校 师范学校（三年 豫科一年 四年）
女子高等师范学校 女子师范学校（四年 三年）
高等学校 中学校 五年
高等女学校 三年
医学专门学校 五年
外国语学校
美术学校 四年（豫科一年）
高等农业学校 四年（豫科二年）
高等商业学校 实业学校 三年（豫科一年 甲种三年）
高等工业学校 三年
实业学校（豫科一年 甲种三年）
实业补习学校
徒弟学校 六个月—四个月亦须三年
实业学校 乙种三年
盲哑学校 五年
高等小学校 四年 寻常小学校 四年 幼稚园 三年

图2-1　日本十九世纪九十年代日本学校系统图①

---

① 吕顺长编著:《晚清中国人日本考察记集成·教育考察记(下册)》,杭州大学出版社1999年版,第826页。

罗振玉考察回国后,主要通过三种方式将自己的考察所得公之于中国教育界,一是撰写考察日记《扶桑两月记》;二是在《教育世界》上发表文章。首先是在第二十三、二十四号上分别发表《日本教育大旨》《学制私议》两文,接着分别在第二十五、二十六、二十七、二十八号上相继发表《小学校拟章》《中学校拟章》《师范学校拟章》《师范学校中学校建筑拟章》等文,提出学制设想。据罗振玉的长孙罗继祖所言,罗振玉在考察归国后不久,即拟定了一套教育制度,深得张之洞与刘坤一的赞赏,并准备上奏朝廷,但因江楚会奏的失败,罗振玉的设想未能兑现,此份奏稿也不见留世,但罗继祖先生估计罗振玉此次所拟制度应与《学制私议》相似。[1] 三是向时任湖广总督并热心于中国近代教育改革的张之洞数次汇报考察情形。据称,罗振玉向张之洞进行关于此次考察活动的汇报不下于五次,并为张之洞的其他幕僚及各学堂提调、教习讲说日本教育情形达十日之久。[2]

与罗振玉同行的还有一位关系《癸卯学制》的重要人物——陈毅。陈毅系湖北自强学堂汉文教习,同时又与王国维、樊炳清一起承担《教育世界》的编辑与翻译工作。光绪二十九年五月(1903 年 6 月),当张之洞奉命会同张百熙、荣庆修订学堂章程时,陈毅直接参与了《癸卯学制》的起草工作。[3] 正如王国维所言:"今日之奏定学校章程,草创者沔阳陈君毅,而南皮张尚书实成之。"[4]

(五)罗振玉的义务教育设计

西方普及义务教育制度在洋务时期已为游历者所见识,并流露出无比艳羡之情,然而鉴于新学风气未开,游历者们对于本朝当否发展普及义务教育则保持沉默。直到新政时期,当清政府决意大规模兴办新式学堂时,游历人员开始构思中国之义务教育。罗振玉便是其中最不遗余力者。在"学制私议"中,罗振玉首次提出了在中国实行义务教育的设想,即将小学前四年定为义务教育,并言及教育普及必须同时设立简易学校和特殊学校。罗振玉的这一设想必然是受到了日本义务教育制度的启发。虽然早在罗振玉之前就有游历者对日本义务教育的介绍,如姚锡光在其《东瀛学校举概》中记

---

① 参见郑爱华:《罗振玉思想初探》,《日本问题研究》,2004 年第 4 期。

② 甘儒著:《永丰乡人行年录——罗振玉年谱》,江苏人民出版社 1980 年版,第 22 页。

③ 田正平著:《留学生与中国教育现代化》,广东教育出版社 1996 年版,第 306 页。

④ 王国维:《奏定经学科大学文学科大学章程书后》,《教育世界》第 118 号。

述道:"现日本通国小学校凡二万数千区。无论官民子女及六岁者,无不入焉。其功课为伦理、本国文字、习字、地理略图、浅易算术、本国历史及植物、动物请名物。凡在学四年,历考而能毕业者,入高等小学校。小学校之中每附有幼稚园,童子及四岁者入焉,董之以保母于教之嬉戏之中,寓蒙养之意。"①张大镛在《日本各校纪略》中提到:"日本学校林立,不亚于泰西。其尤多者莫如小学校。大至都邑,小至乡村,无地不有,无人不入。"②但他们亦仅限于对日本义务教育及小学课程的简略介绍。

与罗振玉东游时间接近的吴汝纶在肯定日本义务教育制度后联想到正图变革的中国教育。吴汝纶是在文部省听讲时了解到日本义务教育制度的,"人人应入小学,即町村不可不立小学。如经费不足,府县可补助之。小学不取学俸,如町村贫穷,可以少取,必得文部许可,然后取之"。③ 有感于日本义务教育的成效,吴汝纶认为中国新式教育的发展应该循此三个步骤:首先,以造就办事人员为要兴办政法、实业教育。其次,实行义务教育,即以小学校教育全国男女。最后,立中学校以衔接大学和小学教育。④

与吴汝纶将义务教育放在第二位不同,罗振玉认为义务教育为"今日中国之急务",应该放在第一位。罗振玉提出此类主张是基于他对义务教育的深刻认识:

> 义务教育者,谓教育为国家之义务,其教育方针在令全国人民悉受学,备具普通知识与国民资格也。近日东西教育家分人民与国民为二,所谓国民者,已受义务教育与国家之兴衰有关系之谓也。教育学家又言,学生为第二班国民,盖谓卒业以后,乃得为完全国民;未卒业时,则国民之候补者耳。若夫人民之未受义务教育者,则不得冒国民之称,以此等人民未进化也。近日日本教育家尚嫌其国义务教育年限太短,然财力所限,未能用长也。中国今日尤当以普及教育为主义,预定义务教育年限,先普通而后高等。考东西小学教育所授,为道德教育、国民教育之基础及人生必须之知识技能,此最

---

① 姚锡光著:《东瀛学校举概》,吕顺长编著《晚清中国人日本考察记集成·教育考察记》上册,杭州大学出版社 1999 年版,第 5 页。
② 张大镛著:《日本各校纪略》,吕顺长编著《晚清中国人日本考察记集成·教育考察记》上册,杭州大学出版社 1999 年版,第 30 页。
③ 吴汝纶著:《东游丛录》,吕顺长编著《晚清中国人日本考察记集成·教育考察记》上册,杭州大学出版社 1999 年版,第 247 页。
④ 徐寿凯、施培毅校点:《吴汝纶尺牍》,黄山书社 1990 年版,第 298 页。

为中国今日之急务,有道德与国民之基础而后知尊爱之方,有知识与技能而后得资生之具。譬如今日各省专心于高等教育,虽每省高等学校遽增千百所,而教育不及齐民,则义和拳匪及闹教之案仍必不免。若从事于普及教育则功效必溥矣。近日教育家言,若有一国于此无义务教育,是其国无法令也。非真无法令之谓,有法令而不能施之人民也。故教以忠孝,而后能行不忠孝之罚;导以业务,而后能行废弃业务之惩;不然者是不教而诛,野蛮之行也。发挥义务教育之说,此为最切。①

于是,罗振玉参照日本义务教育制度设计了中国义务教育的发展蓝图,并将其作为教育之根本宗旨,“守教育普及之主义,先教道德教育、国民教育之基础,及人生必须之知识技能”,“定六岁至十二岁七年间为义务教育年限,于此期内必受寻常小学教育四年,不得违犯”。② 由上可知,七年义务教育只是罗振玉的远大理想,不符合中国的实际情况。即使是近代教育改革较为成功的日本,在罗振玉游历时也只是按照1886年颁布的《小学校令》的规定实行四年义务教育。不过,此时日本也正在酝酿延长义务教育年限,直到1907年日本才将义务教育年限由4年延长到6年。因此,罗振玉再三权衡,建议中国当务之急还是实行四年义务教育为宜。

幸运的是,罗振玉关于义务教育的主张引起了张之洞的高度重视。光绪二十八年十月初一日(1902年10月31日),张之洞为湖北拟定了系统的兴学规划。在此规划中,张之洞第一次将与近代义务教育相对应的小学教育提到了首要地位。

小学为急第一。各国教育家之言谓造就人才备国家任使为第二义。其第一义则谓知学为人民当尽之职分,使人民入学为国家当尽之职分。固全国初等小学经费皆官任之。其教法大指,一在修身,使人人知义理;一在爱国,使人人知保护国家;一在资生,使人人谋生有具。故谓之义务教育,又曰国民教育。言必入学知大义而后为我国之民,不入学则不知民与国一体之义,不得为我国之民。且君上不使斯民开其知觉,是视同膜外不以为本国之民也。盖小学教其为良善之人,中学、大学则教其为有用之人。西人觇国

---

① 罗振玉著:《扶桑两月记》,吕顺长编著《晚清中国人日本考察记集成·教育考察记》上册,杭州大学出版社1999年版,第234页。

② 罗振玉著:《扶桑两月记》,吕顺长编著《晚清中国人日本考察记集成·教育考察记》上册,杭州大学出版社1999年版,第236页。

者,每视小学官费年限之久暂与全国入学分数(即指入学率——引者注)之多少以为文明程途之比较,不汲汲问大学堂之成才若干也。然入学分数多少,其中学、大学之制度自必详备,而人才亦自然蔚起于其中。日本入学分数约十分之八,犹以为憾,日图扩充。中国生齿最繁,经费奇绌。学堂初开,其得入学者不过百中之一二。然所谓国民义务之宗旨,凡任学务者断不可迷昧。故此时各处兴学,首以小学为急。①

　　将张之洞此议与前文罗振玉所论相对照,不难发现其间一致之处颇多。此前,张之洞对新式教育的理解多停留在中、高等及专门领域层面上。在此理念指导下,张之洞在其署理省份先后创办了方言、武备、矿业及农业等新式学堂。自从大量派员赴日考察教育之后,尤其是在罗振玉考察归来之后,张之洞认识到作为国民基础之小学教育的重要性,并首次将其纳入湖北学制系统:"设初等小学堂,令凡国民七岁以上者入焉,以启其人生应有之知识,定其明伦爱国家之根基,本调护儿童身体,令其发育为宗旨。以识字之民日多为成效。"

二、吴汝纶赴日教育考察与清末学制

　　吴汝纶(1840—1903),字挚甫,安徽桐城人。光绪十五年(1889年),应时任直隶总督李鸿章之邀,吴汝纶赴河北保定莲池书院任山长。在执掌莲池书院期间,其中西并重的教学思想为书院及本人赢得了声誉。光绪二十八年(1902年),因吏部尚书兼学部大臣张百熙的坚邀力请,吴汝纶应承可赴京师大学堂总教习任,前提是赴日考察学务为先,总教习正式就任后在后。京师大学堂初创于光绪二十四年(1898年)戊戌变法之际,作为全国教育的最高行政机关,理应对整个国家的各级各类教育进行统筹规划。然而,维新运动的失败并没有让这个最高教育行政机关施展身手。新政时期,京师大学堂的恢复重办,再一次将如何使京师大学堂有效行使全国教育行政的任务提上议事日程,学制建设成为大学堂行使职能的头等大事。在众多教育界人士内挑选吴汝纶为大学堂总教习,正是出于大学堂及其总教习在新式教育发展过程中意义非同寻常的考虑出发的,因此,赴日本考察学制成为吴汝

---

　　① 苑书义、孙华峰、李秉新主编:《张之洞全集(第二册)》,河北人民出版社1998年版,第1496页。

纶赴任前的重要决定。光绪二十八年五月(1902年6月)吴汝纶一行①抵达日本,开始"几无暇晷"的"排日"②考察活动(基本上每天都有参观学校或聆听讲座的安排,故称"排日"——引者注),至九月二十一日(1902年10月22日)回国,在日本逗留约四个月,对日本的各项教育进行了细致而深入的考察,为正在酝酿的《壬寅学制》提供了大量的参考资料。其考察日记《东游丛录》详细记录了考察的整个过程。

(一)参观学校,形成学制方面的感性认识

吴汝纶此次考察的主要地区是日本首府东京。但在五月十五日(6月20日)抵达长崎后,吴汝纶便开始留意学堂事务,路过神户、大阪、西京时也是如此。在考察前期的半个月时间内,吴汝纶不顾年事已高,"鸡鸣而起,宵旰不暇寝食",甚至是"冒暑""冒雨"前行,③参观了三十来所学校:从幼稚园到大学堂,从普通学校到专门学校,从公立学校到私立学校,种类繁多,基本上涉及到学制系统内的所有学校。在视学人员和校方人员的指导下,通过对日本学校的建筑规模、经费来源、教学设备、教学教法、成绩考查方式等方面的细致观察和记录,吴汝纶对日本学制形成了直观认识,并进行了认真的理论思考,为酝酿中国学制打下了坚实的基础。

(二)听文部省讲座、与日教育家笔谈,增强学制方面的理性认识

前赴文部省聆听日方特意安排的"特别讲演",是吴汝纶在日考察中期的一项主要活动。自八月初九至九月初六,吴汝纶基本上每天午后都去听讲座。这些讲座均是由日本著名教育家主讲,如野尻精一、野田义夫等,内容涉及教育行政、教育大意、学校卫生、学校管理法、教授法、学校设备、日本学校沿革等。如果说讲座形式是一节节生动的课堂教学的话,与日方教育界人士的函札与笔谈,则是课后的交流与探讨。它们一方面帮助吴汝纶了解日本明治维新时期教育改革的基本情况,另一方面为吴汝纶就中国教育问题向日方人士请教提供了机会。在函札与笔谈中,吴汝纶主要就中国学制的建设提出了许多疑虑,如各类教育的发展顺序、学习年限、课程设置、新

---

① 同行者包括大学堂提调官、浙江补用道荣勋,大学堂提调官、兵部员外郎绍英等五名官员,另有一日人中岛裁之。中岛裁之1897年入保定莲池书院,师从吴汝纶研习理学,同时又受吴的委托,为其弟子教授日文和英文。1901年中岛裁之与吴汝纶及其侄婿廉泉共同在北京创办东文学社。赴日考察之际,中岛裁之随行,为此次出行提供了一定的方便。

② 徐寿凯、施培毅校点:《吴汝纶尺牍》,黄山书社1990年版,第293页。

③ 吕顺长编著:《晚清中国人日本考察记集成·教育考察记》(上册),杭州大学出版社1999年版,第274页。

旧学的冲突等(见表2-8所列)。

表2-8 吴汝纶考察期间与日本人士的函札、笔谈概观①

日方人士	函札、笔谈主题
日户胜郎	叙文部大臣菊池言,清国教育制度宜仿吾国明治初年以后,明治十五六年之前,避免轻进教育;清国教育下手第一著,莫急于先起师范学校,以造各省小学校国民教育之教员
前山阳高等女学校校长望月兴三郎	国家百年之大计,在女子教育而已,无他,是教育之根本,而实巩固国础之法也
土屋和	主张用五十音图为简易之器,加速普通教育之发展
日本体育会体操学校松井次郎兵卫	完全教育在精神之修养与身体之训练不可相离矣
熊本九州日日新闻	有志振兴教育,必就制度机关详察周到而可也;置重实用教育
东京二六新报	以清国之情状,不必仿我邦维新之当时循序奖励医学,以为开发国民之方法(帝国大学总长山川氏谓吴汝纶宜先仿日本例,先奖励医学为开发之第一义)
东京日本新闻	当先以北京大学为官吏养成之所,以其卒业生代科举出身之进士,则科举制度可以全废也,以此卒业生为官吏,以为改革之端绪,立全国一律之学制,施小中大学完全一贯之教育则可
井上哲次郎	贵国应先讲西洋自然科学,但不可忽视教育之精神。教育之精神在哲学、伦理,今日之伦理非打东西之粹而为一冶不可
西京儒员林正躬	关于学区、教育经费、教学管理、课程
长尾槙太郎	如何处理中西课程、贡进生所学课程
高木政胜	德教之事
早川新次	发展教育,大概以中学校为主而增益本国之所无,以理化矿农工各学为先

---

① 此表根据吴汝纶《东游丛录》中的"函札笔谈"整理而成。

（续表）

日方人士	函札、笔谈主题
失名式	贵国教育之事可以渐不可以急,急则反坏
望月兴三郎	西学所最重者,在其精神而非物质;女子教育,涵养国家观念之方针
田中不二麻吕	各国学制、中小学堂课程、贡进生、大学堂课本、各国大中小学堂毕业期限
文部大臣菊池大麓	教员之养成为教育最重要者;以速成之法造就应用人才;以精神之统一、制度之统一、国语之统一实现教育之统一;中学校宜分两种(一为升学,一为就业)
前文部大臣滨尾新	改革之初,可先办专门教育或先办专门学科中之紧要,以缓经费之不足
帝国教育会会长辻新次氏	国民教育之急务;派日本教习充中国教育以济中国教育之急;总计试院科举等费划定学区分配之;设立师范学校专为养成教员之所;欲兴教育,新旧冲突不可避免,政府宜大发号令,申明改革之宗旨,其反对者,以政府之力压抑之
贵族院议员伊泽修二	新旧学之间的冲突及调停、爱国心之养成、语言之统一
贵族院议员男爵加藤弘之	养全国之智识应以普通学为先
大槻如电	汉字删减;新设学堂,宜斟酌内外,以定教法:德行第一,地理第二,文章第三,书数第四
东京府中学校长胜浦鞆雄	商议拟定中学教科表
东京大学教授法学博士高桥作卫	贵国采他邦之制,宜体本国国风而决取舍:第一,宜定教育方针。第二,宜以孔道为学生修德之基。第三,宜禁读稗官小说谈豪侠事迹。第四,宜禁学徒刻苦勉学消其锐气。第五,宜省不急之科。第六,宜设置合宿馆养学生风习。第七,宜讲格物致知之学

　　针对吴汝纶的疑虑,日方人士也都相应发表了自己的见解。如在教育发展顺序上,文部大臣菊池大麓主张先办师范学校,以造就各省小学校国民教育之教员,并主张以速成之法造就应用人才;前文部大臣滨尾新主张,可先办专门教育或先办专门学科中之紧要以缓经费之不足。在处理新旧学冲突上,帝国教育会会长辻新次氏认为"政府宜大发号令,申明改革之宗旨,其

反对者,以政府之力压抑之"。[①] 在学制年限上,子爵田中不二麻吕分别将欧美学制与日本学制进行比较,以备中国学制建设提供参考。其中值得注意的是,吴汝纶与东京府中学校长胜浦鞆雄就中学堂教课表的讨论,实际上就是《癸卯学制》中"奏定中学堂章程"的讨论前奏。受吴汝纶委托,胜浦鞆雄决定为中国中学堂拟定一份教课表。在第一次拟定之前,胜浦鞆雄就中国教育五个相关问题向吴汝纶请教:一是关于小学年数;二是关于中学年数;三是关于汉文程度;四是关于英语科目;五是关于以外国语而增加中学校年限。在得到吴汝纶的答复之后,胜浦鞆雄初次拟定了"中学堂学科及每周教授时间配表"(见表 2-9 所列)。将此表呈送给吴汝纶之后,胜浦鞆雄根据吴汝纶所提及的中国学制建设的实际情况和需要,再次修订中学堂教课表,将原来的十个科目减少为八个科目,合并博物、物理、化学为一科,增加"邦语邦文"的课时,增加整个周学时等(见表 2-10 所列)。由此可见,清末时期赴日教育考察的确为学制建设提供了不少参考意见和资料,日本人士在为中国学制建设建言时,也是以较为客观和热情的态度为清政府出谋划策的。中国方面在建设自己的学制时,并没有完全照搬日本,试将表 2-10 与《癸卯学制》之"奏定中学堂章程"中"一星期时刻表"(见表 2-11 所列)做一比较,在学年、课程大致相似的情况下,仍然可以看出"中体西用"指导下的中国独有的课程特色。因此,从一定的意义上来说,中国教育现代化的发展是国人积极主动参与的过程。

表 2-9　(东京府中学校长胜浦鞆雄)初次拟定中学堂学科及每周教授时间配表[②]

	修身	邦语邦文	外国语	历史	地理	数学	博物	物理化学	图画	体操	合计
一年级	二时	八时	六时	二时	二时	四时	二时	★	一时	三时	三十时
二年级	二时	八时	六时	二时	二时	四时	二时	★	一时	三时	三十时
三年级	二时	七时	六时	二时	二时	五时	二时	★	一时	三时	三十时

----

①　吕顺长编著:《晚清中国人日本考察记集成·教育考察记》(上册),杭州大学出版社 1999 年版,第 384 页。

②　吕顺长编著:《晚清中国人日本考察记集成·教育考察记》(上册),杭州大学出版社 1999 年版,第 386 页。"★"表示未开此科,故无教授时间。

（续表）

	修身	邦语邦文	外国语	历史	地理	数学	博物	物理化学	图画	体操	合计
四年级	二时	七时	六时	二时	二时	五时	一时	三时	一时	三时	三十二时
五年级	二时	七时	六时	二时	一时	五时	一时	四时	一时	三时	三十二时
五学年时数合计	十时	三十七时	三十时	十时	九时	二十三时	八时	七时	五时	十五时	一百五十四时

表 2 - 10　（胜浦鞆雄）再议定中学堂学科及每周时间配常表①

	修身	邦语邦文	外国语	历史地理	数学	自然化学	图画	体操	合计
一年级	二时	九时	六时	三时	四时	二时	一时	三时	三十时
二年级	二时	九时	六时	三时	四时	二时	一时	三时	三十时
三年级	二时	九时	六时	三时	四时	三时	一时	三时	三十一时
四年级	二时	八时	六时	三时	五时	四时	一时	三时	三十二时
五年级	二时	八时	六时	三时	五时	五时	一时	三时	三十三时
五学年时数合计	十时	四十三时	三十时	十五时	二十二时	十六时	五时	十五时	一百五十六时

---

①　参见吴汝纶:《东游丛录》,吕顺长编著:《晚清中国人日本考察记集成·教育考察记》(上册),杭州大学出版社 1999 年版,第 388 页。其中原表中三年级课时统计有误,数学应为"四时"而不是"五时",自然化学应为"三时"而不是"四时",只有这样,三年级周学时才可合计为三十一时,数学周学时合计才可为二十二时,自然化学周学时才可合计为十六时,总学时才可合计为一百五十六时。

表 2-11　奏定中学堂章程—星期时刻表①

第一年		第二年		第三年		第四年		第五年	
修身	1	修身	1	修身	1	修身	1	修身	1
读经讲经	9	读经讲经	9	读经讲经	9	读经讲经	9	读经讲经	9
中国文学	4	中国文学	4	中国文学	5	中国文学	3	中国文学	3
外国语	8	外国语	8	外国语	8	外国语	6	外国语	6
历史	3	历史	2	历史	2	历史	2	历史	2
地理	2	地理	3	地理	2	地理	2	地理	2
算学	4	算学	4	算学	4	算学	4	算学	4
博物	2	博物	2	博物	2	博物	2	理化	4
图画	1	图画	1	图画	1	理化	4	法制理财	3
体操	2	体操	2	体操	2	图画	1	体操	2
						体操	2		
合计	36	合计	36	合计	36	合计	36	合计	36

（三）与国内联系，为学制建设建言

在日本考察期间，吴汝纶一直与张百熙保持通信联系，向张百熙及时汇报考察情况，"别后曾寄一书上管学，计可寓目。顷又作一书，详述至日本情况"；"谨将文部所讲，及阅视各学日记，抄呈台览"。② 尽管未能直接参与《壬寅学制》的制订，③但吴汝纶还是及时向正在主持草拟《壬寅学制》的张百熙及京师大学堂参与草拟学制的同仁们转述日本教育界人士的建议。如在五月二十七给张百熙的信中写道："东、西京大学总教长，皆劝吾国先小办，后渐拓充，勿遽起大房，文部劝讲体操，大学校长劝兴医学，会长大岛圭介劝兴女学，似皆不可缓之事，敬以转达。"④六月二十日，吴汝纶继续写道："学堂卫

---

① 参见朱有瓛主编：《中国近代学制史料》第 2 辑上册，华东师范大学出版社 1987 年版，第 388～390 页。

② 徐寿凯、施培毅校点：《吴汝纶尺牍》，黄山书社 1990 年版，第 270、297 页。

③ 《壬寅学制》于光绪二十八年七月十二日（1902 年 8 月 15 日）出台。吴汝纶五月出行时，学制正在酝酿之中，虽然张百熙请吴汝纶出任京师大学堂总教习时，曾许诺："一切章程，待酌就大概，仍由挚公核定。"（《桐城吴先生（汝纶）年谱》卷二，第 31 页）但由于朝廷一再催促上奏学制，故吴汝纶未能直接参与。

④ 徐寿凯、施培毅校点：《吴汝纶尺牍》，黄山书社 1990 年版，第 269 页。

生之术最重要,其房室高矮,间架大小,墙壁色明暗,窗牖位置,座几案相距远近,上下尺寸,皆有定制,皆历经考验利病,博采欧美善法而成者。"①除了转述日本教育界人士关于中国学制建设的意见之外,吴汝纶还向张百熙表达自己关于学制建设的想法:

> 窃谓吾国开办学堂,苦乏教员,又壮年入官诸人,不得不粗明西学。尚书先开师范学校、仕学院,实为扼要办法……某素持私论,谓救急办法,唯有取我高材生教以西学,数年之间,便可得用。日本贡进生与之类比,查日本初时,令各藩送士人入大学,谓之贡进生,意即如此。今所开师范学校,适与符契。即明年开大学堂,恐仍需扼定此旨。此等学徒,中国文学,业已成就,入学功课,宜专主西学,俾可速成。其中学不复过事督责,用志不纷,乃凝于神……但此乃一时权宜之策,欲令后起之士与外国人才竞美,则必由中、小学校循序而进,乃无欲速不达之患……教育有三义:其第一义以造就办事人才为要,政法一也,实业二也;其次则义务教育;至文化渐进,再立中学校——第三义。各国初行教育,先立大学,次立小学,次立中学……今约计西学程度,非十五六年不能卒业,合此二学,需用三十余年之日力。今各国教育家皆以为学年限过久为患,群议缩短学期。今我又增年限一倍,此乃教育之大忌。然则欲教育之得实效,非大减功课不可。减课之法,于西学则宜以博物、理化、算术为要,而外国语文从缓。中学则国朝史为要,古文次之,经又次之,每人每日止学五六时,至多止能学五六科。②

吴汝纶认为日本贡进生制度可以作为中国急时培养人才的一条"权宜之策"。日本贡进生系"各藩才性俊秀、深汉学者",③年纪在二十左右,将他们送入大学堂,可以专心于西学的学习,起到事半功倍的效果。招考已入仕途之人或举贡生监入京师大学堂仕学馆与师范馆学习,与贡进生制度有着一定的相似性。吴汝纶还指出,因为学习西学所需时日长久,势必影响到学制年限,为了避免三十余年的学习时间长度,他建议参照各国教育界缩短学期的建议,根据中国的实际情况以删减功课来达到缩短年限的目的。吴汝纶的以上看法,很有见地地指出了拟定学制时必须考虑的问题。因此可以

---

① 徐寿凯、施培毅校点:《吴汝纶尺牍》,黄山书社1990年版,第270页。
② 徐寿凯、施培毅校点:《吴汝纶尺牍》,黄山书社1990年版,第297~298页。
③ 吴汝纶:《东游丛录》,吕顺长编著:《晚清中国人日本考察记集成·教育考察记》(上册),杭州大学出版社1999年版,第375页。

说,吴汝纶在考察前期向张百熙所做的考察汇报,仍然会影响到此学制的制订。而在七月十二日(1902年8月15日)《壬寅学制》颁布之后,吴汝纶继续向张百熙所做的汇报则为一年半之后的《癸卯学制》的制订提供了更多的情报来源。[①]

除了直接与张百熙保持通信联系以为学制建设出谋划策外,吴汝纶在考察期间还代办了大学堂参与草拟学制的不少同仁所委托的诸多事宜,如副总教习张鹤龄委托的八项事务:一、选聘在日留学生回国执教;二、日本军事教育情况;三、聘请日本教习;四、收集教科书;五、翻译教科书;六、聘请学校建筑专家,收集建筑模型、图纸;七、购买仪器设备;八、收集学校规则。又如副总办赵仲宣委托其关注日本学校外语课程、年限、学校宿舍及高等师范等问题。[②]对于同仁们所委托的各项事务,吴汝纶均一一允办,为学制草拟者拟定学制解决了许多实际疑虑。因此,从这种意义上说,吴汝纶也可算作草拟《壬寅学制》的直接参与者。

三、其他赴日教育考察活动对清末学制的影响

当然,以赴日教育考察推动学制建设的并不仅限于罗振玉与吴汝纶两人或两批人,他如姚锡光、严修、缪荃孙等人也都曾为中国近代学制建设提出过建设性的意见或建议,更多的考察者如张大镛、李宗棠、关庚麟、方燕年等,则是通过直接收录日本现行学校系统及各类学校图表的形式为学制建设提供大量实证资料。如张大镛在《日本学校纪略》中收入了14类学校的立校主旨、入学章程、例定功课等细目,李宗棠所著《考察日本学校记》一书共收录了日本136所学校的章程、规则、科目、学生人数等各类资料,关庚麟在《日本学校图论》中收录有"日本现行学校系统表",方燕年在《瀛洲观学记》中搜集了日本"各学校学科课程年限统表",这些图表都成为制订学制的重要参考资料。还有少数考察者则是通过在地方建立一系列新式学堂的切身实践完成了自己的学制建设目标。以张謇为例,在考察过程中,日本教育由幼稚园到小学、中学、大学的完整体系给张謇留下了深刻的印象。张謇考察归国后在江苏南通创办了一系列学校,形成了从幼稚园到大学,从普通教育

---

① 钱曼倩、金林祥主编:《中国近代学制比较研究》,广东教育出版社1996年版,第76页。
② 参见钱曼倩、金林祥主编:《中国近代学制比较研究》,广东教育出版社1996年版,第74~75页。

到实业教育,从学校教育到社会教育的完整体系,创造了"泽被东南半壁"①的教育功绩。《壬寅·癸卯学制》建立之后,赴日考察教育者继续通过实际考察为学制的施行与修订建言献策,如吴荫培在考察日本学校教育时,有感于日本女子教育及幼稚教育于整个学校教育的重要性,反观中国女子教育与幼稚教育在学制中却未能占据一席之地的现状,回国后即向时任两江总督端方建议"兴女子师范学校及幼儿园"。② 清学部派遣的 16 名即将上任的提学使在考察日本教育过程中,认真听取日本文部省特意安排的教育讲座,不仅继续关注各国学制及其沿革,并就清末学制中需要补充修订的内容,如普及国民教育、师范学堂、培养小学师资及注重女子教育等问题征求日本教育家的意见和建议。

第三节　赴日教育考察与清末新政时期的地方 教育改革举例

庚子、辛丑年变之后,清政府决定施行新政,其重要措施之一就是颁布兴学诏书,以谕旨的形式宣布改革传统教育、发展新式教育运动的正式开始。此诏书虽然明令于全国范围内设立新式学堂,"除京师已设大学堂,应行切实整顿外,著各省所有书院,于省城改设大学堂,各府厅、直隶州均设中学堂,各州县均设小学堂,并多设蒙养学堂",③但此次兴学运动毕竟是亘古未有之事,如何发展新式教育无章可循,能够统一全国各级各类学校教育的学制系统和引导教育发展性质的教育宗旨尚未确立。因此,各省区在响应朝廷兴学号召的同时,又在积极探索发展新式教育的各种途径与方法,并取得了一定的成绩,形成了以地方教育带动全国教育的发展模式。湖北与直隶便是最好的例证。如湖北教育在建构新型学制、改革教育行政、筹措教育经费和发展

---

① 蕲阳侠(余子侠):《论张謇教育与经济相辅相成思想及实践》,《华中师范大学学报》1990 年第 4 期。

② 吕顺长编著:《晚清中国人日本考察记集成·教育考察记》(上册),杭州大学出版社 1999 年版,第 765 页。

③ 朱有瓛主编:《中国近代学制史料》(第 1 辑下册),华东师范大学出版社 1986 年版,第776 页。

留学教育等方面走在了其他省份的前头,①为其他行省发展新式教育发挥了模范带头作用,尤其是湖北所建构的学制体系对于统一各级各类学校教育的全国性学制——《癸卯学制》的确立具有前导作用。直隶教育则是在发展、推广新式学校教育方面为其他省份树立了模范带头作用。新政时期,直隶在新式学堂的数量和学生人数上的发展非常迅速,其初等教育、中等教育、师范教育多次排在各省前列。据相关数据统计,1907 年直隶学堂总数达8723 所,职员数 9337 人,位居全国首位。② 湖北、直隶教育成绩的取得与该地赴日教育考察活动的开展及考察成员归国后在教育界的作为密切相关。

一、赴日教育考察与新政时期湖北地方学制的定型与推广

(一)清末新政前后湖北考察日本学务活动概观

清末新政前后,湖北教育在张之洞的筹划下,取得了较大成绩。从光绪十五年(1889 年)首次出任湖广总督到光绪三十三年八月(1907 年)赵尔巽接任的近二十年的时间内,张之洞整顿并改制过湖北经心书院、两湖书院,创建了湖北武备学堂、自强学堂、农务学堂、两湖师范学堂等新式学堂,为湖北建立了较为完备的近代学校体系。因此,清末湖北的教育业绩获得了时人的赞许,“近日中外教育家,往往因过鄂看视学堂,半皆许为完备;比较别省所立,未有逾于此者”。③ 清末湖北教育之所以取得如此可观的成绩,与张之洞积极倡导并实际派遣官绅出洋游历密切相关(见表 2 - 12 和表 2 - 13 所列)。清末新政前后,张之洞多次主张或呼吁有志之士赴日进行教育考察。甲午战争之后的第二年,即光绪二十一年闰五月二十七日(1895 年 7 月 19 日),张之洞向清廷上奏“吁请修备储才折”,主张“宜多派游历人员”出洋考察:“夫洋务之兴已数十年,而中外文武臣工罕有洞悉中外形势、刻意讲求者,不知与不见之故也。不知外洋各国之所长,遂不知外洋各国之患,拘执者狃于成见,昏庸者乐于因循,以致国势包耳旁加占危,几难补救,延误至此,实可痛心。今欲破此沈迷,挽此积习,唯有多派文武员弁出洋游历一策。”④新政伊始,张之

---

① 余子侠:《综析湖北早期教育现代化的前驱地位》,《华东师范大学学报》(教育科学版),1995年第 2 期。

② 参见王金霞:《河北与中国教育早期现代化》,河北大学博士论文,2006 年 5 月,第 15 页。

③ (清)蒋良骐原纂,(清)王先谦改纂:《十二朝东华录》(光绪朝,第九册),台湾文海出版社1963 年版,第 5146 页。

④ 陈山榜编:《张之洞教育文存》,人民教育出版社 2008 年版,第 113 页。

洞通过上陈"遵旨筹议变法谨拟采用西法十一条折"再次强调"广派游历"的必要性："论今日育才强国之道,自以多派士人出洋游学为第一义。唯游学费繁年久,其数不能过多,且有年齿较长不能入学堂者,有已经出仕不愿入学堂者,欲求急救之方,唯有广派游历之一法,观其国势,考其政事、学术,察其与我国关涉之大端,与各国离合之情事,回华后将其身经目睹者,高语亲知,辗转传说,自然群迷顿觉,急思变计。"①光绪三十一年四月十一日(1905年5月14日),张之洞札令湖北札行选派实缺各州县自备资斧赴东游历,"到东后凡属有关政法之事,如学校、警察、监狱、道路、水利、财政、武备、制造及一切农、工、商、渔等实业,均须随时悉心考察,纵不必人著一书,亦须择要记录,以备回鄂后呈候核阅,以考其心思深浅,识见明昧"。② 为了保证并促进湖北新式教育的发展,张之洞除了笼统地要求所有赴日游历官绅应该将学务纳入考察范围外,更是对实际教育工作者提出严格要求,即责令所有教育行政人员及教学人员必须对东西各国教育制度、教学方法有所了解后方可到任:"所有学务处及各学堂教员,除实缺司道大员论官委任但取其总司考核外,其余自提调起以至监督、各堂提调、管理、教习、监学、领班皆择究心学务之员,或曾到外国考察学制,或向来讲究东西各国教法,或曾经自行创设学堂,或曾游历东西洋者,务令各举其职。"③由此可见,张之洞非常重视出洋游历的经历对于发展新式教育的重要作用。如在向清廷上奏的"筹定学堂规模次第兴办折"中,张之洞曾对赴日游历归国人员委以重任:委派陈毅、胡均为湖北省城师范学堂堂长,委派刘洪烈为湖北小学堂提调,委派黄绍箕为、高凌霨为文普通中学监督、提调,委派张彪、黄邦俊为武高等学堂管理,委派罗振玉为农务学堂总经理。④ 以上八人都曾有过游历日本的经历:张彪于光绪二十四年(1898年)随同姚锡光一道赴日考察;罗振玉、陈毅、胡均、刘洪烈于光绪二十七年(1901年)赴日考察,黄邦俊于光绪二十七年(1901年)以知府身份赴日考察;高凌霨、黄绍箕虽然当时没有出洋游历的经历,但二人分别于光绪三十年(1904年)、光绪三十二年(1906年)先后赴日考察。

---

① 陈山榜编:《张之洞教育文存》,人民教育出版社 2008 年版,第 337 页。

② 陈山榜编:《张之洞教育文存》,人民教育出版社 2008 年版,第 495 页。

③ 苑书义、孙华峰、李秉新主编:《张之洞全集》(第二册),河北人民出版社 1998 年版,第 1499 页。

④ 参见苑书义、孙华峰、李秉新主编:《张之洞全集》(第二册),河北人民出版社 1998 年版,第 1490~1493 页。

表 2－12　新政前后张之洞有关出洋游历的主张简况

言论发表时间	有关游历的文牍	有关游历内容	资料来源
光绪二十一年闰五月二十七日（1895年7月19日）	吁请修备储才折	"宜多派游历人员"	《张之洞全集》卷三十七，奏议三十七
光绪二十四年正月十八日（1898年2月）	札委姚锡光等前往日本游历详考各种学堂章程折	"亟宜派员前往日本游历，详考各种学校章程，以资仿效"	《张之洞全集》卷一百二十九，公牍四十四，咨札四十四
光绪二十七年六月初五日（1901年7月20日）	遵旨筹议变法谨拟采用西法十一条折	"广派游历"	《张之洞全集》奏议五十四
光绪二十八年十月初一日（1902年10月31日）	筹定学堂规模次第兴办折	"委派员生分次前往日本考察各学堂章程规制"	《张之洞全集》卷五十七，奏议五十七
光绪二十九年十一月二十六日（1904年1月13日）	奏定奖励职官游历游学片	"无论京外大小官员，凡能自备斧资出洋游历游学者，分别从优奖励以劝之"	《张之洞全集》，卷六十一，奏议六十一
光绪二十九年十一月二十六日（1904年1月13日）	奏定学堂章程·学务纲要	"各省办理学堂员绅宜先派出洋考察"	《中国近代教育史资料汇编·留学教育》
光绪三十一年四月十一日（1905年5月14日）	札行选派实缺各州县自备资斧赴东游历	"到东后凡属有关政法之事，如学校、警察、监狱、道路、水利、财政、武备、制造及一切农、工、商、渔等实业，均须随时悉心考察"	《张之洞全集》，卷一百五十一，公牍六十六，咨札六十六
光绪三十二年七月十三日（1906年9月1日）	两湖新选新补各州县拟令出洋游历折	"非派令出洋游历，博览周谘，不足以破迁谬腐败之习，鼓励精图治之心"	《张之洞全集》，卷六十七，奏议六十七

根据"东游日记"统计,自光绪二十四年至三十三年(1898—1907),张之洞总共组织了二十多次考察日本学务的活动(包括专门学务考察和非专门学务考察)。这些活动的开展不仅增加了游历者对新式教育的了解,而且加强了张之洞对新式教育的认识,两者相结合共同推动着清末湖北教育的发展。

表 2-13　清末时期张之洞派遣湖北员绅赴日考察学务举概(1898-1907)

派遣年份	员数	姓名	身　份	考察内容
1898.12	6	姚锡光	湖北武备学堂兼自强学堂总稽查、补用知府、候选直隶州知州	军制、学制
		张彪	湖北护军统带官、湖广尽先补用游击	
		徐钧浦	湖北枪炮厂监造官、同知衔湖北候补知县	
		吴殿英	湖北武备学堂监操官、都司衔尽先补用守备	
		黎元洪	湖北护军后营帮带官、五品顶戴尽先补用千总	
		瞿世瑛	东文翻译	
1899.4	1	钱恂	秘书官	学事
1901.11	3	朱滋泽	湖北道台	各学校
		黄帮俊	知府	
		存耊	知府	
1901.12	8	罗振玉	湖北农务局总理	学事
		陈毅	湖北自强学堂汉文教习	
		陈问咸	湖北自强学堂汉文教习	
		胡钧	湖北自强学堂汉文教习	
		田吴炤	湖北自强学堂汉文教习	
		左全孝	湖北自强学堂汉文教习	
		陈问咸	湖北自强学堂汉文教习	
		刘洪烈	湖北自强学堂汉文教习	
1904.4	4	高凌蔚	湖北试用同知	财政、学务
		徐毓华	湖北小学堂总提调	
		邓继恩	教习	
		李克佐	湖南中学堂堂长	

（续表）

派遣年份	员数	姓名	身　份	考察内容
1904.4	1	刘鸿熙	湖北房县知县	工艺、学校
1904.1	3	车绍武	湖北襄阳府中学堂教习	各学校
		石世英	东路高等小学堂监学	
		苏钟贞	教习	
1904.5	18	陈曾寿	刑部主事	军事、教育
		李祥霖	湖北候补知府	
		周以翰	候补知府	
		胡玉缙	特用知府	
		罗庆昌	补用知府	
		夏绍范	补用知府	
		黄国熙	试用知县	
		夏钦	南省中学堂教习	
		刘邦骏	汉阳中学堂监学	
1904.5	18	张玉衡	襄阳道师范学堂干事员	军事、教育
		略		
		廖正华	知府	学务、农工商
		黄庆澜	知府	行政机关、学校
		庆春	湖北荆州知州	政治、学事、实业
		潘诵捷	黄冈县知州	
		徐培公	浠水县知县	
		腾松	黄安县知县	
		刘肇	松兹县知县	
		陈钩	天门县知县	
		将有霖	孝感县知县	
		赵振声	随州知县	
		陈阆	枣阳县知县	
		赵永清	武昌县知县	
		李宝泾	候补知府	商务、劝业工场

（续表）

派遣年份	员数	姓名	身　份	考察内容
1905.7	1	陈均	知县	地方行政、各种学校
1906.2	2	喜源	候补道、考察政治大臣随员	政治、学务
		郑葆琛	知府、考察政治大臣随员	
1906.7	2	王葆善	湖北薄圻县知县	政治、实业、学务
		龙庚言	当涂县知县	
1906.7	1	厄士修	知县	政治、学务
1906.8	18	沈严	知县	政治、学校、警察
		严师愈	知县	
		李庆安	知县	
		略		
1906.9	2	姚汝说	委员	政治、学务
		金华祝	委员	
1907.1	1	刘炳南	麻城县知县	政治、学务
1907.1	1	王荣光	湖北即补县丞	行政、学务
1907.3	2	岐亭	黄州府知府	政治、学务
		陈为镛	同知	
1907.3	1	鲍佑卿	游历官	陆军、军校
1907.4	1	王祖询	新选通城县知县	学务、政治
1907.6	1	胡汝皋	试用知县	工学、医学

注：本表主要系根据汪婉所搜集的"东游日记"日本外务省外交史料馆所藏"外国官民本邦及鲜·满视察杂件"中"清国之部"，实藤文库所藏"东游日记"，中国科学院图书馆所藏"东游日记"，王锡祺《小方壶斋舆地丛钞》第十帙所收"东游日记"，王锡祺《小方壶斋丛书》第二帙所收"东游日记"，东京大学东洋文化研究所、东洋文库、北京图书馆、北京大学图书馆、中国社会科学院近代史研究所图书馆所收"东游日记"）中的有关教育考察类的日记统计而成。清末时期署理湖北学务的除张之洞外，还有其他几位，他们分别是端方(1902—1903 年代理湖广总督)、赵尔巽(1907 年任湖广总督)、陈夔龙(1908—1909 年任湖广总督)，因为任期很短，其中端方、赵尔巽二人均是张之洞因朝廷另有所派而代理

或补授,陈夔龙则是在张之洞去世之后授任,所以新政时期湖北的教育事业大部分还是由张之洞打理的。但是以上三任总督在派遣员绅赴日游历这一行动上,同样也有所作为。端方于1902—1903年先后四次派遣十人赴日考察学务,赵尔巽于1907年秋先后两次共派遣两人赴日考察,陈夔龙于1908年11月派遣谢绍佐赴日考察宪政及学务。

在以上数次由张之洞所派遣的湖北官绅游历日本的活动中,为后人称道最多的是姚锡光及罗振玉的日本考察之行。姚锡光赴日考察的重要意义在于,它是中国近代史上第一次出国教育考察;罗振玉一行赴日考察的主要影响,则体现在为湖北乃至全国学制的最终确立做出了重要贡献。同时,也正是这两次赴日教育考察活动对张之洞关于学制思想的形成产生了重要影响。

(二)清末新政前后赴日教育考察与湖北学制体系的建立

清末新政时期湖北学制体系的建立与张之洞及其派遣的赴日教育考察活动密切相关。光绪二十四年正月十八(1898年2月)姚锡光受命赴日考察教育,临行时,张之洞叮嘱他等务必“将(日本)现设各种学校选材授课之法,以及武备学分枪、炮、图绘、乘马各种课程,或随时笔记,或购章程赍归,务详勿略,藉资考镜”。[①] 姚锡光在日本期间,对陆军省和文部省各种学校进行了全面考察,回国后立即向张之洞做了汇报,即《查看日本各学校大概情形手折》。[②] 此折主要以介绍日本教育制度为主,“查得日本各学校大率取法泰西,其教育之法,自海军学校以外约分三大截:一曰普通各学校,一曰陆军各学校,一曰专门各学校”。[③] 其中普通各学校包括寻常小学校、高等小学校、寻常中学校、寻常师范学校、高等师范学校,陆军各学校包括成城学校、地方幼年学校、中央幼年学校、士官学校、户山学校、炮工学校、乘马学校、陆军大

---

①　苑书义、孙华峰、李秉新主编:《张之洞全集》(第五册),河北人民出版社1998年版,第3560页。

②　姚锡光将此手折同《与钱念劬太守》、《再与钱念劬太守》两封函牍一道汇编成《东瀛学校举概》。这部书先后在《时务报》和《湘报》上连载,后于光绪二十五年(1899年)四月在京师刊印,在当时的学术界产生较大影响。如廖寿丰写给汪康年的信中说:“两奉手书,得承匡益,并寄姚君石荃所译《日本各学校大概》,珍荷,珍荷。姚君处乞代致意,其续译《详章》,如有成帙,尚祈见视,丰以先睹为快也。尊论小学堂各节,具审一一。东瀛学校原本西洋,伦理、汉文独仍旧贯,历史舆地本国为先,得要从宜,可谓善变。综其大旨,不外由浅而深,由进而远两语,与古人循序渐进之旨吻合。今拟广设小学,首当遵奉”。(《汪康年师友书札》第三册,上海古籍出版社1987年版,第2834页。)由此可见,时人对它评价很高。钱念劬太守,即钱恂,时任湖北自强学堂、武备学堂提调。

③　吕顺长编著:《晚清中国人日本考察记集成·教育考察记》(上册),杭州大学出版社1999年版,第5页。

学校、经理学校、军医学校、兽医学校,专门各学校包括高等学校、大学校、大学院、工业学校、技工学校等。以上每类学校,姚锡光都有数语进行分说,包括学习年限、课程开设、培养目标等。如对日本寻常中学校的介绍:"现日本通国寻常中学校,凡二百数十区,其功课仍为伦理、本国文、汉文、西文、本国外国历史、本国外国舆地、数学、理学(如化学、地质学等学)、物理学(动、植各物诸学)、人身全体学、画图、体操、兵操诸课。特所学益深,凡在学五年实为学之小成。自兹以往,或进而入专门各学校,或擢而入陆军各学校。"①分别介绍之后,姚锡光还专门作了一个"学校总说",从宏观的角度对日本教育制度及教育思想进行归纳,"日本学校虽皆习西文,而实以其本国文及汉文为重","能化裁西学而不为西学所化"。②

这是张之洞收到的第一份由赴日考察教育者直接呈上的介绍日本教育情形的手折。此折无疑加强了他对日本教育的认识及对本国教育的思考。就在这一年的四月(1898 年 5 月 5 日),张之洞发表了著名的《劝学篇》,其"学制"一文介绍了西方学制情形,并在此基础上为中国学校教育提出了一个较为合理、系统的学制设想:

外洋各国学校之制,有专门之学,有公共之学。专门之学,极深研几,发古人所未发,能今人所不能,毕生莫殚,子孙莫究,此无限制者也。公共之学,所读有定书,所习有定事,所知有定理,日课有定章,学成有定期(或三年,或五年)……小学堂之书较浅,事较少,如天文、地质、绘图、算学、格致、方言、体操之类,具体而微。中学堂书较深,事较多……方言则兼各国,算学则讲代数对数,于是化学、医术、政治,以次而及。余事仿此。大学堂又有加焉。小学、中学、大学,又各分为两三等,期满以后,考其等第,给与执照。国家欲用人才,则取之于学堂,验其学堂之凭据,则知其任何官职而授之……凡东、西洋各国立学之法、用人之法,小异而大同,吾将以为式。③

各省、各道、各府、各州县皆宜有学。京师、省会为大学堂,道、府为中学堂,州、县为小学堂。中、小学以备升入大学堂之选。府、县有人文盛、物力

① 吕顺长编著:《晚清中国人日本考察记集成·教育考察记》(上册),杭州大学出版社 1999 年版,第 6 页。

② 吕顺长编著:《晚清中国人日本考察记集成·教育考察记》(上册),杭州大学出版社 1999 年版,第 16 页。

③ 苑书义、孙华峰、李秉新主编:《张之洞全集》(第十二册),河北人民出版社 1998 年版,第 9742～9743 页。

充者,府能设大学,县能设中学,尤善。小学堂习《四书》,通中国地理、中国史事之大略,算术、绘图、格致之粗浅者。中学堂各事,较小学堂加深。而益以习《五经》,习《通鉴》,习政治之学,习外国语言文字。大学堂又加深加博焉。①

有学者认为,姚锡光的赴日考察活动对张之洞的《劝学篇》产生了重大影响,因为此著是在姚锡光考察回国之后才完成的。② 无论此说是否成立,姚锡光此次考察所做的汇报对张之洞了解日本教育制度具有一定的强化作用是可以肯定的。因为继姚锡光赴日之后,张之洞在言论和行动上表现出更加明显的学习日本的倾向,"他的学制思想也大大前进了一步"。③

在此之前,张之洞关于学制方面的认识仅限于专门学校。如在光绪二十一年闰五月二十七日(1895年7月19日)上奏的《吁请修备储才折》中,张之洞即提出仿效西方广开专门学校:"应请各省悉设学堂,自各国语言文字,以及种植、制造、商务、水师、陆军、开矿、修路、解例各项专门名家之学,博延外洋名师教习,三年小成,及择其才识较胜者,遣令出洋肆业。"④在派遣姚锡光考察日本教育之后,张之洞的学制思想显然已从狭隘的专门教育转向普通教育,这可以从姚锡光学制观念的改变看出。姚锡光考察日本教育后,即认识到:"中国无小学、中学之培植而言练陆军、习专门是无山林渊薮而求渔猎也。今者为急,则治标之法,武则陆军,文则专门,自宜姑求速化之方法以赴急用,而小学、中学之法循之有途,举之甚易,苟能变通,不待十年必焕然易观。"⑤受到姚锡光赴日考察的影响,张之洞在《劝学篇》中的学制思想已经脱离了专门学校的羁绊。另外,从其于光绪二十七年五月二十七日(1901年7月12日)与刘坤一一起上奏《变通政治人才为先折》中所体现的学制思想

---

① 苑书义、孙华峰、李秉新主编:《张之洞全集》(第十二册),河北人民出版社1998年版,第9739页。

② 姚锡光上呈给张之洞的"查看日本学校大概情形手折"一文所署日期为"光绪戊戌闰三月廿日"(1898年5月)。张之洞《劝学篇》的完成时间虽然是光绪二十四年三月(1898年4月),但最终由清廷颁发各省督抚、学政并广为刊布是在光绪二十四年五月(1898年7月25日)。"五月,袁忠节(昶)重刻于芜湖,公(之洞)续有改正,此为定本"(许同莘:《张文襄公年谱》卷6)。因此,从时间上可以推断,张之洞完全有可能根据姚锡光对日本教育制度介绍后做出一些修改。

③ 参见钱曼倩、金林祥主编:《中国近代学制比较研究》,广东教育出版社1996年版,第80页。

④ 陈山榜编:《张之洞教育文存》,人民教育出版社2008年版,第113页。

⑤ 吕顺长编著:《晚清中国人日本考察记集成·教育考察记》(上册),杭州大学出版社1999年版,第16页。

也能看出这种变化。在《变通政治人才为先折》中,张之洞提出了较《劝学篇》更为具体的学制设想,其内容涵盖了学校等级、学习年限、学校种类、学校课程、学生出身、速成教育等多个方面。其中关于学校等级、学习年限、学校种类、学校课程等细目的设想明显具有浓厚的日本色彩。以学校种类为例,张之洞指出培养新式人才的学校应包括蒙学、小学、中学、高等学及大学,小学、中学学习普通学,高等学校文武分途。文高等学分七种专门学校:经学、史学、格致、政治、兵学、农学、工学,另设武备学校及实习学校。虽然在洋务运动时期,即有零星武备学校的设立,但其时的武备教育与普通教育明显分离,无法形成有机的教育体系。有鉴于此,在派遣姚锡光赴日之时,张之洞即叮嘱:"将(日本)现设各种学校选材授课之法,以及武备学分枪、炮、图绘、乘马各种课程,或随时笔记,或购章程赍归,务详勿略,藉资考镜。"①因此,张之洞于新政时期关于文武分途或武备学校的设置及课程的设想应该是受到姚锡光日本教育考察活动的影响。在《东瀛学校举概》中,姚锡光不仅详细记载了各类普通及专门学校,还详细记录了日本陆军各学校,如成城学校、地方幼年学校、炮工学校等学校的入学方式及修业课程,展现了日本教育中文武分途、普通与专门并举的学制结构。

张之洞学制思想的成熟标志是他在罗振玉赴日考察归来后为谋湖北教育而上奏的"筹定学堂规模次第兴办折"。罗振玉在日本考察期间,深刻体会到日本学制所发挥的统领作用,并建议中国发展新式教育必须以学制建设为第一义:"今日本全国一切学校,悉本之学校令,即法规大全所载小学校令、大学校令等是也。凡设备、教科、管理、教员等事,悉括其中,以便全国遵守。此中国亟当法效者。"②建设学制以统一学校教育并非罗振玉首倡,在洋务运动时期即有学制建设之议,但由于官方对其重视不够,因此近代学制建设尚属"只听打雷不见下雨"之势。不过,值得庆幸的是,在维新及新政之际,学制建设已在未雨绸缪之中。因此,罗振玉此番考察中所搜集的各种学制资料正好派上用场。罗振玉自日本回国后,除了在《教育世界》《日本教育大旨》《学制私议》两篇关于学制建设的重要文章外,还继续在该刊上发表

---

① 苑书义、孙华峰、李秉新主编:《张之洞全集》(第五册),河北人民出版社1998年版,第3560页。

② 吕顺长编著:《晚清中国人日本考察记集成·教育考察记》(上册),杭州大学出版社1999年版,第233页。

《小学校拟章》《中学校拟章》《师范学校拟章》《师范学校中学校建筑拟章》等文，将学制建设的构思进一步具体化。这些论文刊出后，立即引起了张之洞的注意，其中许多见解也深得张之洞及刘坤一的赞许。罗振玉考察回湖北期间，张之洞不仅亲自听取汇报，还专门安排罗振玉及随行人员在总督府开设讲座，为学务处官吏、地方官员、各学堂教习等介绍日本的教育情况。光绪二十八年（1902 年）初，罗振玉接受张之洞与刘坤一的委托为"江楚会奏"拟定一份关于学制的奏稿，罗振玉便将自己在赴日考察前后形成的关于学制的设想拟写成稿。但在实际讨论过程中，因受到多方阻挠，罗振玉拟订的学制初稿只能以"此事难办""叹息不已"①而宣告失败。虽然罗振玉的学制设想在当时未能兑现，但其对张之洞学制思想的直接影响却是不言而喻的。正是在罗振玉考察回国后关于学制建设的译篇、论文、汇报、讲座及最后奏稿的持续影响下，张之洞在洋务运动时期萌发的学制思想在此时终于发展成熟，其具体表现即是"筹定学堂规模次第兴办折"中关于湖北地方学制的筹划。

光绪二十八年十月初一日（1902 年 10 月 31 日），张之洞奏上《筹定学堂规模次第兴办折》，向朝廷汇报了湖北近期学堂创办情况及其对各门学堂的认识，并奏拟兴学办法 15 条及筹办学堂要旨 8 条。该折实际上就是张之洞所构架的湖北地方学制，也是张之洞的学制思想转向成熟的具体体现。《筹定学堂规模次第兴办折》中所拟定的各学堂办法 15 条——师范学第一、小学第二、文普通中学第三、武普通中学第四、文高等学第五、武高等学第六、方言学第七、农学第八、工学第九、勤成学堂第十、仕学院第十一、省外中小学第十三、蒙学十四、学务处第十五及筹办学堂要旨八条——小学为急第一、日课专加读经温经第二、教科书宜慎第三、学堂规制必宜合法第四、文武相资第五、教员不迁就第六、求实效第七、防流弊第八，包含了学制所涉及的学校系统、教育行政、师资训练、课程安排、教材供应、学堂建筑设备以及经费筹措等各项内容，其中的学校系统无疑是湖北学制最集中的体现（如图 2-2 所示）。

---

① 罗继祖著：《庭闻忆略——回忆祖父罗振玉的一生》，吉林文史出版社 1987 年版，第 25～26 页。

年龄　学年17

方言学堂

文高等学堂　武高等学堂

省城师范学堂　农务学堂　工艺学堂

学堂

文 普 通 中 学　　武普通中学

（18~30）12

（15~24）8　　　高 等 小 学

（11~14）4　　　初 等 小 学

（7）1

蒙 养 院

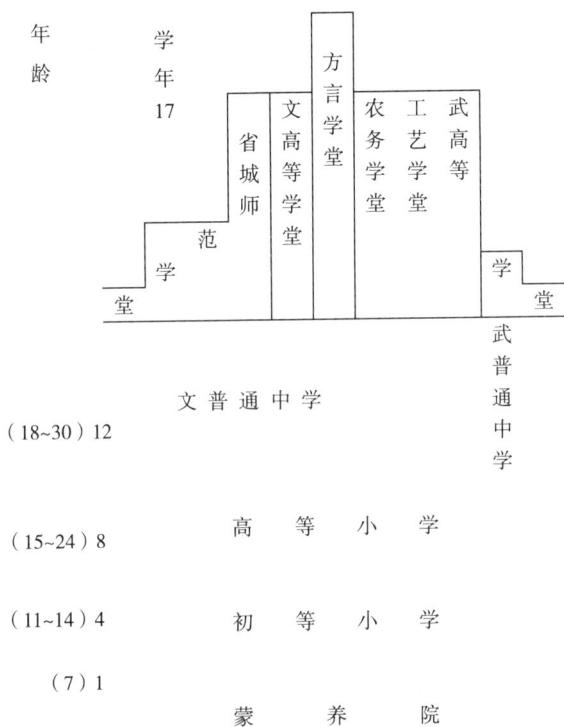

图 2-2　《筹定学堂规模次第兴办折》中湖北学制图①

由上面的学制图可以看出,张之洞将湖北的学堂设计为学前、初等、中等与高等四个阶段。学前教育的办理机构为蒙养院,初等教育分为初等小学与高等小学两级,各四年毕业,旨在培养忠诚的国民。但因政府财力有限,仅办高等小学,而初等小学则由绅商私人举办。中等教育、文武分途,为专业前的预备教育,文普通中学四年毕业,武普通中学另加半年实习,四年半毕业。高等教育,为职业分科阶段,一至五年不等:师范学堂学制三年,由中学考入;文高等学堂学制四年,由普通中学升入,毕业后考入大学堂或入专门学堂学习三年,出国留学一年;武高等学堂学制四年,由武普通中学升入;方言学堂学制五年,由普通中学考入;农学堂学制四年,以普中或高小升入;工学堂学制四年,由普中或小学升入。另外还在高等教育阶段添设勤成学堂和仕学馆。张之洞所拟定的湖北学制是中国近代第一个学制的雏形,

---

① 参见苏云峰著:《张之洞与湖北教育改革》,台北中央研究院近代史研究所专刊(35),第159页。

它"毫无疑问是《癸卯学制》的基础范本"。①

与《劝学篇》中的学制构架进行比较,可以发现《筹定学堂规模次第兴办折》所设计的学制体系具有更多的日本学制色彩。在《劝学篇》中,张之洞设想的仅仅只是京师及省会设大学堂、道府设中学堂、州县设小学堂的三级一线的教育系统的主干,至于具体的修业年限、课程分配等基本没有提及,因此也很难分辨出这样的学制究竟以哪个国家为主要参照系,"凡东、西洋各国立学之法、用人之法,小异而大同,吾将以为学式"。② 由此可见,此时的张之洞对日本学制的了解还不甚透彻,但随着姚锡光、罗振玉等赴日考察回国后的汇报与讲说,张之洞对日本学制的了解更进一步,并用以指导湖北地方学制及全国学制的制订。

值得指出的是,张之洞在《筹定学堂规模次第兴办折》中对读经、温经的强调与罗振玉在《学制私议》中倡议学习"五经四子"的取向基本一致。罗振玉认为设立学制必须确立"守儒教主义使学与教合一"的教育宗旨,具体措施是将"五经四子书分配大中小各学校,定寻常小学为第四年授孝经、弟子职,高等小学校授论语、曲礼、少仪、内则,寻常中学校授孟子、大学、中庸,并仿汉儒专经之例专修一经,其余诸经为高等及大学校研究科,不得荒弃,以立修身道德之基础"。③ 张之洞也是主张以温经、读经的方式坚持中国固有之纲常名教礼义廉耻的道德准则。张之洞指出,在筹办学堂时,必须抱定"幼学不可废经书"的宗旨,其主要办法是于日课中增加读经、温经时刻,即在"小学堂添设读经书一科","在普通中学添温经一科"。④

除了姚锡光、罗振玉的专门赴日考察活动外,张之洞生前所派遣的专门考察日本教育的重要活动还有一次,即派遣江南高等学堂总教习缪荃孙一行赴日考察教育。不过,此次活动是张之洞在两江总督任内开展的。缪荃孙等赴日考察的重点是学制推行的具体对策。众所周知,光绪二十八年(1902 年)颁布的《壬寅学制》并没有施行就被《癸卯学制》代替了,因此对日

---

① 余子侠:《综析湖北教育早期现代化的前驱地位》,《华东师范大学学报(教育科学版)》,1995年第 2 期。

② 苑书义、孙华峰、李秉新主编:《张之洞全集》(第十二册),河北人民出版社 1998 年版,第9742～9743 页。

③ 吕顺长编著:《晚清中国人日本考察记集成·教育考察记》(上册),杭州大学出版社 1999 年版,第 236～238 页。

④ 苑书义、孙华峰、李秉新主编:《张之洞全集》(第二册),河北人民出版社 1998 年版,第1496 页。

本学制的考察仍然是赴日中国教育者的重要目标之一。光绪三十年（1904年）春,张之洞很快回到湖北任内,因此缪荃孙等此次考察的成果对《癸卯学制》的制订以及湖北学制推行的影响也不可抹煞。

（三）省提学使赴日考察与湖北学务的推进

光绪三十二年四月（1906 年 5 月）,新设不久的清学部奏准裁撤各省学政及学务处,改设提学使司为各省统一的教育行政主管机构,原来的学务处改为学务公所,作为提学使的办公场所。在改设提学使司的同时,学部对各省教育行政人员的知识结构、行政素质等方面提出要求:"凡提学使司以下人员,厘定职司,提零纲领,分晰科目,以专责成,合官绅而筹任使,尤重在教育行政与地方行政之机关各有考成,不相扞格,期于实力奉行,徐图推广。至现在风气初开,办理学务之员,于教育学、教授管理诸法及教育行政、视学制度,皆须随时研究以谋补充识力。"①鉴于兴学伊始,各处地方教育行政人员素无新式教育管理经验,因此在各省提学使即将上任之时,学部即饬令尚无海外游历经历的提学使在正式上任之前必须前往日本进行为期三个月的学务考察。同年六月（1906 年 8 月）,在团长湖北提学使黄绍箕的带领下,由16 位提学使组成的"清国提学使学部高官"考察团正式赴日。② 在考察日本教育过程中,黄绍箕不仅参观了日本各类学校,还听取了日本文部省特意安排的教育讲座,并就备受关注的教育问题,如普及国民教育、统一国语、心理学及音乐教育等与东亚同文会展开成员讨论。日本教育界人士建议他多设师范学堂、培养小学师资及注重女子教育。③

归国返鄂后,黄绍箕即向张之洞报告考察所获并着手推广湖北新式教育。④ 据《浙江地方志》所言,黄绍箕于当年 10 月归国后,"有感于东瀛学制

① 陈学恂主编:《中国近代教育史教学参考资料》,人民教育出版社 1986 年版,第 591 页。

② 除 16 位提学使外,考察团成员中还有学部右参议林灏深以及学部委员 5 人、随员 8 人。因此,在学校视察日程表中,考察团一行被称为是"清国提学使学部高官"。这 16 位提学使分别是:湖北省提学使黄绍箕（考察团长）、浙江省提学使支恒荣、山西省提学使锡嘏、湖南省提学使吴庆坻、黑龙江省提学使张建勋、甘肃省提学使陈曾佑、吉林省提学使吴鲁、福建省提学使姚文倬、辽宁省提学使陈伯陶、江西省提学使汪诒书、新疆省提学使杜彤、云南省提学使叶尔恺、广西省提学使李翰芬、陕西省提学使刘廷琛、山东省提学使连甲、安徽省提学使沈曾植。另外,因有过海外游历经历而不必参加此次考察团的提学使有 7 位,他们分别是:奉天省提学使张鹤龄、直隶省提学使卢靖、江苏省提学使周树模、河南省提学使孔祥霖、四川省提学使方旭、广东省提学使于式枚、贵州省提学使陈荣昌。

③ "中国提学使东游访问纪略",《东方杂志》第三年第十二期（1906 年 12 月）。

④ 参见苏云峰著:《张之洞与湖北教育改革》,台北中央研究院近代史研究所专刊（35）,第163 页。

完备,人才众多,即捐廉俸二千余金补助武昌初等小学经费。次年春夏间,相继拟定农业学堂、方言学堂、文普通中学堂和师范学堂毕业及升学办法"。① 黄绍箕担任湖北提学使主管湖北学务虽然只有一年多的时间,却取得了不小的成绩。光绪三十三年是湖北教育发展最快的一年,尤其表现在师范教育及女子教育上(见表 2-14 所列)。该年正是黄绍箕赴日考察教育后赴任的第二年。就在这一年的十一月,黄绍箕在原有湖北师范教育发展的基础上,于两湖总师范学堂内增设优级师范理化选科、理化专修科及博物专修科,至此,湖北师范教育终于形成了一个完整的体系,计各级师范学堂 24 所,学生 2403 人。可见,赴日考察时日本教育界人士对他的建议还是发挥了一定的作用。遗憾的是,黄绍箕发展湖北教育的工作还没来得及全面铺开便因病去世。

表 2-14 1907 年(光绪三十三年)湖北各类学堂数、教职员数及学生数统计表②

学堂类别	学堂数	职员数	教员数	学生数
专门学堂	4	29	78	741
实业学堂	9	38	105	699
优级师范	1	6	15	120
初级师范	6	41	107	996
师范传习所	17	32	95	1287
中等学堂	17	68	151	1391
高等小学	93	266	703	7515
两等小学	29	88	193	2710
初等小学	1306	955	2073	40168
蒙养院	13	不详	13	248
半日学堂	9	1	13	319
女子学堂	8	12	21	477
统计	1512	1536	3567	56671

---

① 《浙江通志》,http://zjtz.zjol.com.cn/05zjtz/system/2005/12/22/006413715.shtml
② 本表系根据"光绪三十三年第一次教育统计图表"整理而成,参见《学部官报》第九十七期,第 637~640 页。

继黄绍箕之后兼署湖北提学使的高凌霨也曾于光绪三十年三月（1904年4月）以湖北试用同知的身份被张之洞派往日本考察财政及学务。光绪三十三年（1907年），高凌霨任湖北提学使，次年，陈夔龙接任鄂督时，两人一起协力发展湖北实业及初等教育，"惟日孳孳以振兴专门实业，推广小学为要义"。在任期间，湖北省城实业学堂及相关机构增加十来所：高等农业附设初等农业学堂一所、中等矿业学堂一所、铁路学堂一所、商业教员讲习所一所、农业教员讲习所一所、图书阅览室教育品陈列馆一所、第二中学堂一所、女子师范学堂一所、工业教员讲习所一所、中等农业学堂一所、汉口中等商业学堂一所。① 在增设上述学堂的同时，高凌霨又拟定湖北省《兴学筹款以广教育》②一案，对全省及各项教育发展及经费筹措，分别加以详细规划，试图迅速在全省范围内普及初等教育，并推广实业教育。高凌霨在湖北提学使任上的以上作为，应该与他在日本考察学务及财政的经历有关，日本的学务观察是他发展湖北初等教育及实业教育的动力，日本财政的考察则为他以兴学筹款来发展湖北教育做了一些理论与行动上的铺垫。

二、赴日教育考察与新政时期直隶地方学务的推广

（一）清末直隶日本学务考察活动概观

袁世凯是推动清末新政不可忽略的重要人物之一，在加快中国教育现代化的进程中发挥了重要作用。督办直隶期间，袁世凯对直隶的各项教育进行了一系列的改革：在军事教育方面，积极兴办军事学堂，开展军事留学教育；在普通教育方面，力主废除科举制度，兴办新式学堂，广设师范学堂，力倡普及义务教育；在教育管理方面，设立学校司和劝学所，制定一系列的教育法规，组织编写统一的教科书。因此，直隶模式的教育发展与改革在当时的中国产生了很大的影响，并发挥了领头羊的作用。据学部1907年统计，直隶计有专门学堂12所，实业学堂20所，优级师范学堂3所，初级师范学堂

---

① 参见苏云峰著：《张之洞与湖北教育改革》，台北中央研究院近代史研究所专刊（35），第215页。

② 《兴学筹款以广教育案》全文连续刊登在《民吁日报》宣统元年（1909）九月廿、廿一、廿六、廿七四日上。此议案共计七千余字，在兴学上，以发展省城及各府、州、县的师范教育、普通教育、实业教育、专门教育、社会教育等五个方面为主要目标；在筹款上，计划以继续增加教育经费来应对教育发展的良好趋势，高凌霨拟定在筹备立宪的九年期间（自宣统元年（1909）起），湖北教育经费共需两千余万两，每年平均约二百二十余万两。

90 所,师范传习所 5 所,中学堂 30 所,小学堂 7 391 所,女子学堂 121 所,蒙养院 2 所,共计 8723 所,学生 164 000 余人,位居全国第二;同时,直隶学务资产达 480 万两,名冠全国。①

　　直隶教育之所以能在袁世凯的治理下取得这样好的成绩,与他积极派遣官绅及教育界人士出洋考察国外教育以资借鉴的主张和做法密切相关。光绪二十七年(1901 年),袁世凯升任直隶总督兼北洋大臣。上任伊始,袁世凯便开始着手直隶教育的改革。为了学习借鉴其他国家先进的教育经验,袁世凯主张派遣官员和学生出洋游历、游学。鉴于游学"费重时长,较难普及",而官绅"于新旧政法,均能融会贯通,若见诸施行,于治理不无裨益",②于是他主张在新政前期应多派官员游历日本,尤其是对开展赴日考察教育活动的主张更为积极。光绪二十八年至三十年(1902—1904),袁世凯多次派出直隶教育界人士前往日本专门考察教育,如光绪二十九年(1903 年)派出直隶学校司人员胡景桂、王景禧、丁惟鲁、晏宗慈等赴日考察学事;光绪三十年(1904 年)派遣严修赴日考察教育(见表 2 - 15 所列)。光绪三十一年(1905 年),历时 1300 年左右的科举制度被正式废除,兴办新式学堂的任务日益艰巨,为了更快、更好地发展直隶新式教育,袁世凯向朝廷上疏《遣派官绅出洋游历办法片》,陈书官绅出洋游历的益处所在,规定游历官绅务必到学校参观大概情形,并要求他们以日记、心得的形式记录考察成果以便交付验查:

　　直隶游学官绅士人,经臣先后派遣官费、自费各学生一百数十人,络续东渡,但费重时长,较难普及。因议订官绅游历之法,期于祛锢蔽而广见闻。亲民之官吏莫于牧令,凡学堂警察农工诸大政,皆关紧要,宜有师资。现通饬实缺州县人员,除到任已久,未便令离职守外,其余新选新补各员,未到任以前,酌给津贴,先赴日本游历三月,参观行政、司法各署及学校实业大概情形,期满回国,然后饬赴新任,并责令呈验日记以征心得。数年以后,出洋之地方官日见增多,庶新政不致隔膜。此派官游历之办法也。又,以各州县学堂工艺诸端,官不能独任其劳,皆须绅董相助为理,特以风气未开,或漫不经

――――――――――

　　① 清学部总务司:"光绪三十三年(1907 年)第一次教育统计图表",沈云龙主编《近代中国史料丛刊》第 3 编第 10 辑第 93 册,台湾文海出版有限公司 1986 年版,第 35~36 页,27~28 页。
　　② 天津图书馆、天津社科院历史出版社研究所编:《袁世凯奏议》(下册),天津古籍出版社 1987年版,第 1162 页。

心,或暗相掣肘。现通饬各属公举品端学粹之绅,咨送日本游历四月,应需经费有取诸学款者,有另行筹备者,每州县至少须送一人,选派护送员、译员随同东渡,此遣绅游历之办法也。①

随着该《办法》的出台,直隶官绅赴日考察活动更加活跃起来。光绪三十一至三十三年(1905—1907),以知县名义赴日考察的直隶省官员,在日本外务省外交史料馆所藏的《外国官民本邦及鲜满视察杂件》(清国之部),②有名可查者就有 40 多人。③ 他们分别来自保定、抚宁、西宁、栾城、邢台、博野、清半、无极、高邑、赵州、宁津、巨鹿、满城、广昌、容城、任丘、迁安、柏乡、曲州等府、州、县,分布范围之广,在全国其他省份实属难见。部分赴日知县考察回国后即如章程所言,“呈验日记以征心得”。如光绪三十二年二月(1906 年 3 月),受直隶总督袁世凯委派赴日考察的五位知县中就有四位知县提交了“东游日记”——井陉县知县郭钟秀著《东游日记》、巨鹿县知县涂福田著《东瀛见知录》、新选赵州直隶州恩惠著《东瀛日记》、准补满城县吴烈著《东游日记》,仅有宁津县知县禄坤一人未有考察日记留存。光绪三十一年六月(1905 年 8 月),郑元浚卸去新河县知县,以“准补抚宁员缺”的身份受直隶总督袁世凯的委派赴日考察学校、警察、司法、实业等。回国后,郑元浚准备将所著日记上呈各大吏,并获“激赏”,但考虑到当时赴日考察者所著日记佳者甚多而“不敢出以问世”,仅将之“置于案头聊备参考之用”。④ 直隶赴日游历官绅所著述的诸多“东游日记”,不仅成为直隶地方学务发展的重要参考资料,考察者还通过其记述的日记为直隶学务的发展建言献策,如郭钟秀在其

---

① 天津图书馆、天津社科院历史出版社研究所编:《袁世凯奏议》(下册),天津古籍出版社 1987 版,第 1161~1162 页。

② 日本外务省外交史料馆藏 NO.3-9-4-34-2 外国官民本邦及鲜满视察杂件(清国之部):第 2~4 卷,转引自孙雪梅《清末民初中国人的日本观——以直隶为中心的考察》,天津人民出版社 2001 年版,第 38 页。

③ 1903—1907 年,直隶游日官绅数量达到高潮。据统计,1905 年 6 月,以知县名义赴日的直隶省第一期游历绅 40 余人;7 月,第二期游历士绅 72 人;8 月,第三期游历士绅 60 余人;9 月,第四期游历士绅 50 余人。1901—1910 年,由清廷派遣赴日考察的官绅共计 420 人,同时各地也派遣 916 名官绅赴日考察,其中由袁世凯派出的直隶官绅达到 225 名,高居各地之首。参见江沛:《留日学生、东游官绅与直隶省的现代化进程(1900—1928)》,《史学月刊》2005 年第 5 期。

④ 参见郑元浚:《东游日记》,吕顺长编著《晚清中国人日本考察记集成·教育考察记》(下册),杭州大学出版社 1999 年版,第 724 页。民国三年(1914),郑元浚任清丰县令期满,离任前城乡士绅父老再三挽留,郑元浚深为其情义所感动,遂以临别赠言之义,将已置放多年的游记印刷成轶,各赠一册以做纪念。

所著《东游日记》中将考察所得"择其浅近而切于事情,而又为州县力能自为者",列为四条建议向直隶总督袁世凯襄陈。其中第二条"私塾宜改良也"便是目睹日本教育普及经费充足的真实情形后对直隶教育现状的反思。[①]

表 2-15　清末袁世凯派遣直隶官绅考察日本教育举概(1902—1907)

派遣年份	员数	姓名	身份	考察内容
1902.7	1	黄璟	直隶农务局总办	农务、学事
1903.5	1	秦辉祖	县丞	工学研究
1903.8	1	周学熙	不详	学校、工场、矿山
1903.11	4	何炳莹	分省补用道	学校、机器、制造
		郭恩承	制造委员	
		凌福彭	天津府知府	
		富士英	洋务委员	
1903.11	4	胡景桂	直隶学校司督办	学事
		丁惟鲁	专门教育处总办	
		王景禧	普通教育处编辑处总办	
		晏宗慈	随员	
1903.11	1	杨沣	直隶候补道	学事
1904.2	7	朱恩荣	保定府师范学校副教习	教育
		石春熙	教习	
		王喆	教习	
		渡边龙圣	洋文教习	
		略		
1904.5	1	严修	直隶学校司督办	教育
1904.9	1	孟庆荣	翰林院侍读	学务
1904.11	3	朱家宝	保定府知府	学校、行政机关
		玉禄	候补知县	
		樊海南	即用知县	

---

① 参见郭钟秀:《东游日记》,吕顺长编著《晚清中国人日本考察记集成·教育考察记》(下册),杭州大学出版社1999年版,第758页。

（续表）

派遣年份	员数	姓名	身份	考察内容
1905.7	10	赵文亭		学校教授法
		王用先	宁津县知县	
		略		
1905.7	10	李盛銮	实缺知县	地方行政、学务
		刘瑞麟	实缺知县	
		高承枢	实缺知县	
		郑元浚	新河县知县	
		略		
1905.8	10	田鸿文	实任知县	政治、学校制度
		段献增	知县	
		邓彦芬	知县	
		鲍德邻	知县	
		马觐臣	知县	
		姒锡章	知县	
		马丙炎	知县	
		王春藻	知县	
		许辰田	知县	
		略		
1905.8	50	赵士琛	学务委员	各种学校
		李秉元	学务委员	
		卢靖	学务处会办	
		曾传谟	学务委员	
		卞禹昌	学务委员	
		郑元浚	准补抚宁员缺	学校、警察、司法、实业
		略		
1905.9	2	罗毓祥	知县	行政、司法、学务
		周嘉德	直隶高邑县知县	

（续表）

派遣年份	员数	姓名	身份	考察内容
1905.10	2	李兆兰	直隶高等农业学校监督	农务、农学校
		指宿	教习	
1906.1	2	苏鼎铭	知县	行政机关、学校
		杨寿植	知州	学校、工场、银行
1906.4	5	恩惠	赵州直隶州知州	行政、司法、学校、实业
		禄坤	宁津县知县	
		涂福田①	钜鹿县知县	
		吴烈	满城县知县	
		郭钟秀	井陉县知县	
1906.7	2	郑秀成	知县	政治、学务
		王龙文	知县	
1906.8	2	吕植	知县	学务
		王荣绥	知县	
1906.8	5	逢思承	候补道	政治、学务
		冯汝骥	知县	
		李国枫	知县	
		汪恩	中书	
		吴钟善	州判	
1906.9	1	张尔琨	知县	政治、学务

---

① 涂福田，字荠庵，光绪三十二年（1906）年新上任钜鹿县知县时，申请赴日考察，著有《东瀛见知录》一书。该书详细记载了涂福田在日考察期间的所见所闻，其中以介绍日本教育的篇幅居多。据此书记载，涂福田在短短四十多天时间里，共参观了东京及其附近地区二十四所学校，其中包括普通中小学、师范学校、高等学校、各类专门学校、私立学校、特殊类型学校等。日本重视国民教育的普及给涂福田留下了深刻的印象，"学龄儿童，男孩入学者达百分之九八，女孩百分之九五"。在参观东京附近的崎玉县时，涂福田专门调查了该县的所有学校，"县立男女师范各一，中学校四，高等女学校一，农业学校一，又有下属秩父郡立农学一所，其馀皆町屯立及私立者"，希望将日本琦玉县作为发展直隶钜鹿县各项教育的参照物。参见涂光群：《一个世纪前，一个中国知县对日本的考察》，湖北省政协文史资料委员会编《湖北文史》总第79辑，2005年第2辑。

（续表）

派遣年份	员数	姓名	身份	考察内容
1906.12	5	刘芬宁	广昌县知县	地方行政、学务
		傅鸿诏	晋县知县	
		连德魁	容城县知县	
		胡商彝	任县知县	
		杨廷秀	知县	
1906.12	1	兰郊	广昌县知县	地方行政、学校
1907.3	1	刘道春	迁安县知县	政治、学务
1907.4	1	左湘钟	新选柏乡县	政治、学务
1907.5	1	怡钦	候补知县	学校、行政

　　注：本表主要根据汪婉所搜集的东游日记（日本外务省外交史料馆所藏"外国官民本邦及鲜·满视察杂件"中"清国之部"，实藤文库所藏"东游日记"，中国科学院图书馆所藏"东游日记"，王锡祺《小方壶斋舆地丛钞》第十帙所收"东游日记"，王锡祺《小方壶斋丛书》第二帙所收"东游日记"，东京大学东洋文化研究所、东洋文库、北京图书馆、北京大学图书馆、中国社会科学院近代史研究所图书馆所收"东游日记"）中的有关教育考察类的日记统计而成。继袁世凯之后的直隶总督杨士骧（1907—1909 年任直隶总督）与陈夔龙（1910—1911 年任直隶总督）也先后多次派员赴日游历。杨士骧在直隶任内共派遣 8 次计 89 人，其中自治班学生 5 批 86 人；陈夔龙于 1910 年 6 月派遣林志道等 4 人游历日本。

　　（二）赴日教育考察与直隶地方学务的发展

　　清末新政伊始，有关中央及地方教育发展的主张及举措日渐增多，新式教育得以逐步发展。因此，如何加强中央及地方的学务管理刻不容缓。在地方教育事业方面，《学务纲要》指定设立学务处管理各省学务，"各省于省城设学务处一所，由督抚选派通晓教育之员总理全省学务，并派讲求教育之正绅参议学务"。[①] 学务处的主要职责是处理各类学务文牍，搜集各级各类教科图书，考核众多教育行政官员及教员。为了提升学务处管理人员的知识素养和业务水平，该《纲要》同时还要求他们出洋考察，"学堂所重，不仅在教员，尤在有管理学堂之人。必须有明于教授法、管理法者实心从事其间"。由是建议："各直省亟宜于官绅中推择品学兼优、性情肫挚、而平日又能留心

---

　　①　舒新城编：《中国近代教育史资料》上册，人民教育出版社 1981 年版，第 216 页。

教育者,陆续资派出洋,员数以多为贵,久或一年,少或数月,使之考察外国各学堂规模制度,及一切管理教授之法,详加询访体验。目睹外国教习如何教,生徒如何习,管理学堂官员如何办理。回国后分别派入学务处暨各学堂办事,方能有实效而无糜费。"①《学务纲要》颁布后,及时设立学务处的仅有湖北、河北两省,即湖北学务处、直隶省学务处。设立之后的湖北、直隶两学务处在开展地方学务方面的确做了不少的工作,这与他们通过出洋游历以增强自身教育管理素质的举措不无关系。

其实早在《学务纲要》规定设立学务处之前,接任直隶总督伊始的袁世凯就意识到成立专门机构用以管理全省学务的必要性,"各府、厅、州、县遍立学堂,端绪纷繁","必须有司学务者,乃能若网在纲,有条不紊"。光绪二十八年(1902年)春夏之交,直隶学校司成立,为"通省学务总汇之所"。② 学校司置督办一员,以董其成;司内设专门教育处(掌专门教育事务)、普通教育处(掌普通教育事务)、编译处(掌翻译图书事务)。此外,还附设有收支、稽查两所:收支所掌握本司银钱事务及学堂经费;稽查所掌握分查学校事务。为了充分有效地发挥学校司的各项职能,首任督办胡景桂上任不久,便受命率同专门教育处总办丁惟鲁、普通教育处编辑处总办王景禧、随员晏宗慈等亲往日本考察学务,回国后"凡有心得,次第施行"。③ 胡景桂、王景禧回国后分别撰写的考察日记——《东瀛纪行》《日游笔记》正是本次考察心得的书面成果,它们成为发展直隶教育的重要参考资料,有力地推进了直隶地方教育的发展。严修接任直隶学校司(光绪三十一年二月,1905年3月)后,将其更名学务处,并将办公之所由保定迁至天津,随之即派遣各属查学职员到各地调查各项学务。但查学人员"员数无多,去留无定",因此,查学效果甚微。借着再次赴日考察教育之机,严修认真研究了日本地方教育行政制度,形成了通过建立州县级教育行政机构来管理地方教育的初步设想。归国后不久,严修便向袁世凯建议广设劝学所作为州县教育行政机关。袁世凯欣然采纳,并于光绪三十一年八月(1905年9月)饬学务处"于各府、直隶州特

① 舒新城编:《中国近代教育史资料》(上册),人民教育出版社1981年版,第199页。
② 天津图书馆、天津社科院历史出版社研究所编:《袁世凯奏议》(中册),天津古籍出版社1987年,第598页。
③ 天津图书馆、天津社科院历史出版社研究所编《袁世凯奏议》(中册),天津古籍出版社1987年,第921页。

设劝学所,以次至所属城坊村镇劝谕设学"。① 劝学所的设立,实属清末地方教育行政之重要创举。"劝学所之设,创始于直隶学务处。时严修任学务处督办,提倡小学教育,设劝学所,为厅州县行政机关,仿警察分区办法,采日本地方教育行政及行政管理法,订定章程,颇著成效。光绪三十三年(1907年),学部奏定劝学所章程通行全国,即严修呈订原章也。"②直隶劝学所是日本教育经验在中国的推广,巩固并推动了清末时期直隶地方教育的发展,为清末地方教育行政提供了成功的范例。

光绪三十一年三月(1905年4月),在留日学生梁志宸的提议下,袁世凯授意直隶学务处制订了"各州县派人筹备公款游历日本筹议办法",鉴于"学董一席与教员并重,凡学规之遵守、学级之编制、教室之整顿、教科之分配以及陶冶训练加意于所谓德育、智育、体育之属,非略通教育之意者万难胜任",直隶学务处决定公款派遣各州县之"品学兼优、乡望凤孚者"赴日考察教育,希冀他们学成回国后充任各处学董,"尽效力之义务",早日实现直隶教育普及的目标,"庶几风气渐次开通,而教育普及之望可得而言矣"。直隶学务处制订的游历办法,是清末时期所有有关游历主张及办法中最为具体详细的。该办法将有关游历的各项事宜,如游历的人数与资格、游历的推荐程序与期限、游历期间的学习内容、游历的经费开销等都一一做出详细说明。现特摘录如下:

一、人数　拟令每州县各遣派二人,若经费充裕能多派者听,即贫瘠之区亦必须派遣一人,唯不得以他州县人充数

二、资格　以品学兼优、乡望凤孚者为合格,如不可得,即就绅董中择其凤行公正曾办学务者充选。若现充学董者尤善。唯有嗜好之人不得滥送。

三、推荐　由本地官绅会同学务委员公同推选,选定后具文申送学务处考验,并由学务处呈请宫保咨送。

四、期限　除往返程期外在东游历日期以四个月为限。

五、课程　到东后,昼则参观各学校并考求各学校组织编制各事,于小学尤须加详;夜则延日本教师讲授科学如教育学、管理法、学校制度等类;值暑假时则昼夜听讲;回国时每人须呈交日记一分,其尤佳者付排印局印六。

---

① "督宪袁饬学务处条议各府直隶州特设劝学所章程札",《直隶教育杂志》光绪三十一年第十二期(1905年9月)。

② 严修自订,高凌雯补,严仁曾增编:《严修年谱》,齐鲁书社1990年版,第169～170页。

七、起程次序　人数既多拟分三期起程,均于天津聚齐,凡距津近者准于五月初一日齐集,是为第一期;距津稍远者于六月初一日齐集,是为第二期;最远者七月初一齐集,是为第三期。

八、筹解经费　每送学生一名筹银三百两,径解学务处,其自费者即自携学费随同前往。

九、预算开销各款　每名三百金,以四十金为津赴东川费;以二百金为在东四个月延师及食宿、书籍等费;四十金为回国川资;下余二十金汇积成数留为护送员及译员津贴之用。

十、选派护送员及译员　由津起身时需人护送计每期需两人,到东参观及听讲时需译员两人,每二十人参观需向导员一人,每五十人听讲需译授员一人,统计每百人需七人。闻现居日本之直隶留学生多愿承任此事。[①]

综上可知,直隶地方学务的普及与推广同学务人员出洋考察的经历密切相关,从普通教育到专门教育,从学务处(学校司)到劝学所,无一不是他们借鉴并吸收日本成功教育经验的丰富成果。以下是清末直隶部分教育行政人员游历、游学日本的简单情况,由此可窥见清末赴日游历在地方教育事业中的重要地位。

表2-16　直隶学校司、学务处、学务公所主要职员游历、游学日本举概[②]

姓名	官职	出身	日本游历或留学
胡景桂	学校司督办(1902—1904)	按察使	游历(1902)
严修	学务处督办(1904—1905)	翰林院编修	游历(1902,1904,1911)
卢靖	学务处督办(1905—1906) 提学使(1906—1907)	候补知府	游历(1905)
丁惟鲁	学务处参议 专门教务处总办(1902—1904)	翰林院庶吉士	游历(1902)
王景禧	教务处总办 编译处总办(1902—1904)	翰林院编修	游历(1902)

① "学务处呈覆遵议各州县派人筹备公款游历日本以备充当学董办法文",《申报》1905年4月25日。

② 此表主要根据吕顺长编著《晚清中国人日本考察记集成·教育考察记》(杭州大学出版社1999年版)和汪婉著《清末中国对日教育视察の研究》(汲古書院1998年版)合辑而成。

（续表）

姓名	官职	出身	日本游历或留学
潘希祖	排印局总办（1902—1904）	道员	游历（1905）
卢木斋	学务处会办	不详	游历（1905）
卞禹昌	学务处观察议员	不详	游历（1905）
曾传谟	学务处文案	不详	游历（1905）
王劭廉	学务公所议长（1911）	补用知县	游历（1906）
李士伟	学务公所议绅（1911）	补用知县	游历（1905）
梁士宸	学务公所议绅（1911）	内阁中书	日本师范学校毕业
陈恩荣	省视学（1911）	拣选知县	日本师范学校毕业
王用先	省视学（1911）	知县	游历（1905）
范延荣	省视学（1911）	通判	日本师范学校毕业
侯序伦	省视学（1911）	举人	日本师范学校毕业
李金藻	学务公所普通课长	通判	日本师范学校毕业

（三）严修的日本之行与清末直隶教育

1. 首次赴日考察与严氏私学

严修（1860—1929），字范孙，号梦扶。光绪二十年至二十三年（1894—1897），严修出任贵州学政。在管理贵州经世学堂的过程中，对算学等实学领域进行了一系列教育改革，带动了贵州各府、州、县实学教育的风气。更值得一提的是，在此任职期内，严修于光绪二十三年七月（1897年8月）向朝廷上"开设经济特科"奏折。其时的中国业已经历两次鸦片战争、中法战争以及甲午中日战争等一系列外强侵略，国势不起，民心不振。为了探求振兴民族的"救时药方"，许多有识之士将目光锁定在教育制度，特别是科举制度上。虽然自清末以来，对于科举的批判可谓不绝于耳，但严修的"请开经济特科"无疑是最为振聋发聩的一声。然而维新运动的厄运，阻止了经济特科的开设。严修的救国抱负在政治上丧失了可供施展的平台。既然走"上层路线"无法实现自己"教育救国"的抱负，那就只好脚踏实地地在自己力所能及的地方去施展自己的理想。天津老家无疑是最合适的场所。光绪二十四年十月（1898年11月），严修在自家宅院内开设学馆，这正是严修致力于新式私学教育的发端。然而，新式教育毕竟不同于旧式教育，新式私学毕竟不同于旧式私学。要想办好新式私学，仅仅依赖于原有的教育理论及教学方法是行不通的,必须向在此方面已有建树的外邦汲取经验。于是,严修开始了他的第一次东渡日本。

光绪二十八年七月(1902 年 8 月),严修携长子智崇、次子智怡离津赴日,开始了两个多月的教育考察活动。此次考察活动中,严修格外关注日本各类私立学校的开办、经营管理及课程设置,以求在国内或自己的教育实践中得以借鉴和发挥。在拜访日本教育家岩谷孙藏博士时,岩谷博士也建议:"考察教育之法,不宜贪多,尤应考察私立学校。以小学校论,最优者、最劣者、中等者皆须一看,町村私立者尤须寓目,为其与初创之程度合也。"① 为此,严修重点参观考察了日本几所著名的私立学校:富士见小学校、早稻田大学和庆应义塾。富士见小学校由幼稚园、寻常小学校、高等小学校三部组成,儿童满四岁入幼稚园,满六岁入寻常小学校,四年毕业后入高等小学校,高等小学校亦为四年毕业,总计在校时间十年。参观此校时,由校长山崎彦八导观,其解说甚为详细。给严修留下深刻印象的除了该校的课程设置以外,还有学校管理与经费筹措。关于管理者,如"学中章程时时修改,虽由文部颁令,而校长资深有所经验者,亦有自主之权";② 关于学校经费的筹集,主要以捐资或收费为主,"入校生徒家在本区界内者每年随意捐资,自不足一元以至累万者皆有之……幼稚园每生每月均费七角五分,寻常小学校每生均四角,高等均八角"。③ 以上两者无疑是私立学校生存与发展的关键所在,富士见小学校的做法为严修在天津发展私立教育提供了很好的参考依据。而山崎彦八关于私立小学校的观点,"小学校必须私立,乃广政府之力,万不能偏,东京小学校三百余,官立者才八十余耳",④ 更是坚定了严修大力发展私立学校的信心。

除了富士见小学校、早稻田大学和庆应义塾外,严修此行还参观考察了淇澳小学校、泛爱幼稚园、爱珠幼稚园、育英高等女学校、清水谷女学校、东京府寻常师范学校、渡边学校、东京高等师范学校、女子高等师范学校、东京美术学校、东京高等工业学校、帝国大学、华族女学校、东京盲哑学校、东京音乐学校、宏文学院、东京高等商业学校、常盘小学校幼稚园、西天满小学

---

① 严修撰,武安隆、刘玉敏点注:《严修东游日记》,天津人民出版社 1995 年版,第 58 页。
② 严修撰,武安隆、刘玉敏点注:《严修东游日记》,天津人民出版社 1995 年版,第 71 页。
③ 严修撰,武安隆、刘玉敏点注:《严修东游日记》,天津人民出版社 1995 年版,第 71 页。
④ 严修撰,武安隆、刘玉敏点注:《严修东游日记》,天津人民出版社 1995 年版,第 71 页。

校、清华学校等校。严修参观的多以小学校为主,其次是幼稚园、女学校、师范学校和实业学校。这几类学校教育均是严修发展天津教育所努力的目标。此次考察回国后,严修立即在天津开展了三项重要的教育活动:一是兴办严氏女塾,聘请日本人来家塾教授日语、音乐、工艺等课程;二是创立天津第一所私立小学(民立第一小学堂),接着又创办民立第二小学,并协助官方办起三处官立小学;三是筹设工艺学堂。① 严修第一次赴日教育考察的成果正是以开办以上新式学堂的实践形式体现出来的。

2. 再度赴日考察与直隶学务

严修第二次赴日考察教育是在两年以后。此时的严修已通过自己的兴学活动,在直隶教育界颇享声誉,受到了时任直隶总督袁世凯的赏识与器重。光绪三十年三月(1904 年 5 月),严修受命赴直隶学校司就职。在会见总督袁世凯时,严修向袁世凯提出先赴日考察后再就学校司职的要求,袁世凯则应允先就学校司职后再赴日考察。严修不得不屈从袁世凯的意图,于三月二十四日(1904 年 5 月 9)接任直隶学校司事。② 次月中旬,严修终于得以踏上赴日考察的第二次征程,临行时不忘带上严家"新式塾师"张伯苓。此次赴日考察,可谓任务繁重。一是纯粹的学务考察,主要有参观学堂、文部省听讲、与日本教育家交谈等活动;一是为直隶学校聘请教习及购买教具、教科书等。其中东京高等师范学校附属小学校教学观摩及文部省听讲占据了考察的大部分时间。严修及张伯苓等一行先后在高师附属小学校进行的教学观摩达七次之多;在文部省的听讲一共开展过十次,接近半个月的时间。讲座由文部省参事松本主讲,主要内容及安排(见表 2 - 17 所列)。

表 2 - 17　严修第二次东游时文部省听讲简况

听讲次数	听讲时间	听讲内容
第一次	五月初八日(6 月 21 日)	文部建设之大制
第二次	五月初十日(6 月 23 日)	文部各员之职掌、各县市郡町村之规制
第三次	五月十一日(6 月 24 日)	小学校之大略及征税法兼说年龄户籍
第四次	五月十五日(6 月 28 日)	小学校学龄就学与科目时间、教科书等类
第五次	五月十七日(6 月 30 日)	学校建筑及教员检定

---

① 参见刘民山:《严修与近代中国教育》,《历史教学》,1994 年第 12 期。
② 严修自订,高凌雯补,严仁曾增编:《严修年谱》,齐鲁书社 1990 年版,第 152 页。

（续表）

听讲次数	听讲时间	听讲内容
第六次	五月十八日（7月1日）	教员诸事宜
第七次	五月二十一日（7月4日）	学制：幼稚园、盲哑学校及类似诸小学校之大略，又讲半日学校及二部教室之大略
第八次	五月二十二日（7月5日）	实业学校之概略
第九次	五月二十三日（7月6日）	实业学校甲、乙两种
第十次	五月二十四日（7月7日）	实业学校

备注：除参加以上十次文部省讲座外，严修等还在东京高等师范附属小学校聆听了佐佐木教授关于"教科书编纂法"的讲座。讲座内容为：教科书编纂法、修身书编纂法（1. 诸方案；2. 略；3. 日本于修身书编纂史；4. 教授时数）、读本编纂法（1. 欧美读本材料变迁史；2. 日本读本材料变迁史；3. 读本教材选择标准）、习字帖编纂法（1. 字式之大小；2. 教授时数）、算学（与）唱歌之时间。

此次讲座的内容较为丰富，不但对严修在天津普通教育、师范教育及实业教育的实践活动具有极强的指导意义，同时还对严修在学部任右侍郎期间的主张和作为有着一定的理论影响。

在本次考察过程中，严修还与时任东京高等师范学校校长的嘉纳治五郎就直隶教育乃至中国教育进行了深入交谈，尤其是关于教育行政问题的讨论甚为详细，嘉纳治五郎建议：

> 小学、中学同时举行，不必候小学毕业再立中学也。择年龄之长入中学，中学之课程不过视小学略高。师范学堂先立寻常者，其高等者可缓，不必同时并立，俟有进步，其中可分为寻常、高等两部。程度再高，然后改为高等未晚也。但师范学堂中可附设教员养成所及补习所之类。外国语学校当立，然必选本国之文也，通者入之。留学日本者除速成外必须在本国预备日语五年。视学最要，教科书最要。总长以下有副之者，略如文部之次官，次官以下又一人辅之，有此三人则责任有属而事毕举矣。总长去则次官。总之，如是则方针不至屡变。①

嘉纳治五郎的以上见解并非理论空谈，而是来自于两年前他对中国教

---

① 严修撰，武安隆、刘玉敏点注：《严修东游日记》，天津人民出版社1995年版，第225页。

育的实地考察与认真思考。光绪二十八年六月（1902 年 7 月），嘉纳治五郎曾到中国实地考察教育。事后发表了许多关于中国教育改革的著名文章，如《支那教育问题》《代筹中国教育》《清国教育上的视察》《清国教育谈》《清国教育私议》等，为中国教育改革如学制建设、师范教育、普及教育等方面提出了许多宝贵的意见和建议。嘉纳治五郎这次谈话中涉及的"小学、中学同时举行""师范学堂先立寻常者""视学最要""教科书最要"等观点，均成为严修开展直隶教育改革的重要参考意见和建议。

严修此行还购买了不少国内罕见的教具，如风琴两具，教科书二十二包、手工标本四份、用具二份、纸料等一份等。[①] 在延聘日本教习时，严修始终本着严肃认真的态度，与日本方面进行多次协商。如在聘音乐教习时，就曾与渡边龙圣有过分歧。渡边曾向严修介绍过山松鹤吉、芝本为一郎、多田梅雄、吉田信太、铃木米次郎、永井勇助等人赴中国任音乐教习。在数人当中，渡边"盛称多田梅雄之耳音"，认为是最为合适的人选，"而余嫌其口吃不便于教人。余意属铃木米次郎，渡边谓其耳音弗善"，但渡边认为，"山松鹤吉学问极优，唯性情是否躁急当须考察"。[②]

与第一次赴日考察归国后一样，严修继续将考察的收获转化到开展天津教育实践的活动中去。以下是严修两次赴日考察归国后所开展的教育实践活动列表，由此可见，严修的赴日考察教育活动在天津教育发展史上的重要地位。

表 2-18　严修两次赴日考察归国后在天津开展的教育实践活动举概[③]

时间	具体实践活动
1902—1903	创办严氏女塾，并聘请日本人来家教授日语、音乐、工艺等课程
	与林墨卿、王寅皆共同创立天津第一所民立小学（民立第一小学堂）
	创办民立第二小学，并在天津县政府的敦请下，协助官方办起官立小学三处
	筹设工艺学堂一所

① 严修撰，武安隆、刘玉敏点注：《严修东游日记》，天津人民出版社 1995 年版，第 218、212、236 页。
② 严修撰，武安隆、刘玉敏点注：《严修东游日记》，天津人民出版社 1995 年版，第 235～236 页。
③ 此表根据严修自订，高凌雯补，严仁曾增编，王承礼辑注，张平宇校校的《严修先生年谱》及王金霞著《河北与中国教育早期现代化》（河北大学 2006 年博士学位论文）编制而成。

（续表）

时间	具体实践活动
1904—1905	创办私立敬业中学（南开中学前身）
	改严氏女塾为严氏女学，开设英文、日文、数学、物理、化学、史地等课程
	设保姆讲习所，培养幼儿教育师资，聘请日籍女教师大野铃子主持；设蒙养院（一年后改名幼稚园），供讲习所学员实习之用
	继续发展民办小学达19所
	创立天津府中学堂、师范学堂、如意庵官立中学堂等
	成立天津教育研究所，进行教授法的研究
	创设保定初级师范学堂、科学馆、研究馆
	筹设宣讲所创办《学务报》，编辑《直隶教育杂志》、中小学教科书，并推行全省

小　结

　　清末新政十年是中国教育现代化的重要发展时期，亦是中国近代教育制度化时期。其制度化的重要标志有：确立了近代中国第一个学校系统——《壬寅·癸卯学制》，厘定了近代中国第一个教育宗旨——"忠君、尊孔、尚公、尚武、尚实"的五项教育宗旨，建立了从中央到地方的系统教育行政机构。以《壬寅·癸卯学制》为制度保障，以五项教育宗旨为发展方向，在各级教育行政机构的职能运作下，清末新政时期的教育取得了阶段性的成果，不仅在普通、师范、实业等教育内容方面获得了前所未有的发展，在教学方法和教学组织形式方面也有了新的突破，如班级授课制及赫尔巴特教学法在新式学堂的试验与推广。这一系列的教育改革成果无一例外地受到日本教育的影响，尤其是中国教育界人士赴日教育考察活动的影响。因此，可以毫无疑问地说，清末新政时期的赴日教育考察活动是推进中国教育现代化的重要因素之一。

　　第一，推动了全社会兴学风气的形成。清末新政时期赴日教育考察活动参与者的身份各异,既有接受中央政府派遣者,如吴汝纶与 1906 年提学使赴日考察团等;又有接受地方政府派遣者,如罗振玉、严修、缪荃孙及各地方知州府县官员;还有自费赴日教育考察者,如张謇、侯鸿鉴等,另有接受民间教育机构派遣者,如江苏教育总会派遣的杨保恒、俞子夷、周维城等。这些身份各异的考察者一方面通过自己的考察日记介绍日本教育富国强民的历史现实,另一方面通过自己回国后的实践活动进行新式教育实验,分别从不同层面推动了清末全社会兴学风气的形成。

第二,促成了近代中国第一个学制——《壬寅·癸卯学制》的建立。清末新政时期正是中国教育走向制度化时期,其突出的变化就是建立了近代中国的第一个学制。新政伊始,中央教育部门便将出国教育考察作为制订学制的重要手段之一。于是清政府一方面组织学制拟定"委员会",一方面派员东渡考察日本教育制度。《壬寅·癸卯学制》就是在这样的背景下产生的。新确立的学制将已经设立和即将设立的各级各类学校纳入正规系统,使得新式教育的发展有章可循。但新确立的学制还需要不断地试行与调整,于是赴日教育考察者将考察日本教育所得运用到多种形式的教育改革活动中去,通过不断的研究与实验,仓促之际确立的学制得到不断的补充与完善。

第三,促成了近代中国第一个教育宗旨——忠君、尊孔、尚公、尚武、尚实五项教育宗旨的出台。光绪三十一年(1905 年),中国近代第一个独立行使行政权力的最高教育行政机构学部成立以后,便致力于拟定指导新式教育发展方向的基本方针。由于在直隶地方教育事业的突出贡献,严修被授命为学部右侍郎一职。鉴于学部初创之时,正是教育改革和发展的大好时机,为学部乃至全国教育拟订一份教育宗旨成为严修上任之初的一大宏愿。在两次东渡日本考察的过程中,严修已经初步形成了关于教育宗旨的一些想法。在严修看来,日本国富民强的基础在教育,而教育发展的关键在明定宗旨,"无论富贵贫贱、男女长幼,咸能知书通大义,究其所以,亦曰明定宗旨,极力推行而已","今中国振兴学务,固宜注重普通之学,令全国之人,无人不学,尤以明定宗旨,宣示天下为扼要之图"。[①] 光绪三十二年三月初一日(1906 年 3 月 25 日),严修拟订"忠君、尊孔、尚公、尚武、尚实"五项教育宗旨上奏朝廷,"窃谓中国政教之所固有,而亟宜发明以拒异说者有二:曰忠君,

---

① 严修自订,高凌雯补,严仁曾增编:《严修年谱》,齐鲁书社 1990 年版,第 180～181 页。

曰尊孔;中国民质之所最缺,而亟宜箴贬以图振起者有三:曰尚公,曰尚武,曰尚实"。[①] 是日清廷即以上谕的形式将五项教育宗旨正式颁布。

第四,推动了地方新式教育事业的发展。清末新政时期赴日游历活动中的大多数是由地方政府派遣的,其中尤以张之洞治理的湖北、袁世凯治理的直隶、刘坤一及端方治理的江苏为最。正是由于积极开展赴日教育考察活动及其相关的教育改革活动,湖北、直隶及江苏的教育发展走在了同时期其他省份的前列。如湖北在全国率先开展赴日游学、游历活动,并为全省学校教育拟定学制;直隶积极开展赴日教育考察活动,力谋普通国民教育的发展,在开展劝学、导学方面为其他省份起了模范带头作用;江苏积极派遣赴日教育考察者学习日本的教学法及教学组织形式,在本省进行的赫尔巴特教学法及单级教授法的研究后为其他省份所效法。在湖北、直隶及江苏的带动下,清末兴学运动才得以在全国范围内全面铺开。

清末新政时期的赴日教育考察活动是推动中国教育现代化的主要因素之一。这是近代中国学习日本以发展本国教育所取得的重大成果,但是一味全面地学习日本必然导致忽视本国实情的过度模仿的后果,这也在所难免。因此,民国成立以后,扭转清末新政时期一味学习日本教育的局面成为民国初期教育改革最重要的课题。

[①]　舒新城编:《中国近代教育史资料》(上册),人民教育出版社 1981 年版,第 217 页。

第三章　民国前期出国教育考察与中国教育改革(1912—1922)

　　辛亥革命后,新成立的民国教育部一方面在清末已有教育成果的基础上继续发展新式教育,另一方面则致力于扭转清末时期一味学习日本的局势。首任教育总长蔡元培上任伊始即指出:"至现在我等教育规程,取法日本者甚多。此并非我等苟且,我等知日本学制取法欧洲各国。唯欧洲各国学制,多从历史上渐演而成,不甚求划一,而含有西洋各国之制而折中之,取法于彼,尤为相宜。然日本国体与我不同,不可不兼采欧美相宜之法。即使日本及欧美尚未实行,而教育家正在鼓吹者,我等亦可采而行之。我等须从原理上观察,可行则行,不必有先我而为之者。"[①]此种办理新式教育的理念奠定了民国时期教育改革取法于外的基调。美国、英国、法国、德国、俄国、瑞士、丹麦等欧美国家及日本、菲律宾、新加坡等亚洲国家,都在教育考察之列,教学法、职业教育、师范教育、高等教育、童子军教育、美术教育、体育教育等均曾被列上考察日程。因此,民国前期的出国教育考察活动无论在范围上还是在内容上都远远超出了清末新政时期。

第一节　民国前期出国教育考察活动概述

一、出国教育考察活动的重启

　　民国时期最早的一次出国教育考察活动仍是东渡日本。1913 年 1 月,江苏省视学员邹楫、张树勋二人受省教育司的委托赴日考察教育行政,在日

---

　　① "全国临时教育会议开会词(1912 年 7 月 10 日)",高平叔编《蔡元培教育论著选》,人民教育出版社 1991 年版,第 17 页。

考察40余日,归国后编成《日本教育考察报告书》,并在省内有关教育场所就考察结果进行公开讲演,①重新开启了由于政体更迭和战乱而暂时中断了的中外教育交流。同年6月,北京女子师范学校校长向教育部请示,派赴教员赴日考察女子师范教育事宜。次月,该校学监主任胡周辉偕同另外两名教员赴日考察,归国后提交《北京女子师范学校派赴考察学务报告》。② 三个月后,即1913年10月,江苏省教育会派出民国时期第一批赴欧美教育考察团:由江苏省第一师范附属小学教员俞子夷受命前往美国,会同时在美国哥伦比亚大学师范学院攻读博士学位的郭秉文、陈容一道考察教育,考察内容以小学和师范教育为主。之所以选择俞子夷为考察团员并兼任团长,是因为俞子夷在教授法上素有研究,并曾受益于出洋考察。早在宣统元年(1909年),时任川沙青墩小学教员的俞子夷就受江苏省教育会的委托,随同杨保恒、周维城、胡宝书③等前赴日本考察小学教学法,尤其是"单级教授法"。回国后,俞子夷等在上海创设单级教授练习所,面向全国招收学员进行教员培训,推广单级复式的教学形式和方法。"四人考察团,好比抬一乘绿呢官轿,接来了单级教授法,并大张旗鼓、演了两台庙戏(即举办了两届单级教授练习所——引者注)"。④ 在这次赴美教育考察过程中,俞子夷同样是以小学教学法的观察和研究为主,据其回忆:"1909年的考察团输入了单级、复式、二部的教法,1913—1914年的考察团输入的不限设计教法……1909年的考察,目标专一,范围确定,而且日本已有成熟的一整套教法,同时亦巩固、推广了五段法。四年后的考察,范围广泛,无所不包,教法方面没有现成的一整套。"⑤在中国教育史尤其是中外教育交流史上,学者们较为看重俞子夷的"三人考察团",而相对忽视了邹榑的"二人考察团"和胡周辉的"三人考察团",究其原因主要是民国时期赴日考察仍是清末教育考察的继续,虽然在清末的最后几年,赴日教育考察活动出现低谷,但"日本学务时有改良,宜随时调查以资取法"。⑥ 因此,赴日教育考察活动始终没有终止。而1913年的

① 参见《江苏教育行政月报》第二号(1913年2月)、第九号(1914年1月)。
② 参见《教育杂志》第五卷第十号(1914年1月),"大事记"。
③ 杨保恒时任上海龙门师范学校教员兼附属小学校办事员;周维城系通州师范毕业生;胡宝书为苏州长元吴半日学校教员,自愿随考察团自费赴日考察。
④ 董远骞、施毓英编:《俞子夷教育论著选》,人民教育出版社1991年版,第470页。
⑤ 董远骞、施毓英编:《俞子夷教育论著选》,人民教育出版社1991年版,第485页。
⑥ 《教育杂志》第二年第九号(1910年9月),"大事记"。

俞子夷考察团之行,却是近代以来赴欧美国家进行专门教育考察的先例,"其意义不仅在于推动了国内对教学方法改革的重视和教育实验活动的蓬勃开展……而且,它把考察重点放在欧美国家这一事实本身,在辛亥革命后中国教育面临重新选择'效法'榜样的历史转换时期,具有重要的导向作用"。①

二、出国教育考察活动的言策

(一)民间教育人士的呼吁

自1915年新文化运动以来,科学与民主的两面大旗挥去了封建教育的阴霾,教育界开始以较为健全的开放心态,关注日本以外的世界其他发达国家的教育现状及未来发展趋势,以期为中国新教育的发展寻找新的出路。1913年受江苏省教育会委托赴欧美考察教育的郭秉文在考察后指出,欧美各国每年派员或派团赴他国进行教育调查,同时又有常驻员常驻他国进行随时调查,就连在校学生亦各自结成团体赴国内外各地为实地之观察研究,以此作为教育改良的重要方法。② 由此,他呼吁国内教育人士仿效欧美各国派员出国考察教育。1915年7月,江苏教育家侯鸿鉴在《教育杂志》上发表《对于欧战后之吾国教育计划》一文,提出"派遣学识兼备之人资遣外国游历考察关于教育行政上各事宜"的建议:

> 各省自治机关取消以后,官厅之教育行政既无可恃之设施,各处之地方教育,又几一败坠地,泄泄沓沓之风、将就敷衍之态,已随地皆然矣。夫人才以学识为主,办事以切实为要……身为教育科长而无真实之学识,马驮千金,鞭策前进,有一步不可行之势,身为教育科员而无普通之智能,坐忘一室,承转文牍,有孰视若无视之情,不学之害若是,教育复何望哉?今唯于教育行政界中采访较有学识,熟于外国语言者,每省资派三四人,往东西各国考察教育行政事宜,定以一年或半年为期,考察回国后讲说所得,输入一般教育行政智识于现在教育行政人员,是亦亡羊补牢之计也。③

侯鸿鉴对于民国初期地方教育行政的清楚认识与有力针砭源于其在长

---

① 田正平:《论民国时期的中外人士教育考察——以1912至1937年为中心》,《社会科学战线》,2004年第3期。

② "特别记事·记江苏省教育会第三次演讲会",《中华教育界》第三卷第九期(1914年9月)。

③ 侯鸿鉴:"对于欧战后之吾国教育计划",《教育杂志》第七卷第一期(1915年1月)。

期教育行政工作中所积累的经历。光绪三十二年(1906 年),自日本学成回国已两年有余的侯鸿鉴充任江苏省视学。通过教育视察,侯鸿鉴成功解决了江苏省内的一些实际教育问题,如"靖江学务"案①,并在此基础上形成了有关教育行政方面的初步思想。民国初年,时任无锡县教育会会长的侯鸿鉴奉教育部之命,到东三省和河南、陕西、甘肃、山西、内蒙古、台湾等地视察教育。在视察过程中,侯鸿鉴对民国初期教育行政所存在的松懈和空疏之风感触极深。于是他向教育部建议派遣人员出国考察教育行政事宜,以期提高本国教育行政人员的智识。

(二)各类教育会议提议

1915 年后由各省发起组成的全国教育会联合会以及不断召开的各类教育会议,均致力于研讨如何借鉴国外教育经验发展中国教育的议题。1915 年 8 月,全国师范学校校长会议在北京召开,教育部采录会议议案八条,其中"资遣师范学校职教员游历办法"为采录议案之一。该议案由时任北京高等师范学校校长陈宝泉建议。在议案中,陈宝泉首先指明派遣师范学校职教员游学、游历对于我国师范教育发展的诸多利端:"一、经验与学问相调和,可以免偏重之弊;二、教育者有所希冀,则热心从事之人日增……四、游学、游历之人日多,则内外知识可以互相交换;五、促师范教育之进行,则国民教育之根本自固。"其次,议案还就派遣资格、名额及其他事项做出了具体规定:"高等师范及师范学校职教员尽职在三年以上,成绩优良,得资遣游学或游历。其资遣之名额,高等师范由教育部指定;师范学校由各省指定……游历时得组织游历团体,使各职教员互相补助;游历团体得于游历所在地开设讲演会,以资研究;游历者应将研究或调查之成绩,按期报告原校;游历于期满时,应回原校担任职务,如有于期限内改就他职者,应将原用各费偿还。"②此次建议虽没有明确提出考察国别,但随着民国初期相关人士对欧美教育

---

① 清末时期正值中国新旧教育转型之际,因"抽捐办学",或者罚没庙产等导致的学校与社会间的纠纷时有发生。1908 年 8 月,江苏靖江发生学务纠纷后侯鸿鉴奉命处理。通过调查并召集各方代表召开学务会议,侯鸿鉴婉言相劝纠纷双方明辨国家公利与地方利益之轻重,终于使他们达成兴学共识。此次会议后,侯鸿鉴制定了整饬靖江学务的五项改良政策:即甄别师范,统一城乡小学各科教科书,推行劝学所管理办法,制定各校教职员工的资薪、权限、任期,改良高等小学的办学条件。这些政策经江苏提学使授意后以《靖江学务实行改良政策》为名印刷出版,并推行各地劝学所以资参考。

② "资遣师范学校职教员游历办法",《中华民国史档案资料汇编》,中国第二历史档案馆编第 3 辑(教育),江苏古籍出版社 1991 年版,第 710～711 页。

的关注和介绍,欧美教育逐渐为教育界人士所"耳闻",因此欲对欧美教育行以"目见"的呼声越来越强烈。

1918 年,第四届全国教育联合大会在湖南召开,会员沈恩孚等提议"各省区每年派员考察国外教育案",并最终将其确立为该次会议决议案之一。该案以派员出国教育考察为教育进步之捷径,指出"世界进化原理,不外新陈代谢"。"日本勃兴,以求知识于世界一语,为维新之基础。我国教育界宜本此意,每年由省区选派富有教育经验、现居教育重要职务之员,周历文明先进各国,考察最新教育办法,俾回国后赞画本省区教育之进行,庶几教育精神得新陈代谢之作用,而其效果亦可与年俱进。"同时拟出具体办法如下:

第一条,考察员以考察各国教育、改良国内教育为宗旨。

第二条,考察员每年由省区教育行政长官征取该省区教育会意见,于本省区内富有教育经验、现居教育重要职务者选派之。

第三条,考察员每省区每年应选派一至三人,量本省区之财力定之,其考察目的及事项,亦有本省区自定。

第四条,考察期至多一年,每年以暑假内为出发期。

第五条,考察员出发前之六个月,应将本省区所定之目的及事项通告各省区教育会。如目的及事项相同者,得合组出发。其合组办法临时定之。

第六条,考察员旅费由教育部酌定标准,咨行各省区,列为经常费按年支给。

第七条,考察员回国后,应详细缮具报告书,分别陈由教育部及本省区教育行政长官鉴核,并负赞画本省区教育进行之责任。

第八条,本案经教育部核准后,通行各省区施行。①

1919 年 2 月教育部发布第五百零五号训令,指出全国教育会联合会议决的"各省区每年派员考察国外教育案"及其"所拟办法甚属切要",通令各省教育厅、京师学务局分别施行。②

继高等师范校长会议和第四届全国教育会联合会之后召开的全国中学校校长会议(1919 年),也有关于出国考察的提议。此次会议议决案第二十

---

① 邰爽秋等编:"第四届全国教育会联合大会议决案",第 6～7 页,《历届教育会议决议案汇编》,教育编译馆 1935 年版。

② 《教育公报》第六年第二期(1919 年 2 月),"命令"。

二条即为"请选派中学教员赴各处考察中学教育案"。此案由广东会员何建吴建议,其主旨是仿行全国高等师范学校校长会议议决派赴欧美教育考察团,具体内容如下:

> 中学教育,关系重要办学人员,宜周知本国内情,尤须考求世界新法,期与各国教育为共同之进步。然百闻不如一见,欲研求教育最近状况、学术最新发明,非亲到各地详细调查,未易得其真相。查本年全国高等师范学校校长会议议决,明年暑假联赴美国考查,经呈大部批准,本会自可仿行。唯中学校校数较多,所有选派人员,支给旅费,以及考察地点期限,均应由各省区长官酌定陈保大部备案。①

直到 1926 年,已经数年没有提及的有关出国教育考察的议题在第十一届全国教育会联合大会再次被提及,即大会议决案第十四条"组织国内外教育考察团并确定经费案"。因此案是再次提及,除重新强调教育考察的重要性以外,已无新增内容,"因第四届全国教育会联合大会议决'各省区每年派员考察国外教育案',业经详明规定,无重行立案之必要,公决将本案变更为催促实行本会第四届'各省区每年派员考察国外教育案'议决案,并根据该案各条文,分别考察国内教育,以资借镜而收联络发展之效"。②

三、出国教育考察活动的类别

(一)赴日教育考察

1. 赴日教育考察活动概观

1913 年 2 月,江苏教育司委托省视学邹樨、张树勋二人赴日考察教育行政,重新开启了由于政体更迭和战乱而暂时中断了的中外教育交流,这是民国时期的首次赴日教育考察活动。同年 6 月,北京女子师范学校校长向教育部请示,派赴教员赴日考察女子师范教育事宜,次月,该校学监主任胡周辉偕同另外两名教员赴日考察,归国后提交《北京女子师范学校派赴考察学务报告》。③继此之后,国内各地方及民间教育机构也陆续派员赴

---

① 邰爽秋等编:"全国中学校长会议议决案民国八年",第 37 页,《历届教育会议议决案汇编》,教育编译馆 1935 年版。

② 邰爽秋等编:"第十一届全国教育会联合大会议决案",第 17 页,《历届教育会议议决案汇编》,教育编译馆 1935 年版。

③ 参见《教育杂志》第五卷第十号(1914 年 1 月),"大事记"。

日考察各项教育。尤以江苏省为最,见表3-1。北洋政府时期是江苏教育界出国考察活动较为活跃的时期,"本省为谋教育上之改良,以省款为国外之考察者屡矣,或委派,或委托,或常任,或临时。每届考察之目的不同,而事项地点也因之而异"。① 据江苏省公署教育科1916年统计,1913—1915年,由江苏省教育会和教育司派出的考察团共计九次,仅赴日考察就占五次。

表3-1 民国初年江苏教育司及江苏教育会派遣出国考察教育活动简表(1913—1915)②

考察团	事项	考察者		考察时期	考察费	出发年月	报告	备注
		人数	姓名					
欧美	英、美、荷、比、德、俄 学校教育	3	陈容、郭秉文、俞旨一(子夷)	1年	7200元(银圆)	1913.10	书一	陈容、郭秉文留美学成将返国,俞旨一时充省立第一师范附属小学主事,特一并委派会同考察
	美 女子教育	1	胡彬夏	3月	300元(美元)	1914.1	未	胡彬夏留美甫毕业,由教育部派赴万国幼儿幸福研究会,本省特派兼任考察
	美 各项教育	1	吴竞	1年	5300元(银圆)	1914.10	未	吴竞系帮办保管巴拿马赛会出品事宜委员,特委派兼任考察
	美 社会教育	1	黄炎培	未规定	1000元(银圆)	1915	书一	黄炎培系农商部特派赴美考察实业团员之一,特委托代为考察教育

① 江苏省公署教育科编:《江苏教育近五年间概况》,江苏省公署1916年印行,第15页。
② 参见"江苏省教育司在全国教育行政会议上关于近五年间教育概况汇报,1916年11月1日",中国第二历史档案馆编《中华民国史档案资料汇编》,第3辑(教育),江苏古籍出版社1991年版,第653页。

（续表）

考察团	事项	考察者		考察时期	考察费	出发年月	报告	备注
		人数	姓名					
日本	各项教育	1	袁希洛	常任	100元（银圆）（以月记）	1913.1	随时通函	袁希洛系留学经理员，照章兼任常任调查教育委员，不久即辞职
	教育行政	2	邹楣 张树勋	40日	300元（银圆）	1913.2	书一	邹楣、张树勋系省视学员，特委派考察
	农业教育	5	孙观澜 王舜成 吴桓如 章孔昭 汪以敬	1个月	840元（银圆）	1914.1	未	时王舜成等组织赴东考察农业团，特委派考察教育
	留学状况	1	袁希洛	2个月	600元（银圆）	1914.6	书一	时留学经理员已久未续派，特委袁希洛为临时之考察
	各项教育	1	陆规亮	常任	100元（银圆）（以月记）	1915.4	随时通函	陆规亮初为临时调查留学委员，旋升为经理员兼充常任调查教育委员

与之相对应，教育部也多次发文要求和实际组织赴日教育考察活动：1914年7月25日，教育部发文委托赴日游历员，就近考察日本中小学设备、规制、教科管理及训练方法，"日本中小学校，办理向称完善，近年增进尤速。亟应详加考察，以资考镜"。① 1916年至1918年间，教育部数次派遣赴日考察团出行：1916年10月，派遣参事汤中赴日考察教育制度；1917年1月8日，派遣黄炎培、蒋维乔、陈宝泉、郭秉文等赴日考察职业教育；1917年5月，派遣黄炎培、林鼎华赴日本、菲律宾、新加坡等国考察职业教育、华侨教育；1918年2月，派遣钱家治、林锡光、彭世芳、洪彦远等赴日考察普通教育，等等。为了进一步加深教育界对日本教育的多方面了解，1917年1月26日，

---

① 《教育杂志》第六卷第六号（1914年9月），"大事记"。

教育部还专门制订了留日师范生在日教育考察的政策,通令各省留学日本东京、广岛高等师范学校的毕业生,于毕业前一学期,考察日本的各类教育状况。具体内容如下:

> 驻日留学生监督将其履历及学科先行开列具报,由部就该国教育状况指定事项,令其分途考察,期以三个月为限,务令该生等本所耳闻,征之目见,随时随地记录,不厌求详,一事一物,研究必观其要,不得专以毕业时与该国学生一同参观,便竣厥事。果能于此延期,考察中确有心得,他日回国从事教育、教授管理,既有取资之方,计划设施,必无畸偏之弊,其所裨益,当非浅鲜,至关于报告及旅费,应即按照选派留学外国学生规程第五第七条参酌施行。至女子高等师范毕业生,亦准一律照办。[①]

2. 赴日教育考察活动特征

民国前期的赴日教育考察活动既不同于"黄金十年"的集中与密切,又不同于对立时期的零散与狭隘,尤其是与"黄金十年"相比较,这时期的考察活动显示出诸多不同的时代特征。

一是赴日教育考察人员构成的变化。清末新政时期,形形色色的考察队伍或人员纷纷东渡日本,然而除了吴汝纶、罗振玉、严修及部分省提学使具有一定的教育教学经历或经验外,多数考察人员对新式教育知之甚少,更多东游者则是鉴于日本教育兴国的经验才在政治或宪政考察过程中对日本教育的参观产生兴趣。因而赴日考察对他们来说,仅仅只是增加新式教育的感性认识,根本谈不上对新式教育各方面的研究。不过,这对于刚刚起步并逐渐发展的新式教育来说,毕竟是有一定促进作用的。然而,当新式教育发展到一定程度并逐渐要求符合本国教育实际情况的时候,对教育理论和方法的科学研究则成为教育发展的必然任务与趋势。这就势必要求考察成员自身需要具备一定的教育理论基础及教育教学经历或经验以提高考察的效率与质量,因此,民国时期赴日教育考察的成员理所当然地要肩负如此重任。如教育部曾先后派遣汤中、钱家治、林锡光、彭世芳、洪彦远等部员赴日本考察教育,为酝酿中的新学制提供参考;黄炎培数次赴日本考察职业教育,为民国时期的职业教育建设出谋划策;江苏省教育司两任驻日常任调查教育委员袁希洛、陆规亮,先后驻日数年之久,及时向江苏省及国内教育界

---

① 《教育杂志》第九卷第三号(1917 年 3 月),"大事记"。

人士介绍日本最新教育状况以供国人参考与研究;北京女子师范学校、江苏省立第一、第二、第三师范学校等教育机构多次派遣教学及管理人员赴日本各学校进行教育考察,为本校及各类师范教育及管理提供经验;各省留学日本东京、广岛的高等师范毕业生也曾受到教育部通咨,要求于毕业前一学期考察日本的各类教育状况,加深教育理论与教学实际的联系。综上所述,此时赴日教育考察的成员基本上囊括了中央教育部门、地方教育行政机关、各级各类学校及留日学生等多个领域,为深入研究中国教育现状及未来发展提供了多方位的参考资料和理论依据。

二是加深了对日本教育的了解与研究。与清末新政时期赴日教育考察相比较,尽管参观各类学校依然是考察的重点所在,但参观前的充分准备与参观后所得经验与理论的分析却成为此时期考察的重要成果及显著特色。如北京女子师范学校于1913年6月派遣胡周辉等三人赴日考察之前,曾专门集合各级生徒于讲堂布告考察宗旨,并召开职员谈话会讨论考察事件。到会者各抒己见,以补助出发者之所不及。① 1919年,教育部视学钱家治、彭世芳二人赴日调查日本教育时,教育部曾就此次考察的内容及范围提出十个问题,并加两个附件,经过教育同仁次第研究后,最终将“欧战发生后对于教育之方针”②定为第一问题,要求钱家治、彭世芳在日考察时务必与日本文部省及教育家专门讨论此问题。考察人员于考察之后对日本教育的认真分析与总结,也是此时教育考察的一大特色。胡周辉在总结考察日本教育后的心得时,曾提到日本学校教育的良法美意主要表现在以下几个方面:一、责任明确;二、注重设备的充分与便利;三、注重记载学校之历史严格;四、注重写生、家事等实用课程,以培养学校的动手能力;五、注重学校与家庭、肄业生与毕业生的联系。③

民国时期是各类刊物发行的一个高峰期,教育类的刊物也如雨后春笋般接踵而出,《教育杂志》《中华教育界》《新教育》《教育公报》《教育研究》等重要教育刊物,都曾专版刊载考察人员的考察记录(见表3-2),其他综合类刊物如《东方杂志》《申报》等,也曾刊载部分考察人员的考察报告。考察者

---

① 参见胡周辉:《北京女子师范派赴日考察校务报告》,《教育杂志》第五卷第十期(1914年1月)。

② “钱视学家治调查日本教育报告”,《教育公报》第五年第十四期(1918年12月)。

③ 参见胡周辉:《北京女子师范派赴日考察校务报告》,《教育杂志》第五卷第十期(1914年1月)、第五卷十二期(1914年3月)。

归国后的考察报告与记录频繁见之于以上报刊,有的文章甚至是同时或先后发表于不同的刊物,并集结成册,以引起国内教育界的广泛视听。如胡周辉、侯鸿鉴、陆规亮、庄俞、黄炎培等人的考察文章屡见于《教育杂志》及《中华教育界》,其中胡周辉还将其考察报告集结成《北京女子师范学校派赴日本考察校务报告》,王朝阳将其考察报告编成《日本师范教育考察记》,陈宝泉、黄炎培等将其考察报告集结成《考察日本、斐律宾教育团纪实》,周厚枢等将其考察报告集成《考察日本教育报告》等书册。更有一些教育机构在所派出考察人员归国之后,及时举办考察报告及经验交流会,其他教育机构则积极邀请这些考察人员赴本处演讲或讲演,如江苏教育会曾于 1913 年召集本省赴日考察教育的王朝阳、向颉垣、章鸿遇、吴宗瑷、马馨、陆济、顾鼎铭等教员开展"日本教育状况演讲会",1914 年邀请胡彬夏女士报告调查美国女子教育状况,1915 年邀请邓萃英讲述日本学务状况,1919 年邀请郭秉文召开报告调查战后欧美各国教育状况谈话会,总结并交流考察心得。

表 3-2　民国初期赴日本教育考察报告、记录或书册举概(1911—1922)

考察人员	相关文章	文章出处
詹书麟、吴铿	赴日修学旅行笔记	《教育丛刊》第二卷第七、八集
侯鸿鉴	日本大正博览会参观计略	《中华教育界》第三卷第二十四期
袁希洛	调查日本本岛中部各县郡教育状况记	《中华教育界》第四卷第十期
汤中	教育谈片	《教育公报》第四年第九期
陆规亮	日本北海道调查记——教育之部	《教育公报》第五年第十四期
钱家治、彭世芳	钱视学、彭视学调查日本教育报告	《教育公报》第五年第十四期
侯鸿鉴	参观东京研数学馆夏期讲习会笔记	《中华教育界》第三卷第二十三期
侯鸿鉴	偕大阪师范学校舍监长兼田喜藏之谈话	《中华教育界》第四卷第一期
顾树森	横滨名古屋商业学校之调查	《教育与职业》第三期
顾树森	日本青森师范学校附属小学附设农业补习学校农场实习概观	《教育与职业》第四期

（续表）

考察人员	相关文章	文章出处
李廷燮	日本神户兵库实业补习学校之调查	《教育与职业》第八期
宏君	日本学生的体育生活	《学生杂志》十四卷十二号
刘季洪	最近日本之社会教育	《民众教育月刊》第二卷第一期
朱廷	参观日本铅笔工场记	《教育与职业》第九期
胡周辉	北京女子师范派赴日考察校务报告	《教育杂志》第五卷第十、十二期
潘文安	参观日本学校笔记	《教育杂志》第六卷第六、七期
侯鸿鉴	记参观奈良女高师附属高女学及偕藤堂主事之谈话	《教育杂志》第七卷第五期
侯鸿鉴	记参观日本奈良高等女子师范及附属高等女校并偕野尻校长之谈话	《教育杂志》第七卷第四期
侯鸿鉴	述鹏桥源太郎之谈话及参观东京通俗教育馆记	《教育杂志》第六卷第九期
陆规亮	日本东京通俗教育馆之概略	《教育杂志》第七卷第八期
陆规亮	调查日本乡村小学日记	《教育杂志》第八卷第九期
陆规亮	日本北海道调查记	《教育杂志》第九卷第一期
陆规亮	日本北海道师范学校调查记	《教育杂志》第九卷第二期
蒋维乔	四大原动力说①	《教育杂志》第九卷第三期
蒋维乔	实业教育谈②	《教育杂志》第九卷第四期
陆规亮	东京第一高等学校茶话会记	《教育杂志》第九卷第五期

① "四大原动力说"系蒋维乔于1917年1月随同黄炎培等考察日本教育时记录日本东京高等师范学校教授佐佐木吉三郎的教育主张。四大原动力即国民之体力、道力（道德方面）、智力、金力（经济方面）。

② 此文记叙日本前任东京高等工业学校校长手岛精一先生之谈话。谈话内容为：一、宜谋实业家与实业教育家互相提携；二、实业教育分为人才教育与徒弟教育二徒；三、实业教育于行政方面亦须谋联络之法；四、注重职工补习学校。

（续表）

考察人员	相关文章	文章出处
陆规亮	日本秋田县立师范附属小学记	《教育杂志》第九卷第六期
庄俞	视察日本补习教育记	《教育杂志》第九卷第七期
贾丰臻	参观日本东京学校笔记	《教育杂志》第九卷第八期
庄俞	日本教育家之谈话	《教育杂志》第九卷第八、九期
庄俞	日本之幼稚教育	《教育杂志》第九卷第十期
陆规亮	东京第一高等学校寮事记	《教育杂志》第十卷第三期
李廷燮	调查日本职业教育报告	《教育杂志》第十卷第五、六期
贾丰臻	日本工业教育家手岛精一之历史	《教育杂志》第十卷第二、三、四、五、六、七期
叶中夏	考察日本教育玩具感想	《教育杂志》第十二卷第十一期
野鹤	日本广岛县师范学校教授状况	《教育研究》第一期 1913.5.10
顾倬	东游日记	《教育研究》第三、四、五期
陈纶	考察日本师范教育之报告	《教育研究》第七期
野鹤	日本兵库县之全日二部制教授	《教育研究》第十三期
沈玉	日本体育界之新潮流	《教育研究》第十五期
袁希洛	调查留日学生状况报告书之一节	《教育研究》第十七期
顾鼎铭	参观日本师范学校乐歌教授之概略	《教育研究》第十八期
李玉彬	东游纪略	《教育研究》第二十一期
邓萃英	邓萃英君之日本教育谈	《教育研究》第二十二期
陆规亮	日本通俗教育馆组织法及陈列品之概略	《教育研究》第二十三期
向颉垣	日本师范学校参观记	《教育研究》第二十八期
章鸿遇	参观日本师范学校之一斑	《江苏教育行政月报》第一号
吴宗瑷	调查日本小学教育近况报告	《江苏教育行政月报》第二号

（续表）

考察人员	相关文章	文章出处
马馨	调查日本教育状况报告	《江苏教育行政月报》第二号
陆济	日本视察体育报告	《江苏教育行政月报》第三号
袁希洛	日本各种教育之系统	《江苏教育行政月报》第四号
邹楫、张树勋	日本教育考察报告书	《江苏教育行政月报》第九、十号
陆规亮	调查日本乡村小学记	《江苏教育行政月报》第五年第十一期
陆规亮	日本北海道教育考察	《江苏教育行政月报》第六年第二期
汤尔和	东游日记	《东方杂志》第十五卷第二、三、四、五、六号
王朝阳	日本师范教育考察记	出版机构不详，1912 年版
蒋维乔、黄炎培、陈宝泉等	考察日本、菲律宾教育团记实	商务印书馆，1917 年版
张文蔚	日本师范教育考察记续编	出版机构不详，1919 年版
李步青、路孝植	考察日本实业补习教育记要	商务印书馆，1918 年版
河北省派遣教育视察团	考察教育日记	出版机构不详，1918 年版

三是考察的重点偏向于中小学管理、师范教育及实业补习或职业教育。民国时期赴日教育考察的重点与赴欧美教育考察的重点存在一定的区别，赴欧美教育考察的内容主要集中于高等教育、职业教育、华侨教育等领域，"以蔡元培、张伯苓、严修、范源濂、郭秉文、陈宝泉为代表的一批教育界人士出国考察更关注的是欧美国家的高等教育"，"以黄炎培为首的一批教育家赴南洋教育考察，则对我国华侨教育在海外和国内的开展，起到了重要的推动作用"。① 赴日教育考察则主要集中于中小学管理、师范教育、职业教育等方面。其原因可以归结为以下几点：一是日本在中小学教育及师范教育上大部分吸收了欧美普通教育的先进成果，并取得了一定的进步，是国内普通

---

① 田正平主编：《中外教育交流史》，广东教育出版社 2004 年版，第 515、518 页。

教育学习的必要榜样;二是赴日本考察路近费省,而赴欧美则需要相当的川资,如俞子夷、郭秉文、陈容考察欧美教育时花费7200元,黄炎培美国考察时花费1000元;而赴日考察教育者的花费均未超过1000元,袁希洛、陆规亮常任调查教育委员时每月费用标准均为100元。[1] 就此教育部曾制订考察国外教育旅费支付标准,"赴日本川资一百元,赴美洲川资四百元,赴欧洲川资六百元"。[2] 因此,对于占据全国教师队伍多数的中小学教员来说,日本无疑是应该优先考虑的考察之地。这也是赴日教育考察的普通教员及学生居多,而赴欧美考察的高级教育行政人员居多的原因之一。这些位居教学一线的教员在考察过程中十分关注日本的中小学及师范教育,如江苏省竞志女校创始人侯鸿鉴在考察日本教育时,十分注重对日本各类中小学及师范学校的参观与访问,曾三次与前宏文学院教育讲师鹏桥源太郎讨论国民教育、女子教育等诸多问题,如普通教育中的国民教育、小学编制方法、训育主义,女子教育宗旨(或主义)及女子教育中智育与德育的关系等。[3] 以中小学校训育为例,潘文安在参观日本学校时曾对此进行专门的记载:一是每教室均有修身作法实习图;二是每星期必举行朝会及个别训话;三是说明修身之教案例,其中材料如教科书、例话、训词、偶发事项、教育敕语、戊申诏书等,方法如教授时间、讲堂训话、成绩考查等;四是训练的实际要项主要包括姿势矫正、尚礼仪、服从规律、整理清洁、质素简约、敢为忍耐、指导他人迷惑、辅助他人困难、爱护公共物等方面。[4]

　　职业教育也是当时赴日教育考察的重要任务之一。民国初年,针对国内教育中普遍存在的学非所用、用非所学的脱节现象,黄炎培等教育界人士就曾发出倡导实业教育的呼声,然而如何开展此类教育并合理协调实业教育与普通教育的关系,则需在结合本国实际的基础上借鉴他国经验。因此对国内外教育及职业的考察成为发展国内职业教育的必然选择。黄炎培本人曾深有体会地说道:"吾辈业教育,教育此国民,譬之治病。外国考察,读

---

　　[1]　参见表3-1《民国初年江苏教育司及江苏教育会派遣出国考察教育活动简表(1913—1915)》。

　　[2]　"咨各省、区送部定考察国外教育旅费支给标准",《教育公报》第四百二十三号(1919年3月)。

　　[3]　参见侯鸿鉴:《述鹏桥源太郎之谈话及参观东京通俗教育馆记》,《教育杂志》第六卷第九期(1914年12月)。

　　[4]　参见潘文安:《参观日本学校笔记》,《教育杂志》第六卷第六期(1914年9月)、第六卷七期(1914年10月)。

方书也;内国考察,寻病源也。方书诚不可不读,而病之所由来与其现象不一研究,执古方治今病,执彼方治此病,病曷能已。"①正是本着这一原则,黄炎培在考察江苏、安徽、江西、浙江等地的农、工、商业教育之后,便开始考察美国、日本、菲律宾等国的职业教育,尤以日本次数为多,不仅在理论上为国内职业教育做出了重要贡献,同时也激发了国人赴日本考察职业教育的热情。1918 年 11 月 9 日,教育部发令派员考察日本实业补习教育。因此,民国时期赴日本考察职业教育成为一时风气。考察人员在考察过程中,充分利用机会参观日本各类实业或职业学校及其他机关,并与日本教育界人士就备受关注的职业教育与普通教育的关系进行深入讨论。如庄俞一行在考察日本教育时,曾就职业教育的相关问题与佐佐木吉三郎、波多野贞之助、桐渊勘然、菊池孙四郎、津田信郎、山下谷次、森田要作、坂本龙之辅、前田舍松、长尾薰等日本教育家谈话,深入探讨职业教育与普通教育的关系。佐佐木吉三郎(东京高等师范附属小学校主事)认为,普通教育为国民教育之根本,职业教育当在普通教育毕业之后人习一种,即寻常小学校毕业后,可入职工工艺徒弟学校或 2 种实业学校,高等小学毕业后,可入中等职业学校;波多野贞之助(东京高等师范附属中学校主事)也认为,近代之趋势,普通教育与职业教育渐相接近,故须实行实际的职业教育当在修毕普通教育之后,而于普通教育中注重职业陶冶,以立基础;千叶师范附属小学校主事森田要作则指出,普通教育养成不农不工不商之国民,既为国民,必须有一种技能,故普通教育应当注意职业上的陶冶。②

还需指出的是,通过考察日本教育用以了解世界教育动态也是此时期赴日教育考察的一大特征。自 19 世纪中期至 20 世纪中期,日本教育现代化的水平一直高于中国,日本人自己也认为,直至 1920 年,日本的"各种学校教育都得到了改进和发展,已经赶上了西方的先进国家"。③ 这与他们积极主动地学习西方先进教育理论与经验密切相关。正是从这种意义上说,将日本作为学习欧美等西方国家的媒介是推进中国教育现代化的一种重要途径,更何况日本教育界自近代以来就毫不间断地及时派员赴欧美国家考察

---

① 黄炎培:《黄炎培教育考察日记》(第一集),商务印书馆 1915 年版,第 1~2 页。
② 参见庄俞:《日本教育家之谈话》,《教育杂志》第九卷第八期(1917 年 8 月)。
③ 日本国立教育研究所编,张渭城、徐禾夫等译:《日本教育的现代化》,教育科学出版社 1980 年版,第 81 页。

最新教育情况。江苏省立第三师范学校校长顾倬(顾述之)于1914年考察日本教育时即感叹日本教育界的这种情形:"日本教育日新月异之原因,在能与世界共进化,国中之教育大家联袂络绎于欧美二洲之道中,凡欧美各国之教育状况时时能撷取其菁华,灌输本国而又务求合于本国之情势,故以后进之国而精神教育骎骎乎与诸先进国相拮抗。"①1913年,江苏省视学邹楫、张树勋考察日本视学制度时,正值视学官幣原坦从欧洲考察教育回国,幣原坦于是将考察时记载成册的欧洲各国视学制度、视学方法出示邹楫、张树勋阅览。将间接了解到的欧洲视学制度与实地考察所见的日本视学制度相比较,邹楫发现欧洲各国视学记录颇详,如关于建筑物及设备都一一记载,日本却不一样,"高级机关视学多用抽象的方法,无一定表式"。经过比较,邹楫认为这两种视学方式各有利弊,应该结合起来执行,"但其中亦互有得失,前者之利在条件可以详记,每不免流于机械的作用,后者之利在视察时得意志自由,但不无遗漏耳"。② 不仅"教育大家",即使是从事基础教育的日本中小学校长也能获得赴西方考察教育的机会。1919年,日本东京市教育会遴选市内小学校长等赴美考察教育,该考察团返国后发表的"视察美国教育之所感"一文立即被翻译成中文,并在《中华教育界》发表,其目的一方面是为国内提供美国教育的相关资料,另一方面则是倡议国内教育界效仿此类考察活动,"因叹吾国之涉太平洋而考察新大陆之教育者,高等专门学校校长团且寥寥不可多观,小学更安足云。不佞译此,固欲间接输入美国之小学教育状况,亦冀国中之掌小学教育者有以奋起焉"。③ 1921年,日本广岛高师教授长田新赴英国、美国、德国、法国、比利时、意大利、荷兰、瑞士、西班牙、丹麦、瑞典等十余国考察教育一年有余。归国后,长田氏将欧美各国教育评说,并与日本教育做比较,以视察访谈的形式发表于日本《太阳》杂志。1922年,日本人泽柳政太郎博士赴欧美专门考察教育。其考察报告将欧美教育的新趋势归纳为:"教育行政之集权的倾向""教育之机会均等主义""教育费之增加""对于教育之理解的进步""教育资格之向上""学级之缩小"、义务补习教育和成人教育的重视等八个方面。日本学者频繁赴欧美考察教育的举动及归国后对欧美教育的比较分析引起了国内学者的高度关注。《教育杂

---

① 顾倬:"东游日记",《教育研究》第三期(1913年10月)。

② 邹楫、张树勋:"日本教育考察报告书",《江苏教育行政月报》第九号(1914年1月)。

③ 谢扶雅:"视察美国教育之所感",《中华教育界》第八卷第三期(1919年3月)。

志》1923年第15卷第5期和第7期分别刊载了《一个日本学者之欧美教育视察观》和《欧美教育之新趋势》两文,记录了长田氏和泽柳氏的考察活动及考察所得以供国内教育界参考。

(二)赴欧美教育考察

1. 欧美教育考察活动原因

自1917年至1922年是考察欧美教育活动比较频繁的一段时间。其原因有二:

其一是第一次世界大战结束后,各国教育面临新的发展机会和趋势。1914—1919年,第一次世界大战在欧洲爆发,战争的教训固然有多方面,但导致战争的教育因素却引起了世界各国教育界人士的共识。他们认为教育的一些"弱点"应该为世界大战的爆发负有不可推卸的责任。其显著弱点有三:极端的国家主义、极端的唯物主义、极端的唯智主义。极端的国家主义容易导致一味地重视狭隘的本国的历史、地理、语言、文学,而忽视了教育的其他重要方面,如文化之公共遗产,世界公民之共同义务;极端的唯物主义,过分追求工商业的经济利益,导致教育的工具主义倾向;极端的唯智主义,容易抹杀伦理道德的社会功能。因此,大战后的教育必须关注以下数点:一是力谋教育机会之拓展、学期之延长,增加成人教育之方便;二是课程之扩充、知识限域之解放,以期教科书之适用于世界;三是返归人文主义,重视艺术及音乐。[①] 本着以上宗旨,世界各国均在重新调整教育发展计划,这对于长期处于战乱中的中国来说,应该有不少值得借鉴的经验。正如蔡元培于1919年3月29日在天津青年会演讲时所言:"战前教育偏于国家主义。战后教育必当偏于世界主义。即战前主持教育者,仅欲为本国家造成应用之人材。而战后主持教育者,在为世界养成适当之人物。此战前、战后教育主义区别之点也……视各国战前之教育,尚远不逮。然则既受此大战之教训,鉴于各国教育界之革新,宜如何奋勉耶?"[②]

其二是教育界对学制改革的日益关注。民国初年建立的《壬子·癸丑学制》虽然在继承清末《癸卯学制》合理性的基础上有了一定的进步,然而由于历史的惯性或惰性,仍然暴露了不少矛盾,初等教育中义务教育和国民教

---

① 参见余家菊、汪德全编译:《战后世界教育新趋势》,中华书局1926年版,第1～4页。
② 《欧战后之教育问题——在天津青年会演说词》,高平叔编《蔡元培教育论著选》,人民教育出版社1991年版,第200～204页。

育精神的缺失,中等教育科目的盲从,高等教育结构的失衡等问题仍然制约着教育乃至整个社会的发展,因而引起了教育界和其他社会各界的深切关注。1915 年,湖南省的"改革学校系统案"揭开了讨论新学制的序幕,教育界人士围绕如何普及提高初等教育、如何改善中等教育"毕业即失业"的窘况、如何提高高等教育学术水平等问题,纷纷致力于国内外教育的考察,力求在考察国内教育过程中寻找病源,在考察国外教育过程中查询方书。因此,此段时间无论是国内还是国外的教育考察活动都得以频繁地开展,其考察的整体趋势是,国内以江浙一带教育机构为考察对象,国外以日本、欧美教育制度为考察对象。

2. 欧美教育考察活动概观

1913 年 10 月,江苏省教育会派出民国时期第一批赴欧美教育考察团:由江苏省第一师范附属小学教员俞子夷受命前往美国,会同时在美国哥伦比亚大学师范学院攻读博士学位的郭秉文、陈容一道考察教育,考察内容以小学和师范教育为主。这是近代以来赴欧美国家进行专门教育考察的先例,"其意义不仅在于推动了国内对教学方法改革的重视和教育实验活动的蓬勃开展……而且,它把考察重点放在欧美国家这一事实本身,在辛亥革命后中国教育面临重新选择'效法'榜样的历史转换时期,具有重要的导向作用"。[①] 继此之后,中央、地方及民间个人纷纷效仿江苏省教育会赴欧美考察教育,其具体情形见表 3-3 所列。

表 3-3　民国初期中国官方和民间派出的欧美教育考察人员举概(1912—1922)

时　　间	派出机构	主要成员	考察目的	国家及地区
1913.10—1914 夏	江苏省教育会	俞子夷、陈容、郭秉文	内容广泛、重点是教学法	美国、英国
1915.4.9—1915.8.25	农商部游美实业团	黄炎培、聂云台、余日章等	职业教育	美国
1917.8—1918.11	南开学校	张伯苓	高等教育	美国

---

① 田正平:《论民国时期的中外人士教育考察——以 1912 至 1937 年为中心》,《社会科学战线》,2004 年第 3 期。

（续表）

时　间	派出机构	主要成员	考察目的	国家及地区
1918.4—1918.12	自费、教育部委派结合	严修、范源濂、孙子文等	高等教育	美国
1918.12.10—?	教育部	杨维新	第一次世界大战后欧洲教育	欧洲
1919.3.8—1919.9.20	全国高等专门以上学校及各省教育会	郭秉文、陶履恭	第一次世界大战后教育发展趋势	英国、美国、法国、意大利、瑞士等
1919.11.25—1920	教育部	袁观澜、陈宝泉、邹榾、任诚等12人	第一次世界大战后教育发展趋势	美国、英国、法国、德国等11国
1920.11.24—1921.9	北京大学	蔡元培	高等教育、学术研究机关	法国、比利时、奥地利、德国、意大利、荷兰、美国等
1920.11—?	江苏省教育厅	江苏省第二次教育考察团（袁希洛、贾丰臻、蒋拱宸、蒋乃曾、吴福康等5人）	欧美教育	欧美各国
1920年冬至1922年初	教育部	汤尔和	欧洲教育	欧洲
1922年6月	教育部	范源濂	美国教育	美国
1922年	中华教育改进社	张彭春	欧洲	中等教育

资料来源:《教育公报》《教育杂志》《中华教育界》《教育丛刊》《申报》《蔡元培年谱长编》(高平叔撰著,人民教育出版社1998年版)、《俞子夷教育论著选》(董远骞、施毓英编,人民教育出版社1991年版)、《黄炎培年谱》(许汉三编,文史资料出版社1985年版)、《黄炎培教育文集》(中华职业教育社编,中国文史出版社1994年版)、《中国现代教育大事记》(中央教育科学研究所编,教育科学出版社1988年版)、《中国近代教育大事记》(陈学恂主编,上海教育出版社1981年版)、《中国近七十年来教育记事》(丁致聘编,国立编译馆1934年版)、《八年欧美考察教育团报告——美洲之部》(谈锡恩、袁希涛、陈宝泉等合编,商务印书馆1920年版)。

3. 欧美教育考察活动特征

通过以上分析可以看出,民国初期赴欧美教育考察活动具有以下几个特点:

一是考察之前的准备较为充分。因为欧美各国距离中国并非像日本距离中国一样近便,赴该地考察需要消耗相当的旅费和时间。因此,每次赴欧美考察活动的开展都必须经过一段时间的酝酿才得以付诸实际。如"八年欧美考察教育团"的组织及成行,即是1918年教育部召开的全国高等师范校长会议和第四届全国教育会联合会的提议一并促成的。"八年欧美考察教育团"出发前,在南京高等师范学校召开过考察团第一次会议,商定考察团的组织事宜,推袁希涛、陈宝泉为主任,任诚、刘文铎为会计,陈家麟为书记员。这次会议还邀请了对美国教育较为熟知的郭秉文为考察团开具在美详细的考察地点,并提前电约时在美国哥伦比亚大学攻读教育硕士的张彭春为考察指导。

二是考察目标和内容较为集中。北洋政府时期正值第一次世界大战,也是中国教育界酝酿与讨论学制改革的时期,因此,这段时间赴欧美教育考察活动在内容上以考察战后欧美各国教育发展的新趋向为主,在目标上以为正在开展的学制改革与建设寻求参考资料与依据为鹄的。于是学制改革中备受关注与争议的职业教育、师范教育、中学教育及欧美国家在这些领域的发展新趋向成为考察人员的主要任务。

三是以考察美国教育为重心。从表3-3的活动举概中即可看出,且不论欧美数国一起考察的活动,单就赴美国的教育考察活动而言,在人次上就多出不少:自1913—1926年,仅赴美国进行教育考察的活动计有五次,而仅赴欧洲进行教育考察的活动只有一次,即使是欧美数国一起考察的活动,考察成员也是偏重于对美国教育的考察。如袁观澜、陈宝泉等赴欧美考察第一次世界大战后的教育发展趋势时,除袁希涛、任诚、王天柱、水梓四人继续前赴欧洲考察以外,其余大部分人员在考察完美国之后就打马回城。很明显,赴欧美教育考察活动的偏向性与新文化运动后中国留美学生及来华美国教育家在中国教育界的影响密切相关。

第二节　民国前期出国教育考察与壬戌学制

推陈出新是每一个政权更替后必然采取的措施。辛亥革命后不久,民国教育部成立,在第一任教育总长蔡元培的带动下,民国教育改革拉开序幕。教育改革的重心之一就是学制的改革。自清末建立近代第一个学制体系后,参考并借鉴他国经验,已经成为学制改革的重要前提和主要方式。吸取世界各国先进的学校教育制度,以改革旧制,规范新制,同样是民国教育部制订新学制的必由之路。为此,教育部招聘了从英、美、法、德、俄、日等国留学归国的学生,"各就所长,将各国学制译出,以备舍短取长"。① 1912 年 7 月 10 日,全国临时教育会议在北京召开,《壬子·癸丑学制》即是在此次会议上审定通过的。与清末《壬寅·癸卯学制》相比,《壬子·癸丑学制》进步不小,如缩短修学年限,增设补习科等,但就在此学制实施后不久,非议的声音越来越强烈,"诋毁教育部只知抄袭日制"。② 综观整个《壬子·癸丑学制》,的确存在模仿日本学制的严重倾向。这与当时特殊的时代背景有关:一是拟定新学制的时间过于仓促,远没有后来的《壬戌学制》酝酿、拟定时间之充裕;二是当时主持教育的多为留日归国之学生,日本学制在国内的影响明显大于欧美。正如民国教育界著名人士蒋维乔所言,民国初年学制存在的不足,"不能全归咎于教育部,是盖时代为之,一般人之经验学识,只有此限度也"。③ 据统计,参加此次全国临时教育会议的议员共 82 名,其中曾赴日留学或考察人员 16 名:林葆恒、杨保恒(1909 年赴日考察)、洪熔、陈毅(1901 年随罗振玉赴日考察)、贾丰臻、张伯苓(1904 年随严修赴日考察)、顾琅、萧友梅、夏锡祺、蔡漱芳、何燏时(1907 年赴日考察)、俞子夷(1909 年赴日考察)、陈宝泉(1904 年赴日考察)、彭清鹏、姚锡光(1898 年赴日考察)、钱家治。④ 如此庞大的"游日"阵容,势必影响到《壬子·癸丑学制》在借鉴国外教育经验上的"由日"取向。正因如此,《壬子·癸丑学制》颁布后不久,教育界便涌动着非议该学制的声浪,并开始探索改革学制的新途径。

一、郭秉文对欧美学制考察的建议

1913 年受江苏省教育会委托赴欧美进行教育考察的郭秉文将此次考察任务总结为三项:"一、各国学制;二、搜集教授资料;三、各国教育人物与之

---

① 钱曼倩、金林祥主编:《中国近代学制比较研究》,广东教育出版社 1996 年版,第 157 页。

② 璩鑫圭、唐良炎编:《中国近代教育史资料汇编·学制演变》,上海教育出版社 1991 年版,第 629 页。

③ 璩鑫圭、唐良炎编:《中国近代教育史资料汇编·学制演变》,上海教育出版社 1991 年版,第 629 页。

④ 参见《教育杂志》第四卷第六号(1912 年 9 月),"特别记事"。没有注明的属于留日学生。

联络,以便将来通信。"①考察回国后,郭秉文应邀在江苏省教育会专门召开的演讲会上作关于此次考察的相关报告。郭秉文报告的主要内容是各国教育制度:

> 英美主放任,故其学制特殊参差;法德主干涉,故教育有划一之趋势,然其学制虽不同,而有从同者三事:其一,学科增减问题。各国学校,从前所注重者不过读书习字等数科,后人病其简单,于是科目由渐增加,以为必具多数科目,然后为完全之教育。然实施以后,又觉其迂远不切,徒耗光阴,乃又盛倡复古之说。其二,卫生问题。近来欧美学校注重卫生问题,于是有种种方法:甲、一周必有数时讲解粗浅之医学;乙、校中必有医生严查来学之人,必其身体强壮毫无疾病者,方许入校,校中学生亦有医生随时检查,其患病者或身有废疾者皆另设学校,不令与无疾者混杂;丙、设公共游戏场及学校园等。其三,经济问题。教育之目的,在强壮儿童之身体,使将来能谋生计,能为国家开增富源,故其教育之方法,恒视儿童之能力、性质、身份为择将来匡就之职业,就各种社会实际状况令学生为职业之实习,又常调查社会实际状况,何种事业可以有为,何种事业不宜轻就,随时指示学生,令知别择。②

学科增减问题,是学制建设的一个重要议题,自 20 世纪以来,欧美国家逐渐注重学生在教育中的重要地位,主张发挥学生的主动性、创造性。因此,一些教育家提出减少学科以便减轻学生课业负担的建议。与此相应的是欧美教育在缩短学习年限上的共同趋势。欧美国家对于经济问题的重视,实际上就是对学生毕业后就业问题的关注,它导致了这些国家对职业教育的重视与强化。以上欧美教育在学科增减、卫生、经济三个方面的共同趋势反映了第一次世界大战时世界教育的共同发展趋向,为后来展开的中国新学制改革的讨论提供了很好的参照。除了指出欧美教育制度上的三大趋同之外,郭秉文还指出欧美教育的另外一大特点,即欧美各国每年派员或派团赴他国进行教育调查,同时又有专员常驻他国进行随时调查,至于学生,亦各自结成团体赴国内外各地为实地之观察研究,以此作为教育改良的重要方法。郭秉文关于各国教育制度演进趋势的讲演,为一年后在第一次全国教育会联合会提及的学制改革议案提供了一定的参考依据,其中关于各国派员出外调查教育的介绍也为民国时期出国教育考察做了有益的宣传。

---

① "特别记事·记江苏省教育会第三次演讲会",《中华教育界》第三卷第九期(1914 年 9 月)。
② 同①。

二、学界关于学制改革的论争

　　1915 年,第一届全国教育会联合会在天津召开,由湖南省教育会提出的"改革学校系统案"成为此次会议的议案之一。该议案指出,民初《壬子·癸丑学制》,"仿自日本,数年以来,不胜其弊,彼邦人士,已纷纷议改,我国稍明教育者,亦类能言之。即不明教育者,观数年来教育之结果,亦可知矣"。① 该方案还进一步指出《壬子·癸丑学制》因模仿日本学制而存在六大弊端:一是学校种类太简单;二是学校名称不正确;三是学校目的不贯彻;四是学校教育不完成;五是学校阶段不衔接;六是学校年限不适当。② 由于学制问题关系重大,未便仓促决议,于是第一届全国教育会联合会会议议定,将湖南省教育会提出的方案交付各省教育会以便召集更多专家进行研究,要求各省教育会在三个月内写成详细的书面意见,书送请教育部议决。因此,进行学制改革已成大势所趋,但是对于学制改革的方向却存在一定的分歧或争议。由于《壬子·癸丑学制》是在模仿日本学制的基础上制订的,因此,首先提出改革学制的教育人士认为应当完全废弃日本学制模式转而学习美国学制,但部分人士尤其是教育部人士则认为应该在保留日本学制模式的基础上进行局部修改。于是在全国教育界内引发了新学制改革的"东洋"与"西洋"之争。这一论争贯穿于整个学制的酝酿与讨论过程之中,具体表现在小学是六年一贯分二期还是七年制四三分段,重普通教育还是重职业教育;中学是三三、四二分期还是二四分期;学制精神是以社会为本位还是以个人为本位。③ 自 1915 年至 1923 年,学制改革一直都是教育界最重要的议题,从当时著名的教育刊物《教育杂志》《中华教育界》《新教育》上发表的相关文章,即可看出学制讨论热火朝天的局面(见表 3 - 4 所列)。关于学制改革的这些论争并非无稽之谈,而是在本国教育实践并参考外国教育制度的基础上引发的,因此出国进行教育制度方面的考察成为制订新学制的重要措施之一。

---

　　① 邰爽秋等编:"改革学校系统原案(湖南省教育会提议)",第 31～32 页,《历届教育会议议决案汇编》,教育编译馆 1935 年版。

　　② 参见邰爽秋等编:"改革学校系统原案(湖南省教育会提议)",第 34～35 页,《历届教育会议议决案汇编》,教育编译馆 1935 年版。

　　③ 参见杨晓著:《中日近代教育关系史》,人民教育出版社 2004 年版,第 297 页。

表 3 - 4　1915—1923 年讨论关于学制改革文章一览表

时间	作者	题目	资料来源
1915	沈步州	《学校系统刍议》	《教育杂志》第 4 卷第 11 期
1916	庄启	《实业教育改制论》	《教育杂志》第 8 卷第 8 期
1919	汤尔和	《现行学制根本改革的意见》	《新教育》第 2 卷第 4 期
1920	贾丰臻	《今后学制革新之研究》	《教育杂志》第 12 卷第 6 期、第 9 期,第 13 卷第 9 期
1920	顾树森	《对于改革现行学制之意见》	《教育杂志》第 12 卷第 9 期
1920	李步清	《中学制度之商榷》	《教育杂志》第 12 卷第 9 期
1920	范云六	《现行师范学制的流弊及其改革法》	《教育杂志》第 12 卷第 9 期
1921	庄泽宣	《再论改革学制》	《教育杂志》第 13 卷第 9 期
1922	余家菊	《评教育联合会之学制改造案》	《教育杂志》第 14 卷第 1 期
1922	舒新城	《中学学制问题》	《教育杂志》第 14 卷第 2 期
1922	周予同	《对于新学制系统草案》	《教育杂志》第 14 卷第 3 期
1922	廖世承	《新学制与中学教育》	《新教育》第 4 卷第 2 期
1922	袁希涛	《新学制草案与各国学制之比较》	《新教育》第 4 卷第 2 期
1922	陶孟和	《论学制系统》	《新教育》第 4 卷第 2 期
1922	胡适	《对于新学制的感想》	《新教育》第 4 卷第 2 期
1922	汪懋祖	《对于新学制草案高等教育质疑之点》	《新教育》第 4 卷第 2 期
1922	俞子夷	《关于全国教育会联合会议决学制系统草案初等教育段的问题》	《新教育》第 4 卷第 2 期
1922	李石岑	《新学制草案评议》	《教育杂志》第十四卷号外
1922	俞子夷	《新学制系统草案应修正的几个要点》	《教育杂志》第十四卷号外
1922	舒新城	《对于新学制本身的讨论》	《教育杂志》第十四卷号外
1922	程时煃	《对于新学制之概评》	《教育杂志》第十四卷号外
1922	陶行知	《我们对于新学制草案应持之态度》	《新教育》第 4 卷第 2 期
1922	陶行知	《评新学制草案标准》	《新教育》第 4 卷第 2 期
1922	孟禄	《评新学制草案》	《新教育》第 4 卷第 2 期

（续表）

时间	作者	题目	资料来源
1922	陶行知	《新学制与师范教育》	《新教育》第 4 卷第 3 期
1922	孟禄	《对于学制改进方面之意见数则》	《新教育》第 4 卷第 4 期
1923	俞大同	《评全国教育会联合会议决的改革学制案》	《中华教育界》第 11 卷第 7、8 期

三、日本学制考察

针对湖南省教育会提出的"改革学校系统案"及第一届全国教育会联合会通过的讨论方案，教育部做出的第一反应是派遣教育部参事汤中一行赴日本考察教育制度，为学制改革寻求一定的参考依据。1916 年 10 月，汤中等赴日考察，除了参观日本学校以了解各级各类学校的实际状况外，此行的另一个重要活动是与日本教育家商讨学制改革方面的问题。此次考察过程中，汤中与几位日本著名教育家文部省大臣菊池大麓、东京高等师范教授乙竹岩造、帝国教育会会长泽柳政太郎、早稻田大学教授中岛半次郎、京都帝国大学教授小西重直等，分别就现行学制、高等小学校分科、各国教育制度等问题进行探讨，还针对其他一些与学制密切相关的问题，如女子教育、教育方针、国语教育、最近世界教育思潮（人格教育、公民教育、美术教育、作业教育）、义务教育等进行了深入交谈。尤其是与菊池大麓、泽柳政太郎二人关于学制的谈话，比较客观地反映了教育部部员对现行学制的看法以及日本教育人士对中国及世界其他国家学制的看法，此举或多或少地影响到学制改革的计划。

（一）关于学制年限的讨论

学制，是指一个国家各级各类学校的系统，它规定着各级各类学校的性质、任务、入学条件、修业年限以及它们之间的关系。由此可知，修业年限或学制年限是学制改革中的重要内容之一。《壬寅·癸卯学制》中规定的修业年限为二十年或二十一年，《壬子·癸丑学制》规定的修业年限为十七年或十八年，后者已经在前者的基础上做出了很大的努力，将年限缩短了三年或四年，并取消了高等学堂，但根据第二次世界大战以来欧美教育在缩短学制年限上的趋同性,《壬子·癸丑学制》所规定的修业年限仍显过长,且各阶段分配不当,具体表现为:大学分预科和本科,共计六、七年之多,而中学只有四年,又太少。① 因此,是否应该继续缩短学制年限成为学制改革应该关注的重要问题之一。《壬子·癸丑学制》与日本现行学制具有很大的相似性。于是,汤中试图从日本教育家关于日本现行学制年限的看法中寻求中国学制改革的参考依据。因此,在与日本教育家文部大臣菊池大麓的交谈中,汤中特别将此问题提出并与之讨论:

　　问(汤中,下同):阁下对于(日本)现行学制之意见,可得闻欤?

　　答(菊池大麓,下同):……吾国学制年限过长,自小学至大学卒业,照学制上年限计算之,至二十三四岁固可卒业,然其中因半途落第而延长年限者,实为不少。故自平均言之,须至二十六七岁方能卒业。卒业之后,出而任事,未免太晚,殊非国家培养人才之道。鄙意一国大学,应分设两种,一种为造就多种应用人才,其程度不妨稍低,一种为造就少数学者,其程度不妨稍高。如此调剂,似较妥善。唯吾国学制,欲缩短年限,非通体改革不可。其改革之法,第一,废止高等学校;第二,将现在之高等学校改为修业年限四个年之学艺大学;第三,将四个年以上之专门学校悉改称大学校,其卒业生许给学士之称号;第四,大学许公立、私立;第五,大学校许设研究部;第六,帝国大学作为修毕大学科程者之高等研究部,凡在学艺大学修毕三年者,均得升入;第七,帝国大学与其他各大学之研究部,均不定年限。

　　问:吾国学制,国民学校四年,高小三年,中学四年,大学本科三年或四年,预科三年,自小学至大学卒业,须十七年或十八年,与贵国卒业年限相同,似宜失之太长。如将大学预备科缩短一年,尊意如何?

　　答:贵国教育状况不甚闻了,未便轻下断语,但自理论上言之,大学本科及预科可缩短成四年,如欲深造者,可入大学院。②

　　由上可知,菊池大麓也认识到日本学制年限过长,只有通过全盘改革学制才能达到缩短年限的目标。从以上七条缩短学制的办法中可以看出,菊池大麓认为应从高等及高等以上学校入手进行改革,基础及普通教育则未曾提及。因此,当问及是否可以将中国现行学制中的大学预备科缩短一年

---

① 钱曼倩、金林祥主编:《中国近代学制比较研究》,广东教育出版社1996年版,第220页。
② 汤中:"教育谈片",《教育杂志》第十卷第二号(1918年2月)。

时,菊池大麓认为可将大学本科及预科的六年或七年缩短为四年。《壬子·癸丑学制》中的大学预科由《壬寅·癸卯学制》中的高等学堂转变而来。取消高等学堂,改设大学预科与缩短修学年限正是《壬子·癸丑学制》取代《壬寅·癸卯学制》的显著优势之一。然而,大学预科施行后不久就暴露了弊端。将高等学堂改为大学预科附设于大学内,初衷是为了整齐学生程度,减少中学毕业生升入大学后的学习困难,但结果是当时仅有北京大学、天津北洋大学和山西大学等几所大学设有大学预科,因此,各省高等教育程度不齐,妨碍了中学与大学的有效衔接,影响了大多数省份高等教育的正常发展。正如蔡元培所言:"后来,发现一种缺点,就是一省会(停办高等学堂后)没有一种吸集学者的机关,使各省文化教育进步缓慢。"①于是,大学预科的存废成为民国初期学制改革讨论的重要议题。在第一届全国教育会联合会上,湖南"改革学校系统案"即提出"废止大学预科","改七岁至二十四岁之全系修业期,为七岁至二十二岁",②这样就可以将学制年限继续缩短为十五年。可以肯定地说,汤中赴日之前,曾经阅读并考虑过以上改革方案,但较为保守的教育部则倾向于缩短大学预科年限而不是废止大学预科。因此,汤中便就此项问题征求日本教育界人士的意见和建议。以上菊池大麓关于缩短大学本科及预科至四年的建议虽然不是对大学预科的废止,但四年的修业年限与仅设大学本科一致,与汤中所提及的缩短大学预科一年后仍有五或六年的大学本科及预科相比较,最少缩短了一年的时间。

与菊池大麓意见有些不同,泽柳政太郎认为日本和中国现行学制在世界范围内已属进步。因此,当汤中问到中国现行学制体系如何的时候,泽柳政太郎认为应该同日本一样不需要做出太大的变革,只需稍加变通即可。

问(汤中):吾国现行教育制度,自直系言之,国民学校四年,高等小学三年,中学四年,大学预科三年,大学本科三年或四年。自旁系言之,国民学校毕业后,可入乙种实业学校;高等小学毕业后,可入甲种实业学校或师范学校;中学毕业后,可入专门学校或高等师范学校。此种组织,其得失若何?

答(泽柳政太郎):贵国学制颇似参酌日本之制度也。现在日本制度,大

① 高平叔编:《蔡元培教育论集》,湖南教育出版社1987年版,第616页。
② 邰爽秋等编:"改革学校系统原案(湖南省教育会提议)",第37页,《历届教育会议议决案汇编》,教育编译馆1935年版。

体无变更之必要,若论世界各国制度,则欧罗巴学制最不完全。其不完全之原因,彼邦学制发达于自然,因各地而不同,并非按诸理念而先立方案也。此等学制,自实际上言之,固极适合;而自制度上言之,则其纷乱。德意志姑且不论,即法兰西、英吉利之学制,亦经数百年之岁月,渐渐发达者。顾至今日,缺点尚多……贵国学制,国民学校四年,高等学校三年,中学四年,此种编制极合于理。顾一般国民皆欲受此四年教育,殊非易事,修业年限不妨暂时变通,定为两年或三年。唯有力者,使其受完全义务教育。俟经过一定年限,再实行全国四年义务教育可也……贵国现行制度,大体极为妥善,就本则言之,小学年限固宜一定,但当某时期之间,应体察地方情形设一变则制度,是为最要。各国教育制度,自纸片上言之,以贵国、日本、亚美利加为最进步。盖欧洲学制,由习惯而成,自然不能十分整齐,将来改正,咸与吾等三国制度相若,亦未可知也。[①]

泽柳政太郎认为中国学制同日本学制一样并不需要做出很大变动,但可以斟酌教育实际情况,灵活完成两年、三年或四年义务教育。应该说,泽柳政太郎的观点对正在日本考察的汤中等一些教育部员还是产生了一定的影响,正是因为本着无需多大变动的想法,教育部在全国教育会联合会热火朝天地开展“新学制运动”的时候,则显得非常被动,并持着试图采取“不要大改动”的态度。但在全国教育会联合会的坚持下,《壬戌学制》终于采取美国的六三三制,将学制年限缩短为 16 年。其中,小学修业年限由 7 年减为 6年,有利于教育的普及;大学取消预科使其不再担任中等教育的任务,有利于集中精力进行专业教育和科学研究。

(二)关于实业教育与普通教育关系的讨论

至于实业教育与普通教育的关系也是当时学制改革的重要议题之一。民国初年,提倡发展实业教育的呼声日益高涨,但是此时的中国普通教育尚不发达,如何处理好二者之间的关系是教育部及民间教育人士共同关注的问题。湖南省教育会提出的“改革学校系统案”主张将职业教育与普通教育分成两个独立的系统分别进行,即“职业学校、女子职业学校三年或四年毕业”,“实业学校三年毕业,以副文科、副实科学校毕业生入之”,文科、实科毕业生则直接升入大学校(见表 3-5 所列)。这种方案采用的是将职业教育与

---

① 汤中:“教育谈片”,《教育杂志》第十卷第四号(1918 年 4 月)。

普通教育分开进行的德国模式,它注重各种职业学校和职业补习学校的设立。日本职业教育就是取法德国的这种模式。与德国模式不同的是美国模式,它不主张职业教育与普通教育并轨,而是将职业教育并入普通教育,注重在高等小学校、中学校酌设职业科。湖南省教育会"改革学校系统案"中关于职业教育与普通教育并行的学制方案一经提出,立即在全国教育界内展开了讨论,教育界各路人马纷纷为职业教育在学制中的应有地位和作用寻找可供参照的依据。

表 3-5 1915 年"改革学校系统案"中学校系统表①

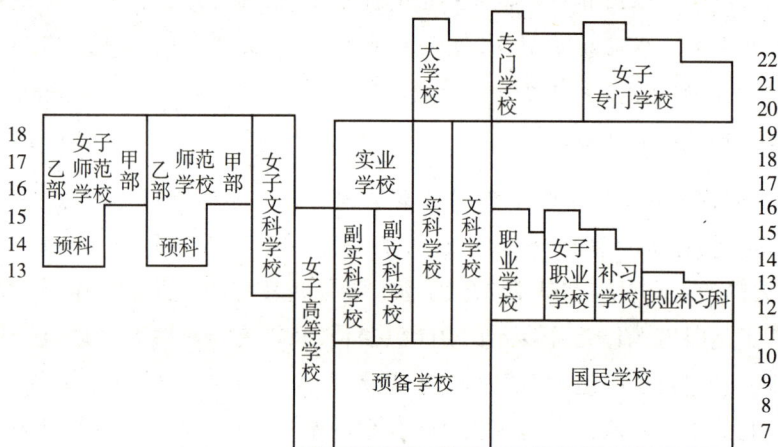

汤中在日本考察期间便就职业教育与普通教育的关系咨询过菊池大麓,向他请教以中国目前的实际情形是否可以发展实业教育。

问(汤中):国内教育未臻发达之时,能否实行实业教育?

答(菊池大麓):现在社会经济日见困难,非提倡实业教育不可。顾实行实业教育,必先注重普通教育,盖普通教育为实业教育之准备也。昔英国当一千八百五十年顷,采用德意志教育之方法,著手实业教育,当时以一般人民未受普通教育卒归失败。悟德意志实业教育之所以能臻发达者,全在普通教育之发达。乃竭力提倡普通教育,自是实业教育始见隆盛。贵国欲兴

---

① 邰爽秋等编:"改革学校系统原案(湖南省教育会提议)",第 32 页,《历届教育会议决案汇编》,教育编译馆 1935 年版。

实业学校,宜先推普通教育。[①]

　　菊池大麓认为实行职业教育的前提是发展普通教育,这也是日本职业教育的现状。在日本,试图将职业教育部分纳入普通教育的发展势头不算好,教育部视学钱家治在考察日本教育制度时即指出:"日本之学校制度,取法德国,中小学学校皆注重普通教育,与美国之兼重职业教育者不同。"[②]虽然日本文部省于明治四十四年(1911年)的《中学校令》中加入农业、商业、手工等职业科目,但截止1917年,日本全国只有八所学校呈请增加实业科目,因为大多数中学毕业生中80%～90%都是预备升学者。[③]日本部分教育界人士如东京高等师范学校教授乙竹岩造仍然坚持主张在中学教育的中后期增加职业科目,并建议中国也应以此办法发展职业教育:"中学校宜于三年级以上分科教之,一则注力于职业教育,凡卒业后便欲从事实业发达者入之;一则专为高等教育之准备,凡卒业后更愿进受高等教育者入之。"[④]由此可见,日本教育家关于职业教育的主张与日本职业教育的实际情形并不一致。因此,日本职业教育并不能为中国职业教育的发展提供成功的范例。黄炎培在考察日本教育时就曾将其与美国职业教育制度进行比较,并最终结合本国实际选择了美国职业教育制度。

　　除了以上谈话内容外,菊池大麓关于大学教育应分设两种(一种为造就多种应用人才,一种为造就少数学者)及中国幅员辽阔,教育制度不宜划一的见解;东京高等师范教授乙竹岩造关于高等小学校是否可以分科的探讨;早稻田大学教授中岛半次郎关于人格教育、公民教育、美术教育、作业教育等几种教育思潮应如何取舍、调和的交谈,均对新学制建设具有一定的启发意义。

　　与中华民国学制改革基本同步的是,日本文部省于大正六年(民国六年,1917年)9月设置临时教育会议作为日本内阁的教育改革咨询机关,全

---

① 汤中:"教育谈片",《教育杂志》第十卷第二号(1918年2月)。
② "钱视学家治调查日本教育报告",《教育公报》第五年第十四期(1918年12月)。
③ 参见杨晓著:《近代中日教育关系史》,人民教育出版社2004年版,第294页。
④ 汤中:"教育谈片",《教育杂志》第十卷第二号(1918年2月)。

面审查和修订明治时期确立的教育制度。① 面对日本学制改革的重大态势，教育部继续派员赴日考察，以求从即将进行的日本学制改革中汲取经验。于是，民国教育部于次年派遣视学钱家治、林锡光、彭世芳、洪彦远等人继续考察日本教育制度。然而，随着1919年中日关系日益恶化及留学欧美学生对欧美教育的宣传与介绍，中国教育界人士逐渐将注意力更多地转移到欧美教育制度上去。

四、欧美学制考察

(一)《壬戌学制》出台前赴欧美考察教育制度活动概观

就在教育部数次派遣人员赴日考察教育制度之后，民间教育人士和官方教育部门逐渐将教育考察的对象转向了欧美国家（尤其是转向美国），期望从这些国家中进一步探寻学制改革的可取经验。如1917年12月，范源濂、严修赴美考察；1919年3月，郭秉文、陶履恭、李石岑赴英、美、法、意、瑞士等国考察；同年11月，陈宝泉、袁希涛等12人赴欧美考察；1920年11月，江苏省第二次教育考察团贾丰臻、袁希洛等5人赴欧美考察；同年冬，汤尔和赴欧洲考察。② 教育界人士如此频繁地赴欧美考察教育，其主要目的无外乎为正在开展的"新学制运动"提供一定的参考资料和理论依据，事实上考察成员回国后所演讲或发表的讲演、报告的确发挥了这样的作用。以下是新学制改革时期于教育上较有影响的人员出国考察后所做的相关讲演、报告以及发表的文章的简表（见表3-6所列）。这些文章均发表在当时颇有影响的《教育杂志》《中华教育界》《教育公报》《新教育》等教育类刊物上，既丰富了各类教育期刊的内容，又为正在酝酿和讨论学制改革的其他教育界人士传递了欧美各国教育制度的相关信息。其中还有几部教育考察专著，如《新大陆之教育》《范静生先生调查美国教育之报告》《袁观澜先生考察欧美教育

---

① 明治三十三年(1900)日本颁行第二个学制，该学制正是《壬寅·癸卯学制》的范本。大正时期，日本为了全面审查和修订明治时期确立的教育制度，于大正六年(1917年)9月取消了教育调查会，设置临时教育会议，作为日本内阁的教育改革咨询机关，重新审查教育制度。大正八年(1919年)，临时教育会议召开会议，全面审查和修改小学教育、男子高等普通教育、实业教育、大学教育、师范教育和女子教育等方案。

② 这些人中的大多数都曾有过留学日本或赴日教育考察的经历，如黄炎培于1904年逃亡日本，范源濂系早期留学生，严修于1902、1904年两度赴日考察教育，袁希涛于1904赴日考察教育，陈宝泉于1903年留学日本，贾丰臻曾留学日本并于1917年赴日考察教育，袁希洛于1914年任江苏省驻日常任调查员。因此，他们的下一个考察目标理所当然的应该是欧美教育。

讲演录》《义务教育之商榷》《新学制草案与各国学制之比较》《八年欧美考察教育团报告》等书，为地方教育机构及其成员了解国外教育提供了重要的资料来源。

表3-6　《壬戌学制》出台前出国考察教育人员归国后所做相关讲演或报告简表

考察人员	考察时间	考察国别	关于考察的相关讲演或报告
郭秉文 俞子夷 陈 容	1913—1914	欧美	《欧美教育考察中之报告》(俞子夷，教育省教育会主编《教育研究》第十三期)、《记江苏省教育会第三次演讲会》(郭秉文、俞子夷讲，《中华教育界》三年九月号)、《听考察欧美教育感言》(庄俞，《教育杂志》第六卷第六期)
黄炎培 余日章 聂云台等	1915	美国	《游美随笔》(《教育杂志》第七卷第八、十、十一期)、《美国教育状况》(《教育研究》第二十五期)、《东西两大陆教育不同之根本谈》(《教育杂志》第八卷第一期)、《抱一日记》(《教育杂志》第八卷第二——十、十二期，第九卷第一、二、六期)、《调查美国教育报告》(《教育杂志》第八卷第十期)、《调查美国社会教育报告书》(《教育研究》第二十八期)、《新大陆之教育》(商务印书馆1917年版)
张伯苓	1918	美国	《中国教育之两大需要》(《南开思潮》第二期)、《访美感想》(《校风》第一百一十六期)
郭秉文 陶履恭 李石岑	1919	欧美	《调查战后欧美教育之报告》(郭秉文，《申报》1919年10月5日)、《记欧美教育家谈话》、《欧美教育新资料》(郭秉文，《新教育》第二卷第一期)、《战后欧美教育近况》(郭秉文，《新教育》第二卷第四期)《德意志战时之教育改革》(陶履恭，《新教育》第一卷第四期)
范源濂 严 修 孙子文	1918	美国	《调查美国教育报告》(范源濂，《中华教育界》第八卷第一期)、《调查美国教育之报告》、《美国教育行政谈》(范源濂，《中华教育界》第八卷第二期、《新教育》第一卷第四期)、《范静生先生调查美国教育之报告》(范源濂，教育部文书科1919年3月付印)

（续表）

考察人员	考察时间	考察国别	关于考察的相关讲演或报告
袁希涛 陈宝泉 王天柱 水梓 邹椿 任诚 章钦亮 刘文辂 谈锡恩 金曾澄 杨若堃 陈家麟	1919—1920	欧美	《八年欧美考察教育团报告》（全体团员合编）、《大战后欧洲各国师范教育概观》（陈家麟，北京高师《教育丛刊》1923 年第四卷第一期）、《游美笔记》（陈宝泉，北京高师《教育丛刊》1920 年第一卷第二期）、《美国教育状况》（陈宝泉，《退思斋诗文存》，论辩类，第 19～29 页）、《美国哈佛大学职业指导局设施的种种》（陈宝泉，北京高师《教育丛刊》1920 年第四集）、《战后之欧美教育》（袁希涛，《教育杂志》第十三卷第十一号）、《最近欧美教育状况》（《中华教育界》第十卷第九期）、《袁观澜先生考察欧美教育讲演录》（出版机构及时间不详）、《义务教育之商榷》（商务印书馆）、《新学制草案与各国学制之比较》（出版机构及时间不详）、《袁希涛君讲演欧美教育状况》（《申报》1921 年 1 月 23 日、24 日、27 日、28 日、29 日、30 日、31 日、2 月 1 日、2 日）
袁希洛 贾丰臻 蒋拱宸 蒋乃曾 吴福康	1920—1921	欧美	《余之游历欧美目的》（贾丰臻，《教育杂志》第十三卷第一号）、《考察欧美教育的心得》（贾丰臻，《教育杂志》第十三卷第十一号）、《视察教育世界一周记》（贾丰臻，商务印书馆1922 年版）
汤尔和	1920—1922		《现行学制根本改革的意见》（出版机构及时间不详）

　　民国时期最早赴美国进行教育考察的俞子夷关于美国学制介绍的文字还未被发现，郭秉文及陈容也只是对其略论一二，因此最早对美国学制进行详细介绍的是黄炎培。黄炎培于 1915 年随北京政府农商部组织赴美考察实业及实业教育时，颇为注意美国的学制特征："美国学制变更甚多，从前小学系九年毕业，后改为小学八年，中学四年，合为十二年。现又变更为六六制，即小学六年，中学六年是也。然各省不同之处甚多，六六制为一种。八四制为一种，又有六二四制，即小学六年，中学与小学间之承接学校二年，中学四年是也。又有六三三制，即小学六年，中学与小学间之承接学校三年，中学三年是也。"他还指出美国学制不但变更且"八四制"与"六三三制"并存的原因在于其中学教育和职业教育："夫美国教育制度所以不惮屡次更改者，亦不过为生计计耳。盖学生必须升入中学校，乃能受职业教育，而一般教育家

遂嫌小学之八年为太长,而又嫌中学四年所受之职业教育不能完备,不若自小学八年内,腾出二年受职业教育,故有六六制之规定。然又有中学六年为太长,乃于其间设承接学校,受一种预备职业教育。"①中学教育是美国学制中最具特色的一部分,也是影响中国《壬戌学制》最多的部分,特别表现在分科及选科制上。黄炎培在考察美国期间即认识到美国中学教育的这一特征,"美国中学与中国不同之处甚多,而其最不同者为分科之法"。对于此种制度,黄炎培虽然自谦"不欲遽加评断",但对于其能减轻学生课业负担黄炎培却很认同:"其课程几十二科(此处为举一中学校为例——引者注),由学生之父兄自由选择,每一学生每年只认主要科目四种,以一科目读满一年为一点,每年四点,四年满十六点即为毕业。故其学校强虽多,实则必修之科,每学生每年只认四种科目而已。""反观我国学生,则大有所悟。现在我国学生最苦之事,即是功课太多,几乎无从下手。"②《壬戌学制》出台之前,黄炎培是江苏省教育会讨论学制议案的成员之一,并曾被推举为学制草案起草员,因此在美期间对美国学制的考察或多或少地影响到《壬戌学制》。

1918年范源濂考察回国后撰写并用讲演的《调查美国教育之报告》,是关于美国教育制度的介绍中最为系统的一篇。该篇共分十二个要点:一是学校系统;二是学校经费;三是美国学生;四是蒙养园;五是小学校;六是中学校;七是高等教育;八是师范教育;九是体育;十是社会教育;十一是中国留学生;十二是美国华侨教育。在这十二个要点中,除去学校经费、美国学生、中国留学生、美国华侨教育四点外,其余均是对美国教育制度的分条记述,其中关于美国中学校中的分科与选科制的介绍颇为详细。

于1919年随同陶履恭、李石岑取道美国赴英、法调查战后各国教育状况的郭秉文考察回国后,于该年10月4日在江苏省教育会报告调查战后欧美教育之状况。这是继1914年考察欧美教育回国后,郭秉文在江苏省教育会所作第二次重要报告。与五年前的出国教育考察的活动情形相比,郭秉文此次考察有以下明显不同:一是因为不受论文写作的影响,所以他此次考察的时间较为充裕;二是此时的郭秉文已经是南京高等师范学校校长,几年的

① 黄炎培:"调查美国教育报告",中华职业教育社编《黄炎培教育文集》(第一卷),中国文史出版社1994年版,第268页。

② 黄炎培:"调查美国教育报告",中华职业教育社编《黄炎培教育文集》(第一卷),中国文史出版社1994年版,第269页。

教育实践经验将他的教育理论水平推向了更高的层次；三是除了美国外，此次郭秉文还重点考察了英、法等欧美国家。因此，郭秉文此次教育考察收获颇丰，在江苏省教育会讲演会上的报告内容也较上次丰富、精辟。如他在此次报告中将战后欧美教育的新趋向总结为以下九点：第一，对于教育特别注重，尤其表现在普及教育、延长义务教育、优待教员、扩充教育经费等方面；第二，教育事业渐含有共和之精神；第三，学校事业范围渐见扩充；第四，德育知育上特重自动；第五，体育与卫生之注意；第六，职业教育之发达；第七，科学之研究愈进；第八，教育团体愈结合能力愈增；第九，国家思想之发达。①在郭秉文及其他欧美教育考察者或留学欧美归国学生的介绍、宣传下，战后欧美教育的以上新趋向不可避免地影响着中国新学制的精神主旨，如《壬戌学制》的"七项标准"中"发挥平民教育之精神""谋个性之发展""注意国民经济力""使教育易于普及"等，即与战后欧美教育精神相一致。

（二）"八年欧美教育考察团"与壬戌学制

在历次的欧美教育考察活动中，阵容最大的一次是 1919 年由十二人组成的考察团。该团的主要任务是考察战后各国教育发展趋势，时称"八年欧美考察教育团"。"八年欧美考察教育团"因 1918 年教育部召开的全国高等师范校长会议和第四届全国教育会联合会的提议一并促成。在全国高等师范校长会议上，北京高等师范校长陈宝泉、武昌高等师范校长张渲、奉天高等师范校长孙其昌、南京高等师范校长郭秉文、广州高等师范校长金曾澄、成都高等师范校长周翔②等一致建议于 1919 年秋组织赴美国考察团，同年冬教育部核准全国教育会联合会之建议后行文各省考察国外教育，江苏及甘肃两省亦建议派员考察国外教育。"八年欧美教育考察团"于 1919 年 11 月出发，除了四名高师校长外（北京高师陈宝泉、广州高师金曾澄、成都高师杨若堃、武昌高师谈锡恩），其余都是教育部和各省派员所组成（甘肃省公署第三科科长王天柱、甘肃省立第一中学校长水梓、江苏省视学邹椹、江苏省

---

① "郭博士报告战后欧美教育"，《教育公报》第六年第十一期（1919 年 11 月）。

② 郭秉文因事先赴欧美，孙其昌声言因事缓行，周翔、张渲均因卸职由继任校长杨若堃、谈锡恩出行。关于"八年欧美考察教育团"的实际人数和人名，因计划与实际略有更动，所以后人在记述此事时稍有出入，当时的《教育杂志》（第十一卷第十二期"记事"）、《教育公报》（第八年第三期）及《中外教育交流史》（第 516 页）均称考察团成员"十二人"，经考查，数字未错，但人名有出入，根据袁希涛、陈宝泉等编辑的《八年欧美考察教育团报告——美洲之部》所刊摄影相片，除去张彭春（时在哥伦比亚大学攻读教育硕士学位）外，余为"十二人"，奉天高等师范校长孙其昌并未出现。

立第五师范校长任诚、江苏省第四中学校长章钦亮、江苏省议会议员刘文辂、北京高师教员陈家麟、前教育部次长袁希涛)。"八年欧美考察教育团"一行主要以考察美国教育为主,在美历时五月余,唯有袁希涛、王天柱、水梓、任诚、陈家麟等五人继续赴欧洲考察。可以说,这次考察的"重镇"即在美国。下面就以此次考察为例,分析其对新学制制订产生的影响。

此次欧美考察教育团的成员基本上都是素有教育教学、教育研究或教育管理经验的教育工作者。虽然在筹备考察活动时,声言以欧美教育为考察范围,但出行之后,考察团将考察重点放在了美国,除袁希涛、任诚、王天柱、水梓等四人继续前赴欧洲考察以外,其余大部分人员在考察完美国之后就回国了。所以考察所记的美洲之部,确切地说就是"美国之部"。考察团员在此次考察过程中对美国教育的考察非常认真细致,考察范围十分广泛:美国全国教育行政、省教育行政、市教育行政、县教育行政、大学及专门学校、师范教育、中等教育、小学教育、职业教育及职业研究、体育、推广教育、社会教育、特殊学校及特殊机关,等等,其中中央及地方教育局 21 处、大学及专门学校 16 所、师范类院校 13 所、中学校 15 所、小学校 23 所。如此广泛细致地考察及报告,无疑为第六、第七次全国教育会联合会关于学制改革的提议提供翔实的参考资料,考察成员中,金曾澄、袁希涛分别代表广东、江苏两省参与了第七次全国教育会联合会学制讨论的全过程。因此,这次欧美之行对《壬戌学制》的出台具有一定的助推作用。

1. 袁希涛与新学制草案

袁希涛(1866—1930),号观澜。清末兴学时期曾在江苏宝山创立县学堂、蒙学堂,并一度担任过龙门师范学堂堂长。光绪三十年(1904 年)秋,受命与沈恩孚等赴日本考察教育。民国成立后,赴教育部任普通教育司司长,参与制定民国初期有关教育法令、学制以及课程标准。1915 年 10 月,升任教育部次长,主持草拟《全国义务教育计划》。1917—1919 年,两度代理教育总长。自教育部卸职后,遂致力于地方教育事业,"然遇教育问题之有关全国及国际者,辄被推主其事"。① 1919 年,袁希涛发起组织欧美教育参观团。次年回国后,袁希涛将考察所得整理成笔记,其中关于义务教育和各国学制的记述最为详细。自学制改革声起之日,袁希涛即"逐年分赴广州、云南、北

---

① 黄炎培:"袁观澜先生事略",中国职业教育社编:《黄炎培教育文集》(第二卷),中国文史出版社 1994 年版,第 505 页。

京、济南、太原等处，出席学制会议、教育联合会议，凡学制之改革试验、课程之修订推行，以及庚款兴学之争议，致力尤多"，①尤其是其编写的《新学制草案与各国学制之比较》成为学制系统案讨论时的重要参考依据。

全国教育会联合会第七届大会拟定新学制草案后，各地纷纷举行各种类型的活动以讨论学制系统草案。1922 年 2 月 23 日，江苏教育界在南京公共演讲厅召开新学制草案讲演会，为了提高此次讨论的深度和广度，袁希涛将世界其他国家的学制系统作为参照物，为与会者讲演了新学制与各国学制之间的异同。"一国教育，以适应国家社会之需要为目的。国情与政策，既各不同，故各国之教育制度，根本上要有不同之点"。"考各国学制之严格，因国际上之竞争比较而改进，因教育上之研究发展而改进"。② 因此，将各国学制与新学制草案进行比较研究确有必要。在此次讲演中，袁希涛主要就学制精神与学制组织进行了报告。关于学制精神，袁希涛将当时世界教育总体发展趋势所体现的进步的学制精神概括为三点：平民主义、自由发展主义、男女性之平等主义。平民主义体现为学制结构的单轨制，与平民主义对立的阶级主义则是双轨制学制结构。袁希涛指出中国素来采用单轨制，日本、丹麦、瑞典等国也都是单轨制国家，英国是双轨制，美国则是单轨制最为纯粹的国家，中国此次学制草案系如美国之法，如此则可以"充分保持我中华民国之平民主义"。③ 自由发展主义指学制中课程或科目的设置应趋向学生的自由发展。袁希涛认为中国旧定学制是统一的学年制，不利于学生的自由发展；美国中等学校多用选科制（自由选科、限定选科、学校选科），有利于学生的自由发展；英国中学的分科制在各国中范围最广，儿童升级用以智力与成绩为标准的弹性制；日本与中国旧制一样采用学年制。中国此次学制草案即是参照美、英学制精神制订而成，体现了中等教育重视青年学生个性发展的特点。男女之平等主义即是指男女在受教育权上的平等性。袁希涛指出，美国、英国、瑞士、意大利、比利时、丹麦、荷兰、瑞典等国于教育上皆注重女子教育的地位，唯有德国、法国、日本，于男子、女子教育区别甚

---

① 黄炎培："袁观澜先生事略"，中国职业教育社编：《黄炎培教育文集》（第二卷），中国文史出版社 1994 年版，第 505 页。

② 袁希涛：《新学制草案与各国学制之比较》，北京女子高等师范学校编印，第 1 页。另见《新教育》1922 年第 4 卷第 2 期。

③ 袁希涛：《新学制草案与各国学制之比较》，北京女子高等师范学校编印，第 4 页。另见《新教育》1922 年第 4 卷第 2 期。

大,而民国初期女子教育已经获得一定地位,且有倍受关注之势,所以新学制草案终篇并没有提及女子教育。很明显,在袁希涛看来,各国学制中进步的精神如单轨制、选科制应是中国学制改革应该努力的方向,而《壬戌学制》的七条标准中,也确实包含有"发展平民教育精神""谋个性之发展"的规定。

在此次演讲会中,袁希涛演说最为详细的还是各国学制组织的比较,无论是关于学制年期之支配的比较,还是关于设科分科之支配的比较,都以翔实的数据和实例为之解说,并附列美、英、法、德、比、意、瑞士、瑞典、丹麦、荷兰、西班牙、日本等十二个国家的学制系统表(见表3-7所列)。"此十二国者,除日本外,为著者于一年前考览所及之国。其所叙说,出于考览时所询记,及归后丐人译述者,居十之七八,其证以他书者十之二三。"[1]由此可见,袁希涛在一年时间的欧美教育考察过程中,对学制建设尤为关注。

表 3-7　各国学制比较表[2]

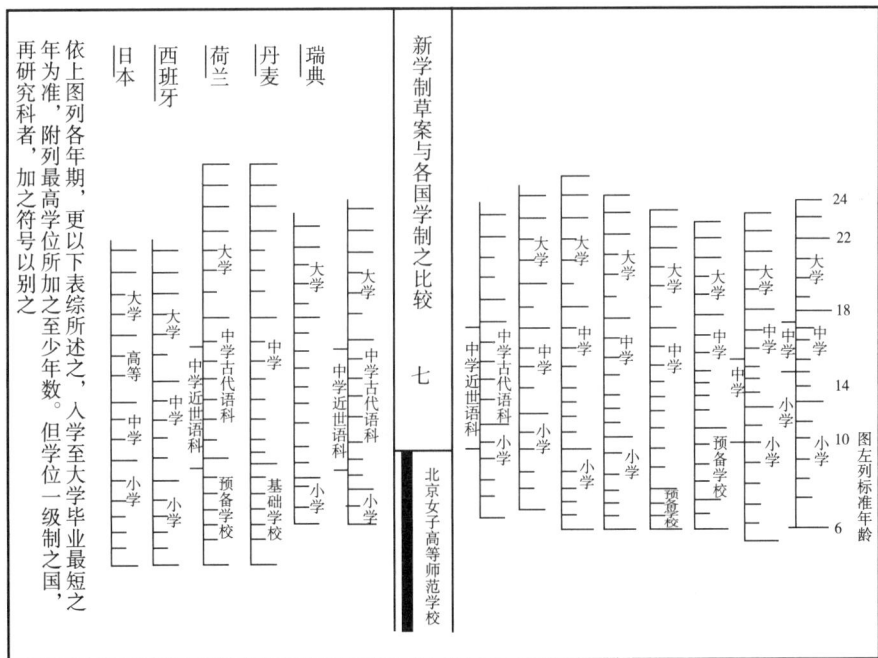

---

①　袁希涛:《新学制草案与各国学制之比较》,北京女子高等师范学校编印,第18页。另见《新教育》1922年第4卷第2期。

②　袁希涛:《新学制草案与各国学制之比较》,北京女子高等师范学校编印,第7页。另见《新教育》1922年第4卷第2期。

自清末兴学二十年以来，中国教育在小学方面获得了较为丰富的经验，教育界"于小学校（经验）较为丰富，故民国元年学制之初，'高等小学校令'能参合国情，表现特色。至中等教育并未发达，经验殊少"，[①]出现"（中学）毕业生任事者缺乏实用之叹，升学者尤多程度不及之弊"。[②] 因此中学教育成为此次学制改革的重要内容之一，讨论次数最多。如1921年广东省在拟定学制系统议案的时候，分别就初等教育、中等教育、师范教育、大学及专门教育进行分组讨论。其中，中等教育组共召开讨论会9次，比其他三组的讨论次数都多。[③] 关于中等教育讨论最多的主要是以下几个问题：初、高级中学修业期限，升学预备与职业教育，学级编制，分科与选科等。袁希涛在比照各国学制时，也特别注意到了各国中等学校的组织，并以此评价新学制系统草案。

本草案中等教育，于纵横活动主义，尤为注重。一，纵的活动主义之组织。美国中等学校可用合组的多科制，以师范及升学预备之普通科、工商家事等科，合设二科以上至十余科于一校。亦可用单科制。一校止设一科，悉依地方情形，及其他关系者而定之。欧洲之瑞士，亦有用合组的多科制，以师范普通中学及商科、家事科等合设一校，其相同之功课，可联合教授之，此与我草案正相同者。欧洲各国（除瑞士之一部分除外）及日本之中等学校，中等师范及事业各种，皆分设，不合组……又欧美日本于正则的农工商学校内，附设种种年期较短之职业科，亦可收事半功倍之效。此亦合组制之一部分办法。我国办教育二十年，就经济力及人才设备之便利，即将来扩张学校，酌采组合的多科制，于教育实际，未始竟无效益也。二，横的活动主义之组织。美国中学之六年者，或用"二四制"，或用"三三制"，既有单独设立之高级中学，或兼设初、高两级之中学，并有单独设立之初级中学……欧洲各国中学，多分高、初两级，虽同属升学目的，然于初级不分科而高级分科者，或初级初年不分科，而其后数年或一年而分科者，要皆于功课上有适当之分配，亦颇见分级之有益。又欧洲德国、瑞典、丹麦之副中学，年期较短，为入中等实业，或预备入相当程度之专门

① 璩鑫圭、唐良炎编：《中国近代教育史资料汇编·学制演变》，上海教育出版社1991年版，第629页。
② 朱有瓛主编：《中国近代学制史料》第三辑下册，华东师范大学出版社1992年版，第738页。
③ 参见金曾澄：《广东提出学制系统草案之经过及其成立》，《新教育》第4卷第2期。此次学制研究会，初等教育组共讨论8次，师范教育组共讨论7次，大学及专门教育组共讨论7次。

学校,亦含有横的活动主义之一种意义者。[①]

　　所谓纵横活动主义,主要是以选科制、多科制、初高级中学分设、职业补习等方式加强中学教育的灵活性。这一精神无一不体现在《壬戌学制》之中:"中学校修业年限六年,分为初、高两级:初级三年,高级三年。但依设科性质,得定为初级四年,高级二年,或初级两年,高级四年。初级中学得单设之。高级中学应与初级中学并设,但有特别情形得单设之。初级中学施行普通教育,但视地方需要,兼设各种职业科。高级中学分普通、农、工、商、师范、家事等科。但得酌量地方情形,单设一科,或兼设数科。中等教育得用选科制。各地方得设中等程度之补习学校或补习科,其补习之及年限视地方情形定之。"[②]

　　有趣的是,在袁希涛所有的讲演记录当中,美国总是位于"首位",在分析各国学制精神时是如此,在对照各国学制组织时亦如此。由此可以看出,美国教育在"新学制运动"时期的确成为国内大多数教育界人士首先关注和倾情的对象。事实上,《壬戌学制》也正是深深地打上了美国教育的烙印。

　　2. 金曾澄与新学制草案

　　与袁希涛等一同参加"八年欧美教育考察团"的还有广州高等师范学校校长金曾澄。自1915年全国教育会联合会第一次会议提议学制系统改革起,接下来的每次会议都要讨论这一议题。至第七次会议时,学制系统案讨论进入实质性阶段,共有十一个省区教育会提交议案。会议最终议决以广东省所提议的学制案为依据,结合参考其他省区的议案进行审查。金曾澄是广东省教育会参与讨论并草拟广东学制系统议案的主要成员之一。[③] 据金曾澄在《广东提出学制系统草案之经过及其成立》中所言,广东省学制系统研究会在拟订学制的整个过程中,十分注意收集各种资料,以供研究之

---

　　① 袁希涛:《新学制草案与各国学制之比较》,北京女子高等师范学校编印,第14～15页。另见《新教育》,1922年第4卷第2期。

　　② 钱曼倩、金林祥主编:《中国近代学制比较研究》,广东教育出版社1996年版,第280页。

　　③ 1921年6月21～30日,广东省第五届教育大会在广州召开。大会主席汪精卫指派金曾澄、李应南、韦悫、黄希声等4人为广东省学制草案起草员,搜集德、英、美、法、日5国学制,编写学制报告,作为制订新学制的参考资料。金曾澄等草拟的报告主要从教育组织、宗旨、沿革及发展趋势等方面进行研究,列出各国教育的优缺点,并据此对各国教育发展方向做出预测:一是小学期限趋向6年;二是大学趋向4年;三是提高中学程度,不设大学预科;四是注重职业教育及村落教育;五是延长强迫教育期限;六是增加教育经费;七是提高各级教育资格。这种将世界各教育发达国家的经验教训及发展趋势作为参照物同我国的教育现状进行比较的做法,为制订出全面、完备的学制案提供了科学的依据,并奠定了坚实的基础。

用。他们当时收集的材料主要包括：各国学制系统图，学制改革三大纲领（日文），全国教育会联合会第一至第六届年会报告书和关于改革学制系统案汇刊，全国中学校校长会议案，中学制度之研究，美利坚之小学，美国教育制度，以及时贤关于学制改革的重要文章。① 而金曾澄的美国考察之行应该也是美国教育制度资料的重要来源之一。在全国教育会联合会第七届年会上，金曾澄同曾经考察过欧美教育的黄炎培、袁希涛一起被推举为学制草案起草员，按照会议精神以广东案为依据，参酌与其他各案草拟写审查报告。

3."八年欧美考察教育团"与孟禄的中国之行

关于此次美国考察，值得一提的是，促成了孟禄的中国之行。早在 1918 年，严修、范源镰、孙子文等人在美国考察教育时，严、范就曾邀请孟禄（P. Monroe）来中国讲学并指导中国的教育改革，但此次邀请未能成功。"八年欧美考察教育团"前往美国后，与美国教育界名流多有接触。在参观哥伦比亚师范大学的时候，孟禄博士亲自导观，并向考察团讲说美国教育情况，尤其是对于美国教育行政颇为自豪："教育为地方事业，中央不能定政策、派人员。此不独中央为然，即省行政亦只能为积极的提倡，不能为消极的干涉。教育非政府的教育，为人民的教育。欧洲教育为政府造人民，故教育机关多带政府的浅见及污浊的臭味。美国则由人民自身组织，故私立学校之学风常能为公立学校之先导。"② "八年欧美教育考察团"深深地为美国教育的这种科学与民主的精神所折服，感慨"中国教育之虚伪不切实用"，于是商请孟禄博士来华，"以欧美科学的背景，与其自身实际教育之经验，诊断中国教育之弱点，并示以改良进步的方法"。③ 1921 年夏，孟禄应邀来到中国开展

---

① 参见金曾澄：《广东提出学制系统草案之经过及其成立》，《新教育》，1922 年第 4 卷第 2 期。

② 袁希涛、陈宝泉、金曾澄等合编：《八年欧美考察教育团报告——美洲之部》，商务印书馆民国九（1920）年版，"结论"第 1 页。

③ 王卓然：《中国教育一瞥录》，商务印书馆 1923 年版，第 5 页。凌冰：《孟禄先生来华调查教育的缘起》（《新教育》第 4 卷第 4 期）中则是这样记载的：孟禄先生之来华调查教育，始由于袁观澜（袁希涛）、陈小庄（陈宝泉）、张仲述（张彭春）诸位之提议，继由严范孙（严修）、范静生（范源濂）诸位之提倡，后复由南北诸教育家之规划赞助，虽几经波折，终底完成。这一陈述与王卓然《中国教育一瞥录》在细节上有出入。据凌冰所称，袁观澜、陈宝泉于民国九年（1920 年）在美国考察教育时，在哥伦比亚大学师范学院经张伯苓介绍得以认识孟禄，并蒙受孟禄很多照顾。在观察到美国教育研究精神之盛行时，袁、陈商请孟禄来华指导中国教育调查研究工作，经得孟禄同意后，袁、陈二人即致函严、范二人邀请来华之事，严、范二人当即竭力提倡。凌冰的以上陈述首先在时间上有误，即袁希涛、陈宝泉等是在民国八年（1919 年）年赴欧美考察教育的。第二点不同是，王书记载严、范提议孟禄来华在先，而凌书则记载袁、陈提议孟禄来华在前。

中国教育调查活动,为正在开展的"新学制运动"提出了许多宝贵建议。

通过以上对教育考察的具体分析可以看出,对新学制系统案产生终级影响的主要是欧美国家,尤其是美国。这也体现了新学制模仿美国的特性,同时也可以看出在学制确立过程中中央教育部与民间教育团体的相互影响。与民间教育团体相比,在新学制系统的逐步形成过程中,教育部的行动则显得被动且迟缓。自从认识到旧有学制的诸多弊端,民间教育人士就开始寻求方书于外洋,从江苏教育会到全国教育会联合会的多次倡议和行动就可以看出,且考察地点多为欧美国家。而教育部则对日本学制仍抱有很多幻想,所以考察时仍然念念不忘日本。但自1919年中日关系明显恶化以来,教育部对日本教育也逐渐失去了兴趣。因此,在新学制讨论进入高潮的时候,教育部不得不承认民间教育团体的前期成果,于是带有美国色彩的《壬戌学制》终于以大总统令的形式向全国公布。

第三节　民国前期出国教育考察与近代教育研究及实验

一、清末新政时期四人考察团与单级教授法

国人出国教育考察后在国内进行与之相关的教育研究及实验,这类活动并非民国时期之创举。早在清末新政时期,赴日教育考察者就曾专门考察日本单级教授法并在国内进行研究与实验。它不仅为民国初年单级教授法的继续研究与实验奠定了实践基础,也为民国时期其他类型的教育研究与实验提供了成功的范例。

宣统元年(1909年)二月,上海龙门师范学校教员兼附属小学校办事员杨保恒、川沙青墩小学教员俞子夷、通州师范毕业生周维城等三人,在江苏省教育总会的派遣下赴日考察单级小学编制、设备情形及教授方法,以期回国后在省内办理单级教授练习所训练单级教员。单级教授法又称"单级教学法",其主要特点是把年龄不同、程度不一的若干年级的学生组织在同一教室内进行教学。这种教学形式能够在一定程度上缓解教育资源的紧张,后人称之为"复式教学"。它源自日本,是日本明治维新时期推广普及教育的重要手段。清末新政时期,立宪之声日益高涨,然而国民中未受教育者仍居多数,于是"欲立宪必先普及教育"成为时人的普遍认识。当时的中国正

处在教育经费极端匮乏时期,如何利用最少的经费来完成普及教育的宏伟目标? 日本式单级教授成为大多数教育界人士的选择。正如时任江苏教育总会会长唐文治所言:"现当预备立宪时代,教育为立宪之根本,而吾国经济困难达于极点,欲期教育之普及自不得不从珍惜教育费入手,若单级小学之组织法,及一切教授管理训练之方法。"[①]杨保恒在《单级教授法》更加详细地论述了采用单级教授法的必要性:

> 查单级教授之法,与普通教授不同。普通教授,按年级相当之学生以分班次,各班须各任一教员;单级教授,则合年级不同之学生若干班编为一级,一教员可兼教各班。两者相衡,一则需员多而用费繁,一则编制简而效用广。欧西、日本之教育,所以能日新月盛者,大抵得力于单级教授为多。中国兴学伊始,地方财力既极困穷,兼之各校之内,学童人数无多,程度复不齐一,居今日而欲谋普及,舍单级教授,更别无审端致力之方。[②]

此时日本农村中不少偏僻地区仍在采用单级教学这种形式,这就为中国教育界人士了解、学习这种教学组织形式提供了丰富的一手资料。于是江苏教育总会迅速做出了派员赴日考察单级教授法的决定,因此,杨保恒、俞子夷、周维城等人此番赴日考察的目标甚为明确,准备也很充分,"东渡之先,三人集沪研究一月"。抵东后,俞子夷等人便以东京高等师范附属小学第三部之单级为主要考察对象,从学年开始第一天起连续参观了四五个星期,另外还考察了东京女高师附小、东京高师附中、青山师范、金泽师范等处,详细了解了单级(复式)教学的实际情况。同时,他们还购置了有关单级教学的著作,并访问了一些教育家、教师,"参观各学校之实地教授,问访彼邦教育家,晰疑问难,历时三月,理论与事实互相印证,略窥其组织法之内容,觉吾国研究单级教育,实为目前切要之图"。[③] 据考察者本人所言,此次考察成果甚丰,四人满载而归,仅俞子夷一人考察所得的材料,就记满了厚厚的四五本笔记。[④]

---

① 参见戴长征:《清末民初单级教授练习所研究》,《江苏教育学院学报》2007 年第 3 期。
② 杨保恒、周维城、沈恩孚《单级教授法》,中国图书公司 1911 年版,第 677 页。
③ "考察单级教授杨保恒、俞旨一、周维城回国后谈话会纪略",《中国近代学制史料》(朱有瓛主编)第二辑上册,华东师范大学出版社 1987 年版,第 340 页。
④ 参见俞子夷:"现代我国小学教学法演变一斑",董远骞等编《俞子夷教育论著选》,人民教育出版社 1991 年版,第 468 页。

考察回国后不久,即 1909 年 6 月 27 日,江苏省教育总会便就单级教学这一主题,邀集该会会员及上海教育界人士召开谈话会,杨保恒、俞子夷、周维城三人分别就单级教学某一方面作了一场演讲报告:杨保恒报告单级教育之概要,俞子夷报告一般小学之改良,周维城报告近世教育学说的变迁。[①]此次谈话会与会者 120 人,听者"久无倦容","皆服三君演讲确有心得"。[②]继此之后,杨、周、俞三人屡被邀请赴江苏各地演讲。据俞子夷回忆:"仅我一人,就于 1909 年去川沙,1910 年去无锡、松江,每处均连续讲一两周,少亦三五天。各学校对我们的期望颇殷,有机会就拉去演讲。"[③]同年 8 月,江苏省教育总会主办的单级教授练习所第一期正式开学,招收学员 58 人。该练习所主要设置单级教育学和实习教授两大课程,单级教育学包括单级通论、训育、教法实际等数门课程,由杨保恒、俞子夷、周维城三人分授,即周维城讲授单级通论,杨保恒讲授训育,俞子夷讲授教法实际;实习教授则由周维城、俞子夷分授。[④] 这些课程基本上是日本单级教授法在中国的再现,其内容也与日本大致相同。杨保恒、周维城在日期间编写的《单级教授法》也成为该练习所的主要教材,并分别寄送给各地教育会和学务公所以备参考。同年江苏省总会单级教授练习所续办第二期,除招收本省学员外,还兼招了19 名其他省份的学员,为其他省份学习单级教授法提供了便利,"各省教育会仰慕贵会文明之进步,亦竭力预备"。[⑤] 徐特立、吴研因、杨卫玉、范祥善[⑥]等都曾在该练习所学习过。其他地区教育机构如直隶学务公所,也积极致力于借鉴江苏办学经验,开办单级教授练习所,培养单级教法教员。在各方来函探询其情时,或称:"侧闻贵会(江苏省教育总会)……春间曾派员东渡考察,秋后招集合省已有经验之教员讲肄练习,将来成效日彰,靡所限止。

---

① 此次自费考察的胡宝书回苏后,也曾应长元吴劝学所之邀,演说单级教授以及改良初等小学等问题,并为长元吴单级教授短期练习所拟定章程,积极参与长元吴教育会附设的单级教授短期讲习会的各项活动。参见"创设单级教授练习所(苏州)",《申报》1910 年 1 月 25 日。

② "咨呈江督端本会附设法政讲习所第二届毕业文(苏抚宁苏提学使同)",《江苏教育总会文牍四编》,中国图书公司 1909 年版。

③ 俞子夷:"现代我国小学教学法演变一斑",董远骞等编《俞子夷教育论著选》,人民教育出版社 1991 年版,第 471 页。

④ 参见俞子夷:"现代我国小学教学法演变一斑",董远骞等编《俞子夷教育论著选》,人民教育出版社 1991 年版,第 469 页。

⑤ "闽浙豫湘赣贵皖等省学员答词",《申报》1910 年 7 月 7 日。

⑥ 范祥善在单级教授练习所学成后,回到江苏省立第一师范附小,进行了单级教学法的实验。其所著《一周间之单级教授》详细记载了当时的实验情形。

敝会窃拟参酌仿办,敢先函恳贵会,将兴办单级练习所之梗概及考察练习所需经费,略数俯赐开示,倘有印刷规程,并祈一一检示。"①在变通办法的基础上,天津学务公所也筹设了单级教员讲习所。② 于是,江苏省单级教授练习所的成功经验很快在国内部分地区传播开来,学部也接连发文提倡、推广单级教学法。1910 年 12 月,学部在《奏复普及教育最要及次要办法》中,将拟订单级教授、二部教授列为"最要之事"。1911 年 3 月,学部通行各省初级师范学堂加授单级教授法。同年 8 月,学部同时颁行《学部奏拟订单级教授、二部教授办法》和《学部奏拟订临时小学教员养成所暨单级教员养成所简章》。于是单级教授法终于以学部法规的形式在全国许多地方得以推广,成为清末新式学堂中最有影响的教学组织形式和编制方式。民国初年,单级教授仍然是江苏以及其他省份普遍采用的教学组织形式及编制方式。

二、俞子夷欧美教育考察与欧美教学法的输入

俞子夷、郭秉文、陈容③三人考察团是继清末时期俞子夷、杨保恒、周维城、胡宝书四人考察团之后江苏教育会的又一次重要活动。与前次不同的是,江苏教育会将本次考察的地点指定为欧美各国,其原因主要是不满于国内中小学局限于日本教学法的现状:"辛亥后的最初几年里,江苏省教育会的重要人物有几个参加了新的省行政机关都督府。他们仍未忘情于教育而且不甘于从日本搬来的那些,急于想取法'民主'的美国,于是又组织三人欧美教育考察团。"④三人团中,要算俞子夷对日本教育了解最多。通过前次的考察,俞子夷对日本盛行的教学法,即单级教授法及赫尔巴特五段教学法颇有研究,并带动了江苏教育界乃至全国其他省份或地区研究并采用这种教学法的风气。另外两名成员郭秉文、陈容是哥伦比亚师范大学的江苏籍留美学生,此时正在攻读教育学博士,因此郭、陈二人于欧美教育了解较多。如果从知识背景来讲,俞、郭、陈三人组合应该是较为恰当的,因为这样能够

---

① "直隶学务公所致江苏教育总会书",《中国近代学制史料》(朱有瓛主编)第二辑上册,华东师范大学出版社 1987 年版,第 344~345 页。

② "单级教员讲习所变通办法",《申报》1910 年 9 月 1 日。

③ 1922 年,陈容代表教育部同胡适一起完成《壬戌学制》的最后制订工作,陈容与胡适的具体分工是,陈容监督,胡适执笔。

④ 俞子夷:"现代我国小学教学法演变一斑",董远骞等编《俞子夷教育论著选》,人民教育出版社 1991 年版,第 481 页。

将日本教育与欧美教育进行综合比较。事实上,郭秉文和陈容因为毕业论文的原因,花在实地考察及与俞子夷共同探讨上的时间不多,考察任务主要由俞子夷来完成,"由于两个成员均须赶毕业论文,故四分之三时间,我一个人在纽约主要参观小学,并在图书馆内阅读"。[①]

俞子夷于1913年10月出发,原计划考察欧美主要国家,考察周期为一年,由于受到第一次世界大战爆发的影响,考察活动主要在美国,考察时间也缩短为原来的一半。在美国的半年多时间里,俞子夷的考察活动主要有以下三类:一是实地参观美国南北城乡各类中小学,尤其是在参观哥伦比亚大学师范学院附属小学的时候,从一年级到六年级的各科课程俞子夷都毫无遗漏地随堂听课,认真研究该校各科教材与教法;二是频繁到哥伦比亚大学师范学院图书馆阅读各种教育类图书,学习并研究美国最新教育理论及其著作外,其时俞子夷阅览的图书主要有杜威的《思维术》、帕克的《普通教学法》、麦克默里兄弟的《怎样自学与怎样教自学》《启发式的教学法》等最新教育著作;三是与时在哥伦比亚大学就读的中国学生,如蒋梦麟(攻读教育学)、刘廷芳(攻读心理学及神学)、吴卓生(女,攻读幼儿教育及音乐)、许士昭(攻读小学教育)等人讨论教育问题,并谦虚地向他们请教教学法问题。据俞子夷回忆:"陈、许均学教法,经常有机会向他们请教,得知师院教法各学程情况。从他们的指点,我在图书馆阅读了几种他们常用的主要参考书。"[②]

俞子夷以上三类活动均是围绕教学法的主题而进行的。1909年的日本考察之行以及此后的教育研究与实验为俞子夷研究教学法提供了许多便利,通过三四年的努力,俞子夷对教学法的研究在江苏及国内其他地区产生了一定的影响。因此,在此次考察活动中,俞子夷几乎是将所有的时间与精力放在美国现行教学法的考察上,尤其是对后来被命名为设计教学法的考察与研究。设计教学法不同于传统的赫尔巴特五段教学法及单级教授法,这种新式教学法注重儿童学习的主动性,强调从儿童的兴趣和需要出发,将教学与生活实际相联系。在教学组织上,设计教学法主张废除班级授课制,

---

① 俞子夷:"现代我国小学教学法演变一斑",董远骞等编《俞子夷教育论著选》,人民教育出版社1991年版,第486页。

② 俞子夷:"现代我国小学教学法演变一斑",董远骞等编《俞子夷教育论著选》,人民教育出版社1991年版,第486页。

打破学科体系,以儿童有目的的活动作为学习单元组织教学活动。设计教学法虽然于 1918 年才由克伯屈正式提出,但在此之前克伯屈曾指出:"根据教育理论研究教育方法,我总觉得教育程序中有许多重要的并且有关系的方面有联络统一的必要。"①这种以"联络统一"为原则的教学法正是设计法的最初面貌或雏形,俞子夷在美国考察期间,在哥伦比亚大学师范学院第二附属小学中见到的便是设计教学法的最初实验情形:

> 另一所只小有学(疑为笔误,当为"另一所只有小学"——引者注),规模小,有一班三年级正在试行设计法,教室内二十余儿童均在'刻木'。教者言,正在研究记载一类,课题是'书',刻木是为了印刷时供章节开头首行之端的装饰。并言,已取消分节上课制,等刻木完成后再按原定计划作下一步工作。教师很闲适,仅巡视指导。但手边有一厚本笔记,不时将儿童工作情况记录。此时,领导学习的教师已变为观察、研究员,教学诚做到儿童本位了。②

在美国另一所中学的地理课上,俞子夷也观察到了这种教学法的实施情形。回国后不久,即 1914 年 8 月 27 日,江苏教育会邀请俞子夷报告本次考察情形及成果。俞子夷在所做报告中提出今后江苏及中国教育必须研究的两个问题:一是教育目的,在于改良社会;二是教育方法,课程宜减少,教材要求联络,教授方法须注意自习,以期养成儿童自动读书之习惯。③ 事后,俞子夷即仿照哥伦比亚大学师范第二附属小学的做法,以"联络教材"④为中心,在江苏省立第一师范附属小学低年级进行改革实验。俞子夷等开展的这种教法实验打破了各科教材之间的界限,将不同学科进行有机地联系,如"音乐、游戏相结合,一年级做些幼儿园用的小积木供儿童玩","手工联络他科并多作沙箱装排,以及自然角养些鱼虫蝌蚪供观察之用",在课堂安排上也很灵活,如一节课上两科,"三十分钟读书,十五分钟音乐"。⑤ 这种教学法的实验很快吸引了全国各地小教界人士的注意,并纷纷前来参观。1919 年

---

① 康绍言、薛鸿志译:《设计教学法辑要》,商务印书馆 1923 年版,第 2~3 页。
② 俞子夷:"现代我国小学教学法演变一斑",董远骞等编《俞子夷教育论著选》,人民教育出版社 1991 年版,第 488 页。
③ 参见《教育杂志》第五卷第八期(1913 年 11 月)、第六卷第六期(1914 年 9 月)。
④ "联络教材"的叫法是由各地参观者首先叫开的,俞子夷等后来便沿用了这种说法。
⑤ 俞子夷:"现代我国小学教学法演变一斑",董远骞等编《俞子夷教育论著选》,人民教育出版社 1991 年版,第 489~490 页。

秋,俞子夷在南京高师附属小学进行以"设计教学法"命名的正式试验。取得初步成果后,俞子夷同附小其他任设计教学法的老师组织了多期暑期讲习会及暑期学校讲授设计教学法,同时他们还应邀去其他省份或地区的暑期讲习会做有关设计教学法的实施报告,将设计教学法的试验成果传播出去。

除设计教学法外,俞子夷还注意到了美国教育界中试行的其他教育试验,如教育及心理测验,并带回一套桑代克的书法量表。俞子夷在苏州时曾仿照他的编法,试制成中字正楷、行书及小字正楷、行书各一套,用以评定学生习字成绩。另如1913—1918年在苏沪小教界热闹的自学辅导法,也与俞子夷在美国接触到的美国教育家麦克默里兄弟在《怎样自学与怎样教自学》论述的自学辅导的理论密切相关。显而易见,俞子夷关于设计教学法的试验及成绩与他的美国教育考察之行密不可分。虽然俞子夷本人曾说此次考察收获远不及1909的日本之行,"1909年的考察团输入了单级、复式、二部的教法,1913—1914年的考察团输入的不限设计教法,但后来搭凑成设计法的原材料、零件、部件则相当多","1909年的考察,目标专一,范围确定,而且日本已有成熟的一整套教法,同时亦巩固、推广了五段法。四年后的考察,范围广泛,无所不包,教法方面没有现成的一整套。见闻的确丰富,但均只零星碎片。且有些理论仅见于书刊"。[①] 但是,不可否认的是,俞子夷一行此次的考察活动在整个民国教育界中引起的巨大反响。正如当代学者所言:"20世纪20~30年代风行于我国教育界的设计教学法、道尔顿制以及如火如荼的各种改革实验活动的兴起是由多种因素促成的,而俞子夷一行的赴美教育考察及回国后的活动起到了前驱先路的作用。"[②]

三、黄炎培出国教育考察与其职业教育思想的形成

黄炎培,号楚南,字韧之、任之,笔名抱一。江苏川沙县(今属上海市)人。早年即在江苏川沙县担任塾师。清末新政时期先后多次在家乡创办新式学堂,并在浦东中学等学堂中任教。光绪三十一年(1905年),参与发起江苏学务总会,历任川沙县视学、劝学所总董、江苏学务总会评议员、常任调查

---

① 俞子夷:"现代我国小学教学法演变一斑",董远骞等编《俞子夷教育论著选》,人民教育出版社1991年版,第485—486页。
② 田正平主编:《中外教育交流史》,山东教育出版社2004年版,第507页。

员等职。中华民国成立以来,主持江苏省教育行政两年,并长期担任江苏教育会副会长、会长等职。1915年后,黄炎培多次出国考察职业教育,并积极致力于中国职业教育事业的研究与发展,在近代中国职业教育史上扮演着不可替代的角色。

(一)国内考察与其职业教育思想的酝酿

曾任过县视学及江苏学务总会常任调查员的黄炎培,十分重视调查在教育尤其是职业教育中的重要作用。在县视学及调查员任内,黄炎培曾多次考察江苏省内各县教育情况,"方庚戌辛亥间,余尝调查江苏地方教育状况,全省六十县,足迹及三分之二"。① 正是在数次调查江苏省多处教育的过程中,黄炎培敏锐地觉察到江苏教育普遍存在的危险现象,即接受实用教育的人数极少,具体表现为习法政者居多,习农、商、医等实用科目者居少。据黄炎培调查统计,仅江宁、苏州、上海、镇江、清江五处的法政专门学校在校学生就达4742人,其数额远大于其他非法政学校(见表3-8与表3-9所列)。

表3-8 1914年江苏部分法政学校学生人数统计表②

地名	校名	学生数
江宁	省立法政专门学校	189
江宁	私立民国法政大学	1136
江宁	私立金陵法政专门学校	175
江宁	私立南京大学	110
江宁	私立江南法律学校	380
江宁	私立南京法律学校	75
江宁	私立民国大学	711
苏州	私立法律专门学校	160
苏州	私立共和法律学校	80
上海	私立民国法律学校	546
上海	私立中华法政专门学校	260
上海	私立神州大学	430

① 黄炎培:《黄炎培教育考察日记》(第一集),商务印书馆1915年版,第1~2页。
② 黄炎培:"教育前途危险之现象",中华职业教育社编《黄炎培教育文集》(第一卷),中国文史出版社1994年版,第23页。

(续表)

地名	校名	学生数
上海	私立法律大学	100
镇江	私立法律学校	90
清江	公立江北法政学校	300
		总计:4742

表 3-9　1914 年江苏部分非法政学校学生人数统计表①

校　　名	地　点	募集额	应试人数	试验及格人数
第一农业学校	江　宁	90	174	65
第三农业学校	清　河	100	130	94
水产学校	上　海	70	114	68
第一工业学校	江　宁	80	197	76
医学专门学校	吴　县	100	180	66
第七师范学校	铜　山	120	250	102
统　　计		560	1045	471

注:此表系 1914 年江苏省立学校中正式招生的六所学校,募集额指的是计划招生人数。

通过表 3-9 可以看出,表中应试人数仅为其招生计划的一倍,试验及格人数则几乎占招生计划的十分之八,这都是因为报考工、农、商、医类专门学校的人数过少导致而成的。将这六所学校的学生数,与表 3-8 中法政学校的学生额数比较,结果发现,后者数额不足前者的十分之一。黄炎培深为这种"重文轻实"的教育现象及江苏教育前途而担忧,于是关于学校教育应采用实用主义的想法油然而生。

江苏教育中"重文轻实"的现象是否同样存在于其他省份或地区,对此黄炎培心存疑惑,然而不做考察则不能妄下结论。1913 年秋,适值江苏省教育会派遣俞子夷、郭秉文、陈容一行赴欧美考察教育,黄炎培也由此萌发了

---

① 黄炎培:"教育前途危险之现象",中华职业教育社编《黄炎培教育文集》(第一卷),中国文史出版社 1994 年版,第 24 页。

考察国内教育的念头,希望将俞子夷等的外国教育考察与自己的本国教育考察结合起来进行,以便准确地分析、研究本国教育:

> 余则自任考察本国教育,将于三君归时,各举其考察所得,互相质证,庶几关于教育诸问题,平昔所怀疑所假定者,至是或可得较正确较适切之解决。夫考察外国教育所得,与考察本国教育所得,其不可同日语吾所知也。唯其然而致以施之于外国者,尽施之于吾国庸有当乎? 不能尽施矣,孰可而孰否,何去而何从,此非谙悉本国固有之社会状况与现在之教育状况,莫能下断语,此则考察本国教育之所为作也。①。

1914 年 2 月,黄炎培正式开始酝酿已久的本国教育考察活动。此次活动共分两个阶段,所耗时间为 130 多天:第一阶段是对安徽、江西、浙江三省教育情形进行了实地考察,希望以此了解江苏周边省份的教育实况;第二阶段,对山东、北京、天津三地的教育情况进行实地考察,以期与江苏一带进行比较。通过对各地教育状况、社会情形的详细调查,黄炎培分析、思考了中国教育存在的共同问题是与实际生活相脱节,以致造成了多数国民生计困难的社会现状:"各种社会无一不困于生计,但求得过且过为佳,断无三年九年之蓄。"②"学生毕业无出路,为方今教育上亟待研究之一问题。初等小学毕业,舍升高小无他路。高小毕业,舍升中学无他路。等而上之,莫不如此。而以中学为最甚。"③早在江苏省内调查各地方教育时,黄炎培便注意到了这种现象并为此担忧,此次对国内其他省份的考察使他更加重视这一问题,并再次对江苏各种公立、私立中学进行调查统计,结果发现,"毕业生升学者百分之二十五,谋事而不得事者三十"。④ 通过对江苏本省以及安徽、江西、浙江、山东、直隶等其他省份的实地考察,黄炎培最终找出了中国教育"病源"在于"所学非所用,所用非所学"的学用严重脱节。于是,出洋寻求"方书"成为黄炎培的下一步行动。

---

① 黄炎培:"考察本国教育笔记",中华职业教育社编《黄炎培教育文集》(第一卷),中国文史出版社 1994 年版,第 32 页。

② 黄炎培:《黄炎培教育考察日记》(第一集),商务印书馆 1915 年版,第 205～206 页。

③ 黄炎培:"考察本国教育笔记",中华职业教育社编《黄炎培教育文集》(第一卷),中国文史出版社 1994 年版,第 49 页。

④ 黄炎培:"考察本国教育笔记",中华职业教育社编《黄炎培教育文集》(第一卷),中国文史出版社 1994 年版,第 50 页。

(二)美国之行与其职业教育思想的初步形成

民国时期黄炎培有过数次出国教育考察活动,影响最大、意义最为深远的一次要数 1915 年的美国教育考察之行。"1915 年 4 月~7 月间,黄炎培的美国之行是其思想由倡导学校教育采用实用主义向全面学习、借鉴西方职业教育的一个转捩点"。① 这次考察活动是由北京政府农商部组织的,时人称为"游美实业团"。该团以考察美国实业为主,团员除了黄炎培外,还有聂云台、余日章②等人。虽然黄炎培在此次活动中的主要任务是"任笔墨之役",但对教育和实业素有研究的他却将更多时间放在美国职业教育的考察与研究上,希望此次美国之行能够有助于解决久困于心的国内教育与实业相脱节的问题。"至调查之目的,不外两种:一为职业教育之状况,一为职业教育与普通教育联络问题"。③ 幸运的是,考察之时正值美国大力提倡及发展职业教育的最佳时机。第一次世界大战之前,美国已经成立了许多职业教育研究机构,如职业教育研究委员会(马萨诸塞)、全国职业教育促进会、职业教育委员会(威斯康星州)。尤其是国会先后通过的《戴维斯法案》(Davis Act,1907 年)与《佩之法案》(Page Act,1912 年)两法案基本确立了美国职业教育的重要地位。1914 年,美国国会通过了著名的《史密斯——雷弗法案》(Smith—Lever Act)。该法案规定:"联邦应该拨给各州经费,以有助于在美国人民中广泛传播与农业和家政有关的各科实用知识,并鼓励人们运用这些知识。"④此法案进一步体现并保障了美国职业教育的重要地位。

游美实业团于 1915 年 4 月出发,同年 8 月返国。在美期间,黄炎培在参观旧金山博览会之余,还参观了美国 52 所学校:大学 4 所、中学 19 所、师范学校 6 所、实业学校 6 所、小学 12 所、幼稚园 2 所、其他学校 3 所,以中学和实业学校居多。之所以以考察实业学校和中学校为主,其目的是为了考察美国的职业教育,因为在黄炎培看来:"美国教育,其最适切于吾国现况,而急宜取以为法者,无如下列三事矣:一、实用教育;一、体育;一、校外教育。"⑤

---

① 谢长法:《江苏省教育会与中国近代职业教育》,《教育与职业》2008 年第 12 期。

② 游美实业团的成员大多数来自实业界,如银行、缲丝、冶铁、棉纱、矿产、茶叶、面粉制造、农业、绣货、珐琅制造等行业,从事教育者,仅黄炎培与余日章二人。

③ "黄炎培君调查美国教育报告",《教育杂志》第 8 卷第 4、6 号(1916 年 4 月、6 月)。

④ (奥)W. F. 康内尔著:《二十世纪世界教育史》,人民教育出版社 1990 年版,第 58 页。

⑤ 黄炎培:"新大陆之教育",中华职业教育社编《黄炎培教育文集》(第二卷),中国文史出版社 1994 年版,第 3 页。

其中,尤以实用教育为最宜取法者。而美国中学与实业学校正是实用主义教育思想的具体实践。美国中学采用分科制,多设有职业科或职业预备科,如黄炎培曾参观的纽约孟弗思市立中学的分科情形为:一、为大学预备科;二、为商业科;三、为理科,注重农学预备;四、职业科,凡铁工、木工等属焉。①其中第二、三、四种皆为职业预备,如果学生毕业后没有立即就业的话,仍然可以升入大学。在诸多中学校中,黄炎培考察和记录较为详细的要数泼雪腾那中学。当时美国学制主要采用"八四""六三三""六二四"等形式。"八四"制较其他两种形式要早,后来美国教育界人士觉得小学八年太长,中学四年所受之职业教育并不完备,于是从小学八年内,腾出二年受职业教育,故有"六六"制之规定;接着又认为中学六年为长,于是在中学之间设立承接学校接受一种预备职业教育,故有"六二四"及"六三二"之制度。美国教育界之所以将学制屡次变更,主要是为了解决中学毕业生升学与就业的实际问题,"其所以不惮屡改者,皆为学生谋生上之关系"。②是时美国中学主要施行的是分科制和选科制。泼雪腾那中学就是这样的一所综合性中学,由该校的选科表(见表3-10所列)即可以看出美国职业教育的主要内容及特点。

表3-10 泼雪腾那中学选科表之一③

年 科	第一年		第二年		第三年		第四年	
	上学期	下学期	上学期	下学期	上学期	下学期	上学期	下学期
英文	英文 方言 算学 历史(1)	同左	英文 方言 生物	同左	英文 理化	同左	英文 历史	同左
方言(5)	英文 方言 算学 历史(4)	同左	英文 方言 生物	同左	英文 方言	同左	方言 历史	同左

---

① 黄炎培:"新大陆之教育",中华职业教育社编《黄炎培教育文集》(第二卷),中国文史出版社1994年版,第24页。

② 黄炎培:"新大陆之教育",中华职业教育社编《黄炎培教育文集》(第二卷),中国文史出版社1994年版,第10页。

③ 黄炎培:"新大陆之教育",中华职业教育社编《黄炎培教育文集》(第二卷),中国文史出版社1994年版,第11~12页。

（续表）

年\科	第一年		第二年		第三年		第四年	
	上学期	下学期	上学期	下学期	上学期	下学期	上学期	下学期
算学	英文 方言 算学	同左	英文 算学 生物⁽²⁾ 算学	同左	英文 算学	同左	理化⁽³⁾ 历史	同左
历史	英文 方言 算学 历史	同左	英文方言 历史 生物⁽²⁾	同左	英文 或方言 历史	同左	经济	同左
生物	英文 方言 算学 图画⁽¹⁾	同左	英文方言 生物	同左	英文 生物 同左	同左	生物 历史	同左
物理	英文 方言 算学	同左	英文⁽²⁾ 方言算学 生物	同左	英文⁽³⁾ 理化	同左	理化 历史	同左
家事经济	英文 家事 经济 算学 图画	同左	英文家事 经济 生物	同左	家事经济 化学 图画	同左	家事 经济 卫生 与保育 历史	家事经济 食物 与饮食 历史
商业	商业 英文 商业 算学 书法 生物⁽⁶⁾	同左	英文 第9册 商业⁽⁷⁾ 地理 簿记或 速记及 打字	同左	英文 第10册 法制⁽⁷⁾ 与财政 高等⁽⁷⁾ 簿记或 高等 速记	同左	市政 大概 经济 美国史⁽⁷⁾ 商业 组织与 管理	同左

（续表）

年\科	第一年		第二年		第三年		第四年	
	上学期	下学期	上学期	下学期	上学期	下学期	上学期	下学期
手工	英文 机械 算学 图画	同左	同左	同左	机械 算学 生物(2) 图画	同左	机械 历史 图画	同左
艺术	英文 艺术 算学	同左	英文 生物 艺术	同左	英文 艺术 美术史	同左	历史 艺术	同左
音乐	英文和 声学算 学音乐	同左	英文 和声学 音乐 方言(2)	同左	音乐史 音乐 生物(2) 方言(3)	同左	音乐 历史	同左

注：(1)可在第一、第二或第三年习之；(2)可在第二或第三年习之；(3)可在第三或第四年习之；(4)读古文者必先读古史；(5)读今文者必先读近世史；(6)可在第一或第二年习之；(7)从五项中任选三项。

以上泼雪腾那中学选科表中所列英文、方言、算学、历史、生物学、物理学六科为文科，家事经济、农业、商业、手工、艺术、音乐等为职业科，与孟弗思市立中学及其他综合中学的分科情形大致相同。农业、商业、手工、家事等职业科目在美国中学科目中占据着重要地位，各种科目均有必修与选修之分。由此可见，在美国中学里，"其教科课程，处处与生活关系，校内设施，处处与社会联络"，中学况且如此，职业学校更不必说。因此，黄炎培认为，"直可称美国无中等实业学校，都是中学校，亦可称美国无中学校，都是中等实业学校"。① 反观国内中学教育，不但所习科目过多，且实用性很差，以致造成了中学生毕业后失业的现象非常严重，以黄炎培所调查的江苏全省中学校学生毕业后之状况为例，"大抵一百分中有二十五分升学，三十分得有相当职业，而其余则皆失业之人"。② 因此，美国中学之职业教育使黄炎培对

① "黄任之先生报告美国教育状况纪要"，《教育研究》第二十五期（1915年11月）。
② 黄炎培："调查美国教育报告"，中华职业教育社编《黄炎培教育文集》（第一卷），中国文史出版社1994年版，第272页。

国内中学教育及职业教育有了进一步的思考与认识。

黄炎培了解美国职业教育的途径除了参观中学和职业学校外,还包括对美国社会的观察。黄炎培认为:"离社会无教育,考教育者,凡夫一切现象,苟足以表示其一社会之特性、惯习、能力而堪供教育参证者,皆在所宜考。"①尤其是对于职业教育来说,其社会情状无一不是职业教育后的生动体现。因此,黄炎培此行还参观了美国一些工厂、工场、农场、试验场、博物院等与职业教育密切相关的场所。

与参观学校及其他社会部门以获取有关职业教育的感性知识相比,访问的美国教育界人士则为黄炎培提供了有关职业教育的理论知识。在美国考察期间,黄炎培每参观一州、市的教育机关时,几乎都能获得与当地教育负责人或教育专家交谈的机会。通过与他们的交谈,黄炎培对于美国职业教育的了解更加深入。在访问华盛顿教育局实业教育管理者伊新革(Ethinger)、哈伦(Harren)时,二人赠予黄炎培十一种最新绘制的关于教育机关与职业机关联络方法的图表。再如,访问波士顿市职业教育专家蒲鲁非儿时,因其曾创设一职业教育研究社,黄炎培便向其询问关于职业教育社的诸多问题,现摘录如下:

问:职业教育社发起之宗旨及方法。

答:工商业甚杂,据今调查所得,已有八九十种,其知识技能,家庭所无从教练,非由学校专教不可,此一因也。父母但知教子女习业,而不知何业之为社会所需要,故非专设机关调查指导不可,此又一因也。又如父母见打字赚钱,便令子女习打字,不知性情非近,或器管不灵,反不如学制帽之为得。余如肺弱不宜石工、腕弱不宜苦力,故择业必相其性质体格与工作之关系而定之。本社宗旨,又在鼓吹此意,使人人获有相当职业。

问:然则君所研究,在如何而使获相当职业,非如何而使无业者有业也信乎。

答:诚然。

问:现在已用多少功夫。

答:第一步调查,第二步从学校入手,因学校为有责任之机关,较易着手现在各工厂设补习学校者渐多。

---

① 黄炎培:"新大陆之教育",中华职业教育社编《黄炎培教育文集》(第二卷),中国文史出版社1994年版,第2~3页。

问：调查方法如何？

答：至工厂调查，已有六个月，就办事人与工人次第问之，一方从报纸上调查。①

此外，黄炎培还就美国普通中学毕业后的谋生问题、小学教育与职业教育有无计划等问题咨询了美国职业教育方面的专家。由上可见，黄炎培与美国职业教育界人士谈论的话题都与他此后在中国职业教育界的行动与思想密切相关。

（三）日本、菲律宾之行与其职业教育思想的巩固发展

除美国之外，黄炎培还继续考察了亚洲的其他一些国家，如日本、菲律宾、新加坡等。之所以在美国之行后又对这些国家进行职业教育方面的考察，无非是将两者进行比较，以求本国职业教育的最优发展，"我国教育制度，向多取法日本，欲更取美国方法移植我国，容有未尽适当者，故不若以日本、菲律宾合观而比较之，乃有所折衷而节取"。②

在日本考察期间，黄炎培参观了东京共立女子职业学校、东京府立工艺学校、东京高等工业学校、横滨商业学校等职业学校，并向东京高等师范学校教授佐佐木吉三郎、东京府立工艺学校教务主任铃木重幸、高等工艺学校校长阪田贞一及原校长手岛精一等人，就"日本一般教育家对于职业教育之意见""东京府立工艺学校与实业界之联络状况""教育与职业联络方法""实业专门教育与职业教育的缓急先后"等问题进行了请教。其中，日本职业教育家手岛精一关于职业教育的议论直接影响到黄炎培的职业思想。以下是黄炎培请教手岛精一关于职业教育的看法③：

问：工业教育家手岛精一氏对于职业教育之议论如何？

答：与氏谈话较长，择要述之，则第一节，论实业界与实业教育家不联络，各国皆然。日本二十年前，与今中国略同。其原因自学校言，教师对于本国状况，未能十分明了其所主张，往往不合实际之需要；自实业界言。则

---

① 黄炎培"新大陆之教育"，中华职业教育社编《黄炎培教育文集》（第二卷），中国文史出版社1994年版，第70～71页。

② 陈宝泉、韩振华、黄炎培等：《考察日本菲律宾教育团纪实》，上海商务印书馆1917年版，第1页。

③ 从问答形式及文字记录来看，本段并非黄炎培与手岛精一的对话原文，可能是黄炎培在接受"采访"或对考察团执行记录的文书的转述，亦有可能是因为交流时语言障碍所造成的补录，根据清末时期赴日教育考察活动中中国人与日本教育家进行"笔谈"的情况，也可做此推测。

墨守祖传之知识与经验,不思改良,此为通病。唯德国两方最为接洽,加以政府之助力,为两方谋种种便宜联络之法,故成绩独佳,东京高工氏(即此校老校长)附设职工学校,卒业生不足应用。现谋与工厂订约,三年生一周入厂实习,一周回校修业,亦是实行联络之一法。第二节,论实业专门教育与职工教育之比较。日本从前偏重于技师教育,但成绩不佳。社会对于技师,不如对于职工之尤感缺乏。须知社会需职工多,需技师少。故学校养成职工宜多,养成技师宜少。唯技师不可偏于理论,亦宜重实习,虽非亲为职工,苟无职工之技能,不能指挥职工也。第三节,论普通教育宜注意养成职业之基础。如算学、理化等科为职业的基础知识,不可不注意输入。尚有两事:一将为职业教育之准备,本可不注重人格修养;二师范卒业最好再受工商教育,适宜于为职业教师。总之,氏意对于职业教育,认为必须提倡,且甚憾日本各大学,文法科生多于他科,其结果成为高等游民,为违反教育本义云。①

在考察过程中,日本职业学校的设施也为黄炎培提供了关于职业学校教育的感性知识,如日本广岛高等师范附属中学之设施:“该中学分两部,第二部依现制,第一部以研究为目的,于通行各学科外,设农业、商业、手工三科。农业第四、五年课绪论、重要作物、栽培作物、病虫害、造林、水产、蚕业、园艺、畜产、土壤、肥料、农业经济法规。商业第四、五年课商本要项、商业簿记。若夫手工,非手工也。木工课指物、涂物、雕刻、辘轳,金工课锻工及钣金,第四年更课考案、制作、工业讲话、工业发达史,实已入于工业范围。观其工场设备,殆宛然一甲种工校,而其制作品,悉切合于实用。其办法令全部生徒于农、工、商三者,各以志愿选习其一。即其附属小学,亦有特殊之设施。其第二部高小男生设农、工、商三科,令任择其一,各三年华业,授以各该科之大要,而注重实习。女生则于理科授以家事之大要,而亦注重实习,各分组行之。”②

在菲律宾考察期间,黄炎培与蒋维乔一起详细考察了菲律宾的农业教育、工业教育、商业教育、家事教育。1898 年之前,菲律宾是西班牙的殖民地,美国夺得菲律宾后,菲律宾再次沦为美国的殖民地。因此,菲律宾的教

---

① 陈宝泉、韩振华、黄炎培等:《考察日本菲律宾教育团纪实》,上海商务印书馆 1917 年版,第 95~96 页。

② 陈宝泉、韩振华、黄炎培等:《考察日本菲律宾教育团纪实》,上海商务印书馆 1917 年版,第 88~89 页。

育是美国教育在其殖民地的移植。同美国一样,在菲律宾本土,职业教育受到相当地重视,"夙闻菲律宾大注重职业教育,仅知其趋向而已,及实地参观,方知其所定种种设施方法,诚有足令人惊叹者"。① 菲律宾自小学就设职业科的做法更是让黄炎培惊叹:"自初小起即设职业科,自高小起即分设农、工、商及家事科,中学分设农、工、商、家事等。各校能升学者授普通,不能升学者授职业,为各级所一致。自初小起,规定职业科为二十八类而每类又析为若干种,规定某学年男子习何种,女子习何种,又规定各种艺术品之教授顺序,全岛一致,故教者易教,而学者亦易学。其时间则小学职业科,常占总时间四之一、或五之一,高小分科。则时间之偏多于职业,更不待言"。② 在考察期间,菲律宾职业教育人士向黄炎培介绍了菲律宾提倡并推行职业教育的做法,其中以"与家庭联络""与商业联络",以社会教育与职业教育的联系的做法,以"编订课程及教材""养成教员""指导改良""经理发卖"加强教育局与各学校职业教育的关系的做法给黄炎培留下了深刻的印象。③ 黄炎培在菲律宾期间还与菲律宾华侨就职业教育于热爱祖国的意义进行交流、演说,并在菲律宾华侨中为即将成立的中华职业教育社进行募捐。

通过对国内实业教育与国外职业教育的比较,黄炎培对中国教育的出路有了初步的认识,并致力于中国职业教育问题的研究。1916 年 9 月,在黄炎培的主持下,江苏省教育会附设之职业教育研究会成立,这是中国近代教育史上最早成立的省级职业教育研究机构。次年 5 月,黄炎培等人领导的中华职业教育社在上海宣告成立。该社以"推广职业教育""改良职业教育""改良普通教育,为适于职业之准备"④为宗旨,以"为个人谋生之准备""为个人服务社会之准备""为国家、世界增进生产力之准备"⑤为目的,致力于对中国职业教育的研究与推广。无论是研究中国职业教育之机构的成立还是发

---

① 陈宝泉、韩振华、黄炎培等:《考察日本菲律宾教育团纪实》,上海商务印书馆 1917 年版,第96 页。

② 陈宝泉、韩振华、黄炎培等:《考察日本菲律宾教育团纪实》,上海商务印书馆 1917 年版,第97 页。

③ 参见陈宝泉、韩振华、黄炎培等:《考察日本菲律宾教育团纪实》,上海商务印书馆 1917 年版,第 102~103 页。

④ 黄炎培:"中华职业教育社宣言书",中华职业教育社编《黄炎培教育文集》(第二卷),中国文史出版社 1994 年版,第 180 页。

⑤ 黄炎培:"职业教育谈",中华职业教育社编《黄炎培教育文集》(第二卷),中国文史出版社1994 年版,第 254 页。

展职业教育之设想及目标的确立,都是黄炎培对美国、日本、菲律宾等国家
职业教育的发展特点的总结与吸纳。更进一步的是,通过对美国职业教育
与日本职业教育的考察比较,黄炎培认识到美国职业教育较日本职业教育
更适合中国,更值得中国学习与借鉴。因此,黄炎培的职业教育思想中蕴含
着更多的美国职业教育元素,这可以从1922年新学制中关于职业教育的设
置与说明中看出。

小　结

　　民国初期是中国教育现代化发展较为成熟的时期,是对清末时期教育
现代化发展成果进行补充与巩固的时期,是中国教育现代化发展的一个非
常关键的阶段。这一时期中国教育现代化的进一步发展主要表现在民主科
学教育观念的兴起、新学制的确立以及各类教育研究与实验的开展。以民
主和科学为旗帜的新文化运动使中国近代教育观念发生了巨大变化,继洋
务教育在技艺层面上、维新教育在制度层面上接受西方教育后,新文化运动
时期中国教育开始在思想观念层面上自觉接受西方教育,尤其是接受西方
教育中的民主、科学思想。其具体表现是在民主方面力求教育的个性化和
平民化,在科学方面力求教育的实用化和科学化。以民主、科学教育思想为
指导,诞生了1922年的"新学制"。"新学制"的七项标准——适应社会进化
之需要、发扬平民教育精神、谋个性之发展、注意国民经济力、注意生活教
育、使教育易于普及、多留各地伸缩余地,这正是新文化运动以来所倡导的
"民主"与"科学"精神的集中体现。民国前期中国教育现代化进一步发展的
另一个表现是以民主、科学思想为指导的各类教育研究与实验的开展,即平
民教育思潮、工读主义教育思潮、职业教育思潮、实用主义教育思潮、科学教
育思潮、国家主义教育思潮等异彩纷呈的教育思潮的兴起和设计教学法、道
尔顿制、文纳特卡制、葛雷制德克乐利教学法等学校教学方法的改革实验。

　　民国初期,中国教育现代化在思想、制度及教学方法上的进一步发展是
学习、借鉴西方科学、民主教育思想的结果。西方近代教育思想与制度输入
中国的途径除了通过书刊和留学生的译介外,还有出国教育考察活动者的
介绍。民国初期,出国教育考察活动对中国教育现代化进一步发展的影响
主要体现在新学制的确立和各类教育研究与实验。自中华民国成立以来,

中央与地方教育部门以及民间团体或人士就将考察国外教育制度作为发展本国教育的重要方式之一。第一次世界大战以后,各国教育都面临新的发展机会和共同趋势,考察国外教育制度是制订新学制的必要措施。新学制确立的前三四年是中国教育界出国教育考察最活跃的时期,其考察国别既有亚洲的日本、菲律宾等国,又有欧美的英、法、美等国;考察的内容包括各类教育制度,如师范教育制度、职业教育制度、教育行政制度、高等教育制度、中等教育制度、初等教育制度、义务教育制度等各个方面,为新学制的确立提供了非常翔实的参考资料。在参与新学制草拟及最终颁行的整个过程中,出国教育考察人员发挥了非常重要的作用,曾经考察过国外教育制度的黄炎培、袁希涛、金曾澄、陈容等先后参与了新学制的起草与最后的制订工作。

出国教育考察活动参与者同时还是开展各类教育研究与实验的积极分子。民国伊始,由日本传入中国的单级教学法和五段教授法仍然是中国教育的主要实验形式。因此,对日本单级教学法的考察仍是许多赴日教育考察者的重要活动内容与目标。这可从孟鹤龄、孙世庆、邓庆澜、王凤岐、白亮等人所著的《日本小学单级教授考查记》所记载的日本学校实施单级教学的具体情形中得以说明。在俞子夷奉命赴欧美考察教育后,日本教学法影响中国的情况有所转变。俞子夷在美国考察最多的是美国师范学校所试验的设计教学法。受此启发,俞子夷率先在中国开展了包括设计教学法在内的教学方法和教学组织形式的实验工作,为 20 世纪 20～30 年代风行于中国教育界的设计教学法、道尔顿制以及如火如荼的各种改革实验活动的兴起起到了带头作用。在民国初期的各种教育思潮及其教育实验中,受到国外教育影响最大的莫过于职业教育思潮及其实验。职业教育的研究与实验从最初发轫到初具形态到最终制度化,无一不是黄炎培、蒋维乔等职业教育家对国内外职业教育进行多次综合考察与实验的结晶。

第四章　民国中后期国人出国教育考察与中国教育改革(1922—1949)

　　《壬戌学制》确立之后,关于中国学制改革的争议暂时告一段落。在施行新学制的同时,各地的教育研究与实验活动也活跃起来,在教学方法上表现为自学辅导法、设计教学法、分团教学法、道尔顿制、文纳特卡制等的施行与研究;在教育理论与实验上表现为陶行知在晓庄和山海工学团的生活教育实验与研究、梁漱溟在山东邹平的乡村建设实验与研究、晏阳初在河北定县的平民教育实验与研究、俞庆棠在江苏无锡的民众教育实验与研究、雷沛鸿在广西的国民基础教育及高等教育的研究与实验等。因此,在日本发动全面侵华战争之前,民国时期的教育改革活动可谓如火如荼。以上教学方法及教育理论的研究与实验均是研究者们根据中国的实际情况,在参考并借鉴西方教学方法及教育思想的基础上形成的。因此,民国时期开展教育研究与实验的教育家们的留学欧美及赴欧美进行教育考察活动的经历对该时期的教育改革有一定影响。1937 年,日本发动全面侵略中国的战争,在对中国教育进行极端破坏和严重摧残的同时,日本侵略者们还借助扶持沦陷区的伪政权对我国青少年施行奴化教育。抗日战争胜利后,刚刚开始的教育善后复员工作又面临着国内革命战争的严峻形势,经过全国复员会议议决,本应大规模开展的出国教育考察活动终因战争而无暇顾及。

第一节　欧美教育考察与民国中后期教育改革

一、民国中后期欧美教育考察活动概述

(一)民国中后期欧美教育考察政策

新学制建立后,教育界人士的出国教育考察热情不再高涨,无论是关于

出国教育考察活动的提议,还是出国教育考察活动的实际组织,都大大逊色于学制改革讨论时期。直至 1926 年,已经数年没有提议的有关出国教育考察的议题在第十一届全国教育会联合大会上再次被提及,即大会议决案第十四条"组织国内外教育考察团并确定经费案"。因此案是再次提及,除重新强调教育考察的重要性以外,已无新增内容:"因第四届全国教育会联合大会议决'各省区每年派员考察国外教育案',业经详明规定,无重行立案之必要,公决将本案变更为催促实行本会第四届'各省区每年派员考察国外教育案'议决案,并根据该案各条文,分别考察国内教育,以资借镜而收联络发展之效。"①

1937 年,中国进入全面抗击日本侵略战争时期,严峻的战争形势影响了国内教育事业的正常开展,出国教育考察活动的开展也因此受到影响。继之而起的第二次世界大战又一次阻碍了各国家或民族之间教育交流活动的正常开展。因此在 1937 年至 1944 年期间,除了日伪政权在开展所谓的赴日教育考察活动外,鲜有赴欧美各国进行教育考察活动的开展。1943 年以后,随着战争局势的日益明朗化,曾经中断的国际教育交流与合作重新被提上教育发展的议事日程。同年秋,教育部开始着手选派出国考察研究人员,并呈请国民政府核准。具体如下:

选派理工农医等科研究人员八十五名,考察人员十名,出国研究考察。其考察之分类如下:(1)专科以上学校选荐理工农医各科副教授以上人员七十五名;(2)有国立中央研究院选派各科研究人员十名,两共八十五名。计赴美者六十四名,赴加拿大者六名,赴英者十三名;(教育部)考察教育行政人员十名赴美。此项出国考察及研究人员所有治装旅费及在国外生活费全部由政府核给,出国期间并可在服务机关照领薪津十分之七,赡养家属。原定出国研究考察期限均为两年,兹以战时各地交通不便,大多数被选定人员不能按时出国,而政府外汇短绌,故凡在三十四五(1945、1946)两年始行办理出国手续者,乃酌予缩减为一年半或一年。②

1945 年 9 月 20 日至 26 日,全国教育善后复员会议在重庆召开,讨论并筹划战后全国教育复员工作。蒋介石在会上特别强调战后教育工作的重要

---

① 邰爽秋等编:"第十一届全国教育会联合大会议决案",第 17 页,《历届教育会议议决案汇编》,教育编译馆 1935 年版。

② 蒋致远主编:《中国第二次教育年鉴》第八册第六编,台北宗青图书公司 1991 年版,第 895 页。

性:"今后建国时期,教育问题便是全国的基本问题。倘仍如过去一样,教育建设不好,那就绝不能负起建国的责任。抗战时期,军事第一,建国时期,教育第一,要为国家民族造就新青年,才能建设一个现代国家。"①与会者在此次会议中提出了诸多恢复教育的建议案,其中第四十一条即为"组织欧美教育访问团建议案"。与第一次世界大战即将结束时一样,参考并借鉴国外恢复战后教育的经验再次成为教育界人士的迫切要求。1946年1月,全国复员会议议决组织欧美教育访问团。与此同时,其他学术机关及专门学校也积极开展与西方国家的学术交流与合作,考察与研究风气逐渐恢复。为了防止或避免出国考察及研究活动的滥派,国民政府行政院专门出台了"考察实习订定办法九条",以期加强对出国考察、研究等活动的限制。

行政院以所属各部会署,及各省市政府,过去派遣人员出国考察或实习,漫无标准,亟应规定办法,以资限制,爰经第七五八次国会通过,将派遣人员出国考察及实习办法,予以改订办法九条,要点如次:1.非因国策上之重要措施,或新兴事业之特殊需要,不得派员出国考察或实习。2.出国考察或实习人员,应具备下列条件:(甲)考察人员,(1)国内各专科以上学校毕业,曾在派遣机关及其他所属机关,继续任职五年以上,成绩特优,对所考察之事项,素有研究者;(2)对派往国家之语言文字,有充分训练者;(3)身体健全,经医师检验合格者。(乙)实习人员(略)。3.各部会署,及各省市政府,派员出国考察或实习,应先申请政院核准,政院未核准以前,外交部不给护照。4.考察或实习人员,应支各项费用如下:(甲)考察人员治装费四百万元,出国及返国旅费各五百万元,生活费及考察费,每年五千万元,不及一年者,以每月五百万元计。(乙)实习人员(略)。5.出国考察或实习人员,于期满回国后,应仍回原机关服务,在三年以内,非经呈准,不得自行变更,否则追还其考察或实习之一切费用。②

以上规定虽然只是笼统地对所有出国学术考察及技术实习活动的整体限制,但教育事业的考察与实习亦不例外。其中关于出国考察人员的外语程度和回国后任职的限定,在以前有关出国教育考察活动的各项规定或办法中所未见。

①　熊明安:《中华民国教育史》,重庆出版社1997年版,第299～300页。
②　"派员出国考察实习行政院订定办法九条",《申报》1946年9月15日。

（二）民国中后期欧美教育考察活动概观

《壬戌学制》确立以后，中国人赴欧美进行教育考察的活动有所减少，尤其是教育部门和地方教育机构在活动开展上并不积极。据现有资料统计，地方教育机构中，仅见江西教育厅、广东教育厅曾经开展过几次欧美教育考察活动。民间教育人士赴欧美进行教育考察的活动也较为少见。这种现象一直持续到 20 世纪 30 年代初。1931 年，国际文化合作委员会（International Committee on Interllectual Co-operation，简称"国联"）应中国政府之请求，赴中国考察教育以协助中国政府改进中国教育制度，并著成《中国教育之改进》报告书提交世界文化合作委员会。经过世界文化委员会第十四次会议的专门讨论，国联通过邀请中国教育专员前赴欧洲考察的议决案。1932 年 6 月 18 日，教育部派遣程其保、杨廉、郭有守、李熙谋、杭立武等赴波、丹、德、法、英、意、奥、俄等欧洲各国考察教育。这是南京国民政府时期所组织的第一次较大规模国外教育考察团的派遣活动。继此之后，国民政府教育部和其他教育机构不断有出国教育考察的派遣活动（见表 4-1），但在规模上都逊于此次"教育部赴欧教育考察团"。

1944 年秋，教育部派遣中等教育司科长许自诚，督校赵祥麟，督学黄龙先，国民教育司科长胡叔异，专员李超英、赵笙，秘书温麟，国立十四中学校长杨希震赴美国考察各项教育，由于战事而中断的欧美教育考察活动终于成行。继此之后，中国赴欧美教育考察出现一个小高潮，据相关记载统计，自 1945—1949 年的欧美教育考察活动多达 11 次，考察内容十分广泛，既有对欧美教育行政、高等教育、中等教育、初等教育的考察，又有职业教育、师范教育、特殊教育、青年训练、难童教育及图书馆教育等方面的考察。

表 4-1　1922—1949 年欧美教育考察活动举概

时间	派出机构	派出人员	考察国别	考察内容
1923.7.20 —1926.2	北京大学	蔡元培	法国、比利时、英国、德国、奥地利、瑞典等	高等教育
1924 年	教育部	郑锦、俞同奎	欧美各国	欧美教育
1926.6	江西省教育厅	李松风	法国	法国教育
1926.7	江西省教育厅	朱希文	美国	美国教育

（续表）

时间	派出机构	派出人员	考察国别	考察内容
1927.9 —1928.8	广西省教育厅	雷沛鸿	丹、瑞(典)、挪、英、法、德、意等	高等教育、成人教育
1929.7	中华职业教育社	刘湛恩	欧美各国	出席第四届世界教育大会并顺道考察欧美职业教育
1932.6.18	教育部	程其保、杨廉、郭有守、李熙谋、杭立武	波、丹、德、法、英、意、奥、俄等国	欧洲各国各类教育
1932年夏		庄泽宣	意大利、捷克、瑞士、丹麦、德、法等	出席世界新教育会议及国际心理学会,顺道考察教育状况
1933.7	教育部	俞庆棠	丹麦、荷兰、奥地利、意大利、英、德、法等	民众教育
1933.5	教育部	董煜藩	美国	职业教育
1933.11	中国童子军总会、教育部	章辑五	欧美各国	体育教育和童子军教育
1934.3	山东省教育厅	陈剑恒、董渭川、徐轶千等5人	意、英、俄、德、波、丹、比、法、美、日本等国	教育制度与状况
1934.8	江苏省教育厅	马客谈	欧美各国	欧美教育
1934.8	上海工部局	陈鹤琴	欧洲各国	欧美教育、电影教育
1934.11	中国童子军总会	徐观余	美、英、意、德等	童子军教育
1934.11	浙江教育厅	陈柏青	欧洲	国民体育
1935.1	教育部	余上沅	欧美各国	戏剧艺术教育
1935.8	中国教育学会和中国社会教育社	罗廷光	欧洲各国	出席在英国牛津召开的第六届世界教育会议,并奉命考察欧洲教育

（续表）

时间	派出机构	派出人员	考察国别	考察内容
1935.8	上海市政府暨社会局	周尚	欧美各国	健康卫生教育
1935 年	未详	程国扬	欧洲各国	参加第六届世界教育联合会,并考察欧洲各国教育
1935.9	教育部	庞京周	欧美各国	医学教育及行政
1936.4	教育部	谢树英	欧洲各国	高等教育
1936 年	教育部	由袁敦礼、郝更生领队的中国体育考察团 37 人	丹、瑞、德、捷、奥、匈、意等	参加在柏林举行的第十二届奥运会,会后赴苏联及欧洲各国考察体育
1936.7	接受世界新教育联谊会邀请	陶行知	法、德、意、美、土耳其、苏联等国	赴英国伦敦参加第七届新教育会议,会后考察欧洲新教育与新文化
1936.10	教育部	徐逸樵	欧洲	社会教育
1937.1	北京大学	吴俊升	欧洲	新兴大学教育
1944 年秋	教育部	许自诚、赵祥麟、黄龙先、胡叔异、李超英、赵笙、温麟、杨希震	欧美各国	欧美教育
1945.2	教育部	吴俊升	美国、加拿大	美洲高等教育
1946.1	教育部	罗家伦	美国	出席联合国教育会议之便,考察华盛顿韦斯莱大学及其他专科学校
1946.2	金陵大学	章之汶	英国	农业及农业教育
1946.5		樊正康	美国	高等教育

(续表)

时间	派出机构	派出人员	考察国别	考察内容
1946.7	北京师范学院	袁敦礼	美国	图书馆教育
1947.2	教育部	钟道赞、唐世芳、宋大鲁、徐继祖、杜叔机	英国	各类教育
1947.3	教育部	杜维涛	美国	电化教育
1948.10	教育部	俞庆棠	美国	难童教育
1948	中国教育学会	陈鹤琴	欧洲	儿童教育
1948	教育部	陈选善	美国	各类教育
1949	教育部	陈礼江	美国	社会教育

资料来源:《教育部公报》《教育杂志》《中华教育界》《申报》《晨报》《儿童教育》《教育研究》《教育通讯》复刊、《四川教育通讯》《中国现代教育大事记》(中央教育科学研究所编,教育科学出版社1988年版)、《雷沛鸿文集》(韦善美、马清和编,广西教育出版社1989年版)、《罗炳之教育论著选》(罗炳之著,江苏教育出版社1987年版)、《董渭川教育文存》(董乃强编,人民教育出版社2007年版)、《中国教育大系·历代教育名人志》(顾明远主编,湖北教育出版社1994年版)等。

(三)民国中后期欧美教育考察活动特征

1. 考察内容广泛

与民国前期相比,民国后期赴欧美教育考察的内容更为广泛,除了对教育行政、普通教育、职业教育、高等教育及师范教育等方面进行综合考察外,还对欧美各国的民众教育、成人教育、社会教育、体育教育、青年训练、童子军教育、卫生健康教育、电影教育、电化教育、图书馆教育等进行了专项考察。其中,民众教育或成人教育考察活动在20世纪20年代末和30年代初开展较多,30年代后期及40年代考察的重点则转向青年训练、童子军教育、卫生健康教育、电影电化教育和图书馆教育。

欧美成人教育及民众教育考察活动对民国中后期中国教育的实验与改革影响较大。自1926年时任广东省教育厅厅长的许崇清在《教育方针草案》提出"民众教育事业"以后,民众教育成为南京国民政府训政时期的重要教育理论,"民众教育是救国家衰弱的良方,是求自由平等的要素,是唤起民众的工具","总理倡导国民革命的目的,是要唤起民众以求中国的自由平等,所以在中国必须力行民众教育"。① 20 世纪 30 年代,在俞庆棠、高阳、雷沛鸿、董渭川、陈礼江等人的理论倡导和教育实验的基础上,形成了民众教育思潮,国民政府和民间人士一起发起了民众教育运动。为了参照国外民众教育与成人教育②的经验,以求民众教育运动更加有效地开展,教育部于 1933 年 7 月专门派出俞庆棠、董渭川等一行人赴丹麦、荷兰、奥地利、意大利、英、德、法、苏等欧洲各国考察民众教育。③ 归国后,董渭川在《中华教育界》上撰文介绍了苏联民众教育和英国城市与乡村的民众教育;④俞庆棠则将国外成功的经验予以大力推广,并专门撰写《民众教育》一书,将本国民众教育研究推向一个新的理论高点。

2. 参加世界教育会议时顺道考察欧美教育

民国后期的欧美教育考察中有数次考察活动并非专门派出,而是考察成员因出席世界性的教育会议顺道对所在国及周边国家教育的考察。20 世纪 20 年代以后,随着中国教育的自身发展以及世界教育论坛的开展,中国教育界参与世界教育活动与会议日益增多。由于路途遥远、经费紧张,再加上学习借鉴西方国家教育制度的热情,与会者在会议结束之后基本上都要抓住出国这一难得的机会对东道主及周边国家的教育进行一番考察。如表 4 - 1 中提及的庄泽宣、罗廷光、程国扬、陈友松、王承绪、陶行知、刘湛恩、陈鹤琴等,都曾借出席世界性教育会议之便,对会议主办国及其周边国家的教育进行过认真细致地考察。

---

① 《民众教育概要》,1929 版,第 1 页,出版机构不详。

② 在民众教育运动之初,成人教育包含在民众教育之内,是民众教育的一个重要部分,民众教育将不同阶级的所有儿童和成人都包括在内,"是为全国民众办的教育……失学的人在里面,不失学的人也在里面;成人在里面,青年人和幼年人也在里面;无产的人在里面,有产的人也在里面"(《民众教育新论》,江苏省立教育学院 1930 年版,第 18 页)。鉴于中国先期失学儿童过多,成年文盲比例过高的实际情形,民众教育家雷沛鸿认为,民众教育,一方面是成人的"补充义务教育";另一方面,则是"使民众受了规定年限的义务教育以后,还有机会读书和研究他们所需要的学问"。因此,它理应是成人教育。雷沛鸿的这种认识,逐渐为其他民众教育工作者所接受。是故,二十世纪二三十年代的民众教育运动更多意义上指的是成人教育运动。

③ 1933 年 2 月,教育部在南京召开"民众教育专家会议",讨论并拟定了民众教育实施具体办法,要求制订新的教育系统,使民众教育享有法定地位。会议结束后,俞庆棠按照会议精神率团赴欧洲考察民众教育(即成人教育与合作事业)。

④ 董渭川:《苏联民众政治教育师范院访问记》,《中华教育界》1935 年第 23 卷第 10 期;《英国城市与乡村民众教育之比照》,《中华教育界》1936 年第 24 卷第 1 期。

　　刘湛恩于 1929 年 7 月 26 日至 8 月 3 日参加世界教育会联合会第三届大会。会议结束后,刘湛恩便顺道考察欧美各国职业教育,"此行除出席会议外,辄参观各国教育,与其专家讨论职业教育问题"。① 通过考察,刘湛恩将欧美职业教育的现有特征及发展趋势概观为十点——职业教育观念之平等,新职业之勃兴,殖民事业之锐进,先发达职业而后普通教育,教育与职业之合一,首脑并重之训练,试验精神,课程与教学法之改进,职业指导之趋势,农村职业教育之注意。② 在此基础上,刘湛恩对中华职业教育社的未来发展提出一系列建设性的意见:第一,仿效美国"进步教育社",竭力向社会宣传职业教育;第二,仿效英国"费平学社",努力征求有学者资格的人员为本社研究的中心成员;第三,继续罗致试验人才,联络本社以外其他学校一同试验;第四,多加注意手工业,促进手工业之改良;第五,发起殖边运动,打开职业教育新出路;第六,继续推广乡村教育;第七,继续推广职业指导所;第八,提倡国外职业教育考察团等,③为民国中后期中国职业教育的发展提供了有益的参考和指导。庄泽宣于 1932 年夏出席世界新教育会议及国际心理学会时,顺道考察了意大利、法国、英国、德国、瑞士、丹麦、捷克等欧洲各国的教育,对意大利的体育教育、丹麦与捷克的民众教育、欧洲的教育研究机构及国际教育组织等留下了深刻的印象。在其《欧游教育印象》中,庄泽宣认为欧洲学校中"以儿童为本位""一面做一面学,做学相长"④的教育生活化的倾向,应成为中国教育改造的方向。1935 年 8 月,罗廷光代表中国教育学会和中国社会教育社参加第六届世界教育会议,并奉命考察欧洲教育。驻欧期间,罗廷光致力于搜集各国教育与民族复兴、教育与文化建设、各国青年训练、各国教育政策、比较教育行政、师资训练问题、乡村教育问题等方面的资料,以做比较教育的研究,为中国近代比较教育研究做出了重大贡献。⑤

---

　　① 　刘湛恩:"出席世界教育会议与欧美职业教育之鸟瞰",《申报》1929 年 9 月 22 日。
　　② 　参见刘湛恩"出席世界教育会议与欧美职业教育之鸟瞰",《申报》1929 年 9 月 22 日。
　　③ 　参见刘湛恩"参观欧美职业学校与其专家讨论职业教育问题后之感想",《教育与职业》1929年第 108 期。
　　④ 　"欧游教育印象",《中华教育界》1934 年第 21 卷第 10、11 期。
　　⑤ 　罗廷光:《读者通讯》,《中国新论》1935 年第 1 卷第 3 期。

表 4 - 2　出席世界教育会议人员所撰教育考察文章举概

作者	会议名称	与会时间	文章名称	刊物名称
刘湛恩	第四届世界教育大会	1929.7	《最近旅行欧美的感想》	《生活周刊》1929 年第 4 期
			《参观欧美职业学校与其专家讨论职业教育问题后之感想》	《教育与职业》1929 年第 108 期
庄泽宣	第六届世界新教育会议	1932	《葛龙维的学说及其影响》	《国立中山大学文学院专刊》1933 年第 1 期
			《英意德的青年训练》	《浙江教育行政周刊》1935 年第 6 卷第 30 期
			《德国的生产教育与劳动服务》	《中华教育界》1935 年第 23 卷第 4 期
			《苏俄的公民训练与政治教育》	《中华教育界》1935 年第 23 卷第 3 期
罗廷光	第六届世界教育会议	1935.8	《参加世界教育会议的经过》	《教育杂志》1935 年第 25 卷第 10 期
			《德国之青年训练》	《中华教育界》1936 年第 24 卷第 4 期
			《德国厉行青年义务劳动》	《中国新论》1936 年第 2 卷第 5 期
			《英国师范学制概观》	《江西教育》1936 年第 15~16 期
			《德国青年训练》	《江西教育》1936 年第 21 期
			《英国青年训练》	《中华教育界》1937 年第 25 卷第 2 期
			《最近德国之师范学制》	《中华教育界》1937 年第 24 卷第 9 期
			《俄国青年训练》	《中华教育界》1937 年第 25 卷第 1 期
			《意大利青年训练》	《中华教育界》1937 年第 24 卷第 12 期
			《德国青年训练》	《中华教育界》1937 年第 24 卷第 11 期

（续表）

作者	会议 名称	与会 时间	文章名称	刊物名称
程国扬	第六届世界 教育联合会	1935	《世界教育会议纪事》	《中华教育界》1935 年第 23 卷第 5 期
			《英国成人教育及其组织》	《教与学》1936 年第 2 卷第 3 期
			《英国的特种学校》	《教育杂志》1936 年第 26 卷第 3 期
			《通信:德国的青年训练》	《是非公论》1936 年第 9 期
			《欧游随笔》	《国际评论》1936 年第 1 期
			《苏俄的文化组合与儿童 教育》	《中华教育界》1937 年第 24 卷第 9 期
			《意大利的小学》	《教与学》1937 年第 3 卷第 1 期
陈鹤琴	联教组织世 界儿童教育 会议	1948	《欧美教育的新趋势》	《现代教学丛刊》1949 年第 6 期
			《欧美教育新的趋势》	市政评论 1949 年第 11 卷 第 3～4 期
			《各国基本教育鸟瞰》	中华教育界 1947 年第 1 卷 第 8 期复刊

二、1932—1933 年教育部赴欧教育考察团

（一）国联教育考察团来华考察及对中国教育改进的建议

1927 年是中国近代教育发展与改革的又一个转折点。自清末一味模仿日本到民国前期逐渐摆脱日本的影响而又重蹈模仿美国的单一模式的覆辙之后,反对采用某一单个国家教育模式的呼声日益强烈,教育界人士逐渐致力于教育的中国化道路的探索。1928 年,第一次全国教育会议确立的"戊辰学制"虽然仍是以 1922 年"新学制"为基础,但接下来的 1929 年、1932 年、1933 年的三次调整和补充,便是中国试图不依靠外国模式以建立自己的教育制度的一次探索。[①] 1925 年,五卅运动以后,国家主义思潮盛行,"应注重

---

① 参见(加)许美德、(法)巴斯蒂等著《中外比较教育史》,上海人民出版社 1990 年版,第 18 页。

本国文化,以启迪发挥国性(民)之独立思想"①的建议曾在中国教育界产生过一定的影响,注重本国文化成为中国教育界探索教育发展的全新认识。虽然在此之前即有强调中国固有文化及其教育的言论,然而在新文化及五四运动的猛烈攻击之下一直未能获得应有的重视。五四运动热情逐渐冷却之后的几年,人们一方面是重新看待中国固有文化,另一方面则是客观地审视外国教育模式。因此,曾经影响1922年"新学制"的美国教育制度,理所当然地受到了部分教育界人士的批评。

为了进一步改进20年代以来的中国教育以及实现教育改造中国的计划,南京国民政府教育部和行政院分别于1931年3月、4月两次致电国际联合会秘书处,请求"国联"帮助中国"拟订并实施中国政府所颁定的改造中国的计划,以期促进中国教育制度之完善,并便利中国及外国文化各中心之交通"。② 同时请求国联派一个专家组来华考察教育制度,以期对中国教育制度及政府实施的改造计划等方面提供建议,并进一步促进中国同国联其他会员国之间的交流与合作。同年9月,由国际文化合作委员会专家组成的考察团③(时称"国联教育考察团")抵达中国上海,先后在上海、南京、天津、北平、河北定县、杭州、江苏无锡、苏州、镇江、广州等地考察各项教育。三个多月的考察工作结束后,国联考察团著成《中国教育之改进》一书。在该书中,考察团首先指出中国教育的主要危机在于中国固有文化精神的缺失:

主要之危机,即在对于外国文化之方法与实质,徒为形式上之摩仿而已。现代中国最显著之特征,即为一群人所造成之某种外国文化之特殊趋势,此或来自美国、德国、法国或其他国家。影响之最重大者殆为美国。极多之中国青年知识分子,徒摩仿美国生活之外形,而不知美国主义系导源于美国所特有之情状,其与中国所流行之情状完全不同。而同时中国生活之现代化,势不能舍外国之模型而独立完成,此又显而易见也。故中国新时代之知识分子,自革命以还,咸努力于依照某种舶来之思想,以改造中国之教

---

① 王克仁、余家菊:《中国教育辞典·教育宗旨》,中华书局1928年版,第656页。转引自陈桂生:《教育研究空间的探索》,福建教育出版社2007年版,第116页。
② 《教育部公报》第3卷第5期,1931年5月。
③ 国联考察团主要成员为:柏林大学教授、前普鲁士教育部长柏刻(Carl. H. Becker),波兰教育部初等教育司长法尔斯基教授(M . Falski),法兰西大学教授郎吉梵(P. Langevin),伦敦大学政治经济学院教授叨尼(R. H. Tawney),国联秘书长窝尔忒兹(Frank P. Walters)。考察团抵达中国后,又有国际教育电影社撒狄(Baron. A. Sardi)和国际文化合作社社长波内(M. Henri Bonnet)两人加入考察团进行教育调查工作。

育制度。而中国几千年以来之传统文化,则认为不合时宜。中国高度之文明,其源泉大抵已告涸竭矣。同时此种对于固有文化,在教育上的价值之误解与藐视,其趋势乃为人所不能不反对者……中国之维新,固不能不利用外国文明,但纯为机械之摩仿,其危险实不可胜言。若循抄袭一种模型——且仅一种模型而已——之趋势,则其摩仿所冒之危险亦必增加。[1]

其实,在报告书中,国联考察团已经明确地指出中国文化与教育的危机根源是对某一国家尤其是美国的纯粹模仿。在具体教育问题上,国联考察团分别指出了中国小学教育、中学教育、高等教育、职业教育及成人教育等方面存在的诸多问题,并就各类教育分别提出具体的改革建议,尤其是对中等教育和高等教育注重形式忽视质量的批评切中时弊,并提出了诸多合理化建议:

中等教育,不应仅为升入大学之准备;因中等学校毕业生能升学而受高等教育者,仅居一小部分而已。职业学校与师范学校,实构成中等教育不容缺少之一部分。藉师范学校毕业生之力量,可以保证初等教育与中等教育之统一。职业教育,必须注重,更图发展,庶几有天才之学生,可由下级职业教育升至最高级也。

高等教育,应在质量上大加改良。现在各文化中心点,大学之数目过多。平均每学生五人,竟劳一饱学教师费其全部或一部之时间以从事,此实不合情理者也。如在一地数个互相竞争之大学,不能完全统一,则务求其合作,以过浪费之竞争。私立大学或专门学校,如不誓守此种合作,以赞助国家一种有效率之学制者,则不应许其立案。[2]

随着《中国教育之改进》的翻译出版,国联考察团的主张和建议立刻引起国内外学者的极大关注,众多学界同仁纷纷撰文评论。是时著名的教育刊物《中华教育界》和政治刊物《独立评论》分别编辑专刊发表评论国联教育考察团报告书的文章。虽然部分教育界人士认为国联考察团的报告"不乏有价值的批评和建议",但"前后矛盾的地方也不少",[3]更有甚者认为考察团成员"既不能了解中国的国内局势,又不肯体认国际间的倾轧的情形"。[4] 言

---

[1]　国联教育考察团著:《中国教育之改进》,国立编译馆1932年版,第14～15页。
[2]　国联教育考察团著:《中国教育之改进》,国立编译馆1932年版,第220页。
[3]　汤才伯主编:《廖世承教育论著选》,人民教育出版社1992年版,第277页。
[4]　尚仲衣:《国联教育考察团建议书的批判》,《中华教育界》第20卷第11期,1931年11月。

下之意即是来自欧洲的国联考察团成员企图以批评中国模仿美国教育制度的失败达到转而模仿欧洲教育制度的目的。事实上,国联考察团的确直言不讳地指出"欧洲文化上之情形,与美国之情形相比,较适宜中国之需求"。[1]不管以上建议是否为中国教育界所接受,但可以肯定的是此次访华促成了中国教育部考察团赴欧考察的行动。

(二)教育部考察团赴欧及其对中国教育改进的建议

离华之前,国联教育考察团并致电教育部,请求"应尽速派一特别委员会前往欧洲,研究欧洲各国学校之组织,所派人员应为富有经验者,将来即期以彼等为改造领袖。"[2]相对于教育界而言,政界人士对国联考察团的报告则更多的是肯定和称赞之词,因此国联考察团离开中国之前的请求很快得到了回复并于次年付诸实际行动。1932年6月18日,国民政府教育部派遣程其保(中央大学教育学院院长)、杨廉(北平大学教授)、郭有守(教育部高等教育司司长)、李熙谋(浙江大学院长)、杭立武(中英庚款董事会总干事)等人前赴波兰、丹麦、德国、法国、英国、意大利、奥国、俄国、瑞士等九国进行教育考察,时称"教育部赴欧教育考察团"。[3] 此次考察活动历时半载,考察团成员们主要就各国的初等教育、中等教育、高等教育、职业教育及社会教育进行了详细考察。考察团归国后由程其保、杨廉、李熙谋分别就初等教育、中等教育及职业教育编成三大报告书——《初等教育报告书》《欧洲之中学教育》《职业教育报告书》,分别在介绍与参照欧洲各国各类教育制度的基

---

[1] 国联教育考察团著:《中国教育之改进》,国立编译馆1932年版,第20页。
[2] 国联教育考察团著:《中国教育之改进》,国立编译馆1932年版,第222页。
[3] 根据《教育部公报》第4卷第25、26期、《申报》1932年6月20日及《中国近七十年来教育记事》均仅提及程其保、杨廉、郭有守、李熙谋、杭立武5人,而兰军在其博士论文《民国时期中国教育在国际教育论坛上的展现——基于对国际教育组织及会议的考察》一文中将考察团成员列举为程其保、杨廉、郭有守、李熙谋、厉家祥(教育问题作家)、陈和铣(江苏省教育厅厅长)等6人(华中师范大学2007年博士学位论文,第108页)。兰军博士论文中的6人系参考张力著《国际合作在中国:国际联盟角色的考察1919—1946》(台北中央研究院近代史研究所1999年版,第52页)。又据李熙谋在《职业教育报告书》"凡例"中所叙,"欧洲教育考察报告书,划分五部分,为(1)初等教育,(2)中等教育,(3)高等教育,(4)社会教育,(5)职业教育,由考察团同人五人分任之"。从其时图书或期刊资料中,笔者已经查到考察团五人对应的五项考察报告类别,即程其保负责初等教育,杨廉负责中等教育,郭有守负责高等教育,李熙谋负责职业教育,厉家祥负责社会教育(详见《江西教育旬刊》1933年第6卷第6~7期)。并且,程、李、杨、郭、厉五人归国后受江西教育厅邀请作欧洲教育考察的专题报告,郭有守在报告中亦自称"我五人以欧洲考察"。由此,笔者断定,1932—1933年的教育部赴欧教育考察团应系程其保、杨廉、郭有守、李熙谋、厉家祥5人,而非程其保、杨廉、郭有守、李熙谋、杭立武5人,亦非程其保、杨廉、郭有守、李熙谋、厉家祥、陈和铣6人。

础上,就中国初等、中等及职业教育的问题和出路进行了探讨。

《初等教育报告书》由程其保编著,共分五章:第一章介绍欧战后各国初等教育发展趋势;第二、三两章介绍欧洲各国之初等教育制度;第四章介绍欧洲各国初等教育之新资料;第五章结论部分,即程其保于考察之后对我国初等教育所提的建议。程其保一行对德、英、法、俄等国初等教育的考察非常细致,既有对各国初等教育整体发展历程及发展趋势的考察,又有对初等教育制度的总体考察,还有对各类初等学校的具体微观考察。考察所得资料不可谓不丰富,但考察者认为大量考察资料的所得并不是考察的最大收获,最大收获是"精神之感触",即欧洲初等教育的确较中国发达许多,在一定程度上可供中国学习,但不能一味模仿。在程其保看来:

> 欧洲教育,经最近二三百年之努力,各有强国之根基,彼辈现在之工作,唯在求改进与充实。而我国教育,尚在萌芽,在质在量,均瞠乎人后,而欲采同一方法,同一步骤,以求推进,其结果断难圆满。譬之各国学校,现均不惜以巨大之金钱,从事于各种之实验,而使学校之发展,反受阻碍。如此类事,诚为今日我国教育界所不可不注意也。为今之图,我国教育之改进,应以挽救危亡,复兴民族为唯一之目标。故其方法与步骤,必须注意于(一)敏捷,(二)经济,(三)普遍三个原则。若斤斤于理论之探求,与形式之模仿,时代固非所宜,情势亦所不许也。是以吾人在欧洲之所得,只能举其大端,介绍于吾国,以为参考之资料,若谓欧洲之教育已臻至善之境,甚者以欧洲一切一切,皆足供我等之模仿,则殊失此报告之本意矣。[①]

在结论部分,程其保根据考察所得对中国初等教育改进途径提出七点建议:第一,确定初等教育之目的为复兴民族;第二,教育部应设初等教育专司;第三,初等教育之经费应以省为单位;第四,视察制度及应改善;第五,教育行政应力求合理化;第六,小学制度似有变通之必要;第七,课程、教材与教学似应重定标准。

《职业教育报告书》由李熙谋编著,共分四章:第一章为引言,主要论述职业教育的范围和职业教育与社会经济及民众生活的关系;第二章介绍欧洲各国职业教育之现状,分波兰、德国、法国、英国、意大利、奥国、苏俄七国进行专门介绍;第三章介绍欧洲各国职业教育之特点;第四章指出中国职业

---

① 程其保著:《教育部赴欧教育考察团初等教育报告书》,教育部 1934 年印行,第 261 页。

教育问题。在第四章中,李熙谋首先指出欧洲各国职业教育优于中国的三大要点:其一为欧洲各国职业教育的实习工场训练均按照工厂方法实施,如"记录工作时间、估计成本皆有规定格式,不若我国学校工场实习,徒具实习形式,与现行工厂实用方法,是否相合,并不顾及";[①]其二为欧洲各国职业学校修业年限富有弹性,有数年卒业者,也有数月毕业者;其三是欧洲各国职业教育十分注意世界市场之供求状况与经济情形之转变,因此在教材上极为注重新鲜,在方法上极为注重合乎时宜。由此,李熙谋指出中国职业教育的问题主要表现在师资、职业学校之地理分布与学科审查、工艺教育及手工业教育四个方面。在师资方面,李熙谋指出师资问题是中国职业教育各种繁复问题如设备不充实、教课不切实用、学校所在地不适宜等的问题中最急要者,"若良师可得,则其他问题,悉可迎刃而解也"。[②]在职业学校之地理分布与学科审查上,李熙谋强调职业学校应随实业之需要而设立,其分布状况必须适合当地情形,其学科设置必须切合实用。李熙谋在最后指出不注重工艺教育和手工业教育也是中国职业教育的一大问题。工艺教育为欧洲各国所提倡,手工业如制陶、制瓷、制丝、制缎则是中国传统手工业,应该发扬光大,这两个方面的职业技术教育均应提倡。由此,李熙谋建议组织全国职业教育设计委员会附设于教育部,延聘并养成专技师资,罗致国内各项手工业之著名匠师设立学校,派遣专门人员赴各地进行职业指导,于现行学制中酌加木工及金工实习功课,鼓励现行工厂及国营事业设立艺徒及工艺学校。[③]

《欧洲之中学教育》由杨廉编著而成,教育部 1934 年印行。在该报告书中,杨廉分别介绍了各国的中学教育制度,并将其与中国中学教育进行比较。通过比较,杨廉认为,欧洲各国中学教育与中国中学教育有以下数点不同:第一,欧洲中等教育之目的与中国不同。杨廉认为欧洲中学实行普通教育与职业教育分开进行,以中间学校进行衔接可以达到分类教育的目的;而中国中学内分师范、农、工、商、家事等科则无法达到这一目的。第二,欧洲中学校之组织与中国不同。杨廉认为,欧洲小学与中学有一段重复之处,而中国小学与中学间的界限截然分明;欧洲的中学课程分许多组,如古代文化

---

① 李熙谋著:《教育部赴欧教育考察团职业教育报告书》,教育部 1933 年印行,第 160～161 页。
② 李熙谋著:《教育部赴欧教育考察团职业教育报告书》,教育部 1933 年印行,第 160 页。
③ 参见李熙谋著:《教育部赴欧教育考察团职业教育报告书》,教育部 1933 年印行,第 160～172 页。

中心、近代文化中心等,而中国中学课程注重分科,如文科、理科等。第三,欧洲中学教师之精神与中国不同。杨廉认为,欧洲的中学教师服务精神极好,在一校服务二三十年的教师随处可见。第四,欧洲中学生之训练与中国不同,具体表现为欧洲中学生采取家庭式的训育方式,学风极好,少有学潮的发生,不似中国常有此类之事。第五,欧洲中学之行政与中国不同。杨廉观察到欧洲中学的行政既简单又合理有效,一校内一校长,不似中国还有掌理教务、训育、事务等主任。在比较分析的基础上,杨廉进一步总结出欧洲中学教育较中国中学教育进步的内在原因为政治与社会安定、教育经费充裕、教师选择严格三个方面。以上数项,杨廉认为正是中国中学教育所应注意和效仿的。

赴欧教育考察团除了编辑出版初等教育、中学教育和职业教育的报告书专门介绍欧洲三方面的教育外,还通过讲演的方式报告了欧洲各国社会教育和高等教育的情形。关于欧洲高等教育,考察团参观相对较少,郭有守在报告里谈得亦不多,正如郭自己所言,"我们未出发前,原预备了很多问题,到欧洲后,差不多找不到相同的答案,因为在那些地方,根本就没有这一般的问题发生"。[①] 最后,考察者们只好通过与校长、教授们谈话获取一些资料。在报告中,郭有守主要介绍了俄、英、德、法、意等五国的大学制度,并建议中国高等教育应以"根据国家社会环境的需要,养成适用的人才"为根本方针。关注欧洲社会教育的是厉家祥,在归国讲演中,厉简要介绍了欧洲社会教育的重点在民众之训练、生产之技能、生活之兴趣、民众之健康及体格之锻炼等五个方面。通过考察,厉认为中国社会教育应当注意以下三点:第一,要提升民族观念以团结一盘散沙之民众;第二,要养成生产技能以救济贫困失业之社会;第三,要锻炼健全体格以巩固强种强国之基础。[②]

考察欧洲初等、中等、高等、职业及社会等各级各类教育,本是此次赴欧教育考察团的任务分工,考察团成员们都非常认真地履行着各自的职责。作为首要成员的程其保不仅完成了自己分内的任务,还格外关注到欧洲各国的新教育发展状况。当时一些重要的国内期刊中就刊载了程的考察记录,如《时代公论》1933年第2卷第57、58、59、61、62、64及68号中,连载了程的《欧洲各国教育观察谈》,分别介绍意大利、苏俄、德国、英国、法国、奥地

---

①　郭有守:"欧洲的高等教育",《江西教育旬刊》1933年第6卷第6~7期。
②　厉家祥:"欧洲的社会教育",《江西教育旬刊》1933年第6卷第6~7期。

利及丹麦等国的新教育；《中华教育界》1934 年第 21 卷第 7 期和《教与学》1935 年第 1 卷第 1 期也刊载啦程的《俄国教育对于我国教育改造之参考资料》和《对于欧洲教师之观感》两篇考察论文。

三、钟道赞一行英国教育考察及对中国教育发展的建议

1946 年，英国文化委员会①发出诚邀中国教育家赴英考察的邀请函，并承诺承担考察成员驻英期间的一切考察费用，中国方面只负责往来旅费。1947 年 2 月，西南数省地方教育人员（四川省教育厅秘书唐世芳、科长宋大鲁、云南省徐继祖、贵州省贵阳师范院长杜叔机）在教育部督学钟道赞领队下赴英国，进行了为期半年的教育考察。考察成员在英期间，除了通过《四川教育通讯》《教育通讯》等杂志及时向国内报告英国教育情形外，考察成员们归国后还撰写了大量介绍英国教育的论文，发表在各类期刊上。

表 4－3　钟道赞等考察英国教育所撰文章简表

考察者	文章	刊物
钟道赞	《战后的英国教育》	大夏周报 1947 年第 24 卷第 9 期
	《英国教育之印象（一）、（二）、（三）、（四）、（五）》	教育通讯 1947 年第 4 卷第 10 期、1948 年第 5 卷第 3 期、1948 年第 5 卷第 4 期、1948 年第 5 卷第 5 期、1948 年第 5 卷第 6 期
	《英国教育之印象综览》	教育通讯 1948 年第 6 卷第 1 期
	《英国职业教育观感（二）、（三）》	教育与职业 1948 年第 204 期、1949 年第 205～206 期
	《英国学生与青年生活》	读书通讯 1948 年第 153 期
	《英国大学生生活》	读书通讯 1948 年第 156 期
	《苏格兰教育之演进》	中华教育界 1948 年第 2 卷第 3 期复刊
	《英国教育之轮廓》	教育杂志 1948 年第 33 卷第 3 期

---

① 英国文化委员会（British Council），又称英国文化协会，是英国负责与海外进行教育和文化交流的国际组织，成立于 1934 年。1943 年，英国文化委员会在中国成立办事处，并派有驻华代表。在中国赴英考察活动中，中国考察人员可向该协会申请介绍参观或研究的相关事宜，如排列日程、接洽住所、介绍机关及学校等。

（续表）

考察者	文章	刊物
宋大鲁	《实施新法案后之英国中等教育》	教育通讯 1948 年第 5 卷第 3 期
杜叔机	《访英考察教育通讯（四）（五）、（六）》	教育通讯 1947 年第 4 卷第 2 期、1947 年第 4 卷第 11 期、1947 年第 4 卷第 12 期

除以上关于英国教育的零散记录外，考察成员们还共同编写了《考察英国教育报告》呈送教育部，并参照英国教育制度就我国现行教育制度提出诸多建议。与以往欧美教育考察不同的是，此次考察仅限于英国一国，而以往的欧美教育考察（仅赴美国教育考察除外），考虑到交通和经费的原因，一般都是几个国家一起考察。如果说，数个国家一起考察可以相互比照的话，但由于一年或半载的时间毕竟有限，因此仅就一个国家的考察则显得更为细致，也更能为本国教育提供较为科学、周详的参照依据。

教育部督学钟道赞等《考察英国教育报告》共分十二章：第一章介绍英国教育一般情节，由钟道赞撰写；第二章介绍英国教育行政，由唐世芳、宋大鲁、徐继祖共同撰写；第三章介绍英国初等教育，由唐世芳撰写；第四章介绍英国中等教育，由钟道赞、宋大鲁撰写；第五章介绍英国职业教育，由钟道赞撰写；第六章介绍英国师范教育，由徐继祖撰写；第七章介绍英国大学教育，由钟道赞撰写；第八章介绍英国特殊教育，由唐世芳撰写；第九章介绍英国青年训练及成人教育，由杜叔机撰写；第十章介绍英国教育视察制度，由钟道赞撰写；第十一章介绍英国教育学术团体，由徐继祖撰写；第十二章为钟道赞撰写的考察后得出的结论及对中国教育提出的建议。在结论和建议部分，考察团成员共向教育部就中国教育问题提出二十四条建议，其中多少得到教育部长"照办"的批示。如，提倡学前教育；应注意中学生养护及诊治；师范教员应注重实际经验，教材应注重实际资料；职业教育应确立教学方针；政府应与学术团体密切合作等。另有一些建议提交教研会讨论，如学制暂不变动，应留有余地；中等学校一年级生应有互相转学之机会；简易师范及职业学校应加多普通课程等。[①] 其全部建议及教育部长批示见表 4-4 所列。

---

① "教育部督学钟道赞等考察英国教育报告"，中国第二历史档案馆馆藏档案，全宗号 5，案卷号 36。

表 4 - 4　钟道赞等英国教育考察团提交建议及教育部批示概览①

英国教育考察团提交建议	教育部部长批示
1. 提倡学前教育	幼稚教育应予切实提倡,师院与师校设法增加
2. 义务教育年限应酌量延长	延长六年以上,今后二三十年间尚谈不到,目前应注意于六年制之逐渐普遍
3. 筹设露天学校	交教研会切实研讨
4. 应注意儿童营养	目前教育经费如此,只有先就改进学校卫生入手
5. 应注意中等学校体育	此极重要,应力为推行
6. 应注意中学生养护及诊治	照办
7. 学制暂不变动应留有伸缩余地	就现在学制运用与改善为本人一向之主张,交教研会详加研讨
8. 初中应酌施分化教育	分化教育实无必要,课程则有研究,欧洲中学文理分校有其特殊原因且文史教育为国民基本知识
9. 高中文理分组应予加强	同上
10. 中等学校一年级生应有互相转学之机会	交教研会切实研讨
11. 简易师范及职业学校应加多普通课程	同上
12. 师范生入学年龄之提高及普通师范之增加年限	同上
13. 师范专科学校及师范学院应分别恢复三年制及五年制	有其必要,交教研会研讨
14. 师范专科学校及师范学院应扩大实习场所	同上
15. 师范教员应注意实际经验,教材应注重实际资料	照办

① 此表根据"教育部督学钟道赞等考察英国教育报告"统计而成,中国第二历史档案馆馆藏档案"全宗号5,案卷号36"编制而成。

（续表）

英国教育考察团提交建议	教育部部长批示
16. 职业学校应确立教学方针	照办
17. 专科应兼办职业学校	照办
18. 职业课程及考试应委托职业技术团体并理	联系确属必要,但办法需要研究
19. 专科大学应实施扩充教育	暂缓
20. 专科与大学应有沟通途径	联系确属必要,但办法需要研究
21. 工商农业机关应征收徒弟教育税	暂缓
22. 应加强视导组织并实行驻区制度	交教研会研究
23. 政府应与学术团体密切合作	照办
24. 法令不宜过于硬性应以事实为根据	本人一向以知道、切实注意为要

四、雷沛鸿欧洲教育考察与其成人教育思想的形成

雷沛鸿,字宾男,广西南宁人。1913 年,雷沛鸿考取留英公费生赴英留学,第二年转学至美国。在美国,雷沛鸿先入欧柏林大学学习,后又进哈佛大学研究院学习。在留学英美期间,雷沛鸿着重研究了英国、丹麦、苏俄的成人教育,并立志毕生从事大众教育事业。1921 年,雷沛鸿学成回国后,主要在广西从事教育行政工作,期间曾赴菲律宾考察过华侨教育。1927 年,雷沛鸿出任广西教育厅厅长,同年 9 月赴欧洲考察成人教育及高等教育。1933 年,雷沛鸿提出以教育大众化为广西教育实施方针,大力开展广西普及国民基础教育运动,并着手对广西的中等教育和高等教育进行整改实验。

20 世纪二三十年代,是中国教育实验与改革的重要时期,陶行知、陈鹤琴、晏阳初、梁漱溟、俞庆棠等分别在各自的"实验基地"上开展生活教育、乡村教育、民众教育的研究与实验。与此同时,雷沛鸿则在广西进行民族教育的研究与实验。雷沛鸿所倡导的民族教育思想是一种以唤醒民众、教育民众以拯救民族的教育救国思想,其近期目标是教育大众化,其远期目标是民族复兴。促使雷沛鸿萌发民族教育思想的缘由除了中国知识分子固有的忧国忧民的内在品质和民族救亡的客观现实外,还有一个重要的原因是雷沛鸿在留学及外洋考察中受到的国外成人教育的影响,"三次作菲律宾及南洋诸岛教育考察游历,两次作欧美成人教育高等教育游历考察,具以教育大众

化为学问思想与夫行动中心"。①

(一)留学期间对欧洲成人教育的关注

留学英美十年间,雷沛鸿一方面忧虑中国的前途命运,另一方面深受外国先进教育思想与制度尤其是普及小学教育和成人教育思想和制度的感召,于是萌发出在教育上为中国建国之大业尽其绵薄之力的愿望,并立志为中国劳苦大众的教育事业而奋斗终生。正如雷沛鸿在"我的自白"中所言:"当时颇受丹麦教育家格龙维先生及工人教育协会所倡导之成人教育的感召,因而在教育方面,更留心于现在国家之基础教育。认定此种基础教育,不分贫富贵贱,男女老幼,人人均有享受的权利。中国人民向无此项权利,殊不足以置身于现代国家之列。此番觉解,使我大发宏愿,愿以有生之日,为穷而失教之劳苦大众教育事业而奋斗。"②在留学期间,雷沛鸿对丹麦和英国成人教育的了解主要是通过阅读教育报纸杂志的途径获取的,尚未对欧洲成人教育进行实地考察,因此很难形成关于在中国如何进行成人教育以实现教育大众化的理论体系。

(二)出国考察期间对欧洲成人教育的研究

1927年,雷沛鸿先后赴丹麦、瑞典、挪威、芬兰、英国等欧洲国家进行成人教育和高等教育的考察。在欧洲的一年时间内,雷沛鸿重点考察了丹麦和英国的成人教育制度。通过对丹麦及英国成人教育制度的考察,雷沛鸿得出了这样一个结论,即开展成人教育运动是民族复兴的重要方式之一。英国的成人教育主要由三种力量所促成——佘田人民大学、合作运动、工人大学。在它们的合力作用下,英国开展了许多形式的成人教育运动,如成人学校运动、工匠学社运动、大学扩充运动、教育公社运动、大学导师班运动、家庭读书协会运动、妇女学社运动、工人教育协会运动,等等。这样一来,成人教育在英国具有了很大的感应力,"英吉利人民多年来所发为政治活动、经济活动、文化活动,随时随地带有成人教育的感应力"。③ 更重要的是,这种成人教育运动促进了英国的政治、经济、文化、教育等多方面的发展,为英

---

① 雷沛鸿:"我的自白",韦善美、马清和主编《雷沛鸿文集》(上册),广西教育出版社1989年版,第7页。

② 雷沛鸿:"我的自白",韦善美、马清和主编《雷沛鸿文集》(上册),广西教育出版社1989年版,第6页。

③ 雷沛鸿:"《英国成人教育》自序",韦善美、马清和主编《雷沛鸿文集》(上册),广西教育出版社1989年版,第256页。

国建立新的社会秩序做出了很大贡献:"(英国——引者注)成人教育的最近发展,具有特殊意义。这种意义早为工人阶级运动的大部人物所承认,即是,倘若工人社会要解决它自己所有的问题,要发动它自己所有力量,又要创造一种恰好符合于它的理想中所有新社会秩序,它务须注意于它的会员所最需要的成人教育。"①雷沛鸿还指出成人教育造就了英国人的许多美德,而这些美德是危机中的中国民族所亟需的:"我们觉得英吉利人民,在成人教育运动领导之下的所有成就,譬如尊尚学问自由,崇尚义勇经营,提倡共学与自治,诸如此类之美德,亟应值得我们切实注意。"②

如果说英国的成人教育是以英国工人阶级的需要应运而生的话,丹麦的成人教育则是应广大农村及农民的需要而产生的。丹麦是地处欧洲北部的一个农业国家,在19世纪的时候,丹麦的人民尤其是广大丹麦农民十分贫穷、落后,由格龙维(N. F. S. Grundtvig)创立经柯勒(Chisten Kold)发展起来的成人教育改变了丹麦的现状,由普通教育不能完成的改造丹麦社会、改造丹麦国家的目标由成人教育实现了,"丹麦的中兴,大半靠着成人教育的实施"。③ 丹麦进行成人教育的方式主要有五种,即庶民高等学校、继续教育(亦称补习教育)、公共演讲、公立图书馆运动及合作制度,其中影响最大的是庶民高等学校。所谓高等学校,是相对于寻常的儿童学校而言,而冠以"庶民"则是因为这类学校的学生大多数是农民大众。丹麦的庶民高等学校的成功经验及其影响很快波及瑞典、德国、捷克斯洛伐克、英国、美国以及其他国家,为世界的成人教育事业做出了很大贡献,也为各民族的振兴做出了很大贡献。雷沛鸿认为,丹麦的成人教育可以为中国所借鉴,因为中国和丹麦同属农业国家,"丹麦和中国相同的地方有一点,就是同为农村社会,复同受支配于小农制度"。④

从欧洲考察回国后,雷沛鸿先后在《教育杂志》上发表了《北欧的先觉者格龙维——庶民高等学校的父亲》《英国成人教育运动之起源与发展》等文

---

① 雷沛鸿:"英国成人教育运动之起源与发展",韦善美、马清和主编《雷沛鸿文集》(上册),广西教育出版社1989年版,第253页。

② 雷沛鸿:"《英国成人教育》自序",韦善美、马清和主编《雷沛鸿文集》(上册),广西教育出版社1989年版,第255页。

③ 雷沛鸿:"成人教育概观",韦善美、马清和主编《雷沛鸿文集》(上册),广西教育出版社1989年版,第326页。

④ 雷沛鸿:"成人教育概观",韦善美、马清和主编《雷沛鸿文集》(上册),广西教育出版社1989年版,第425页。

章,介绍丹麦和英国的成人教育,充分肯定了成人教育运动对丹麦的中兴和英国的发达所起的重大作用。在综合比较各国成人教育概观之后,雷沛鸿开始深入系统地研究成人教育的哲学思想,并总结成人教育的各种成功经验及其对社会的重大贡献。1928年冬,雷沛鸿在中央大学区立民众教育院做"英国成人教育"主题演讲。嗣后,雷沛鸿先后在江苏省立民众教育院、江苏劳农学院及江苏省立教育学院开设《比较成人教育》课程,这在国内确属首创之举,雷沛鸿也因此被称为"中国的格龙维"。雷沛鸿还撰写了《英国成人教育》一书,专门介绍英国成人的教育发展史及其历史意义。在研究英国成人教育时,雷沛鸿时常以"他山之石,可以攻玉"自励,"我要推究此项运动所有成功及失败,能否供给我们从事于中国教育的大众化运动之工作者以一种借鉴"。[①]

(三)雷沛鸿成人教育思想内涵及其在广西的实践

雷沛鸿深信,教育不应该是任何人所专有的一种特殊利益,而应该是每个人所应该拥有的一种自然权利。针对当时中国只有少数人才能享有教育的现状,雷沛鸿大声疾呼:"为着图国中大多数人的最大幸福,农村教育不可不从速办理;为着取得个人及民族的自由,成人教育不可不竭力提倡;为着实收经济上之最大效实,产业教育不可不次第举办;为着提高全国民众的普遍智力,义务教育不可不定期实施。"[②]雷沛鸿还指出,中国现有的教育是在脱离中国实际而抄袭美国学制的基础上进行的教育,是造成更多文盲的教育:"原来现行学制,在我国内,并不是我国的土产;反之,它只是采自美国,即所谓六三三制。六三三制的施行,就是在美国各都市,或各郡中,必须具备两个基本条件:其一是八年义务的教育的普及;其二是国民生计的充裕。有了前者,八年义务的教育,一经采用新制之后,便于无形中尚有可以增加至九年,或竟可以加至十二年,有了后者,义务教育的延长当不致发生财政上之困难。于是,新学制的采用才不至影响及于国民全体的教育权力。"[③]而这两个基本条件,中国是完全不具备的,况且,六三三制在美国自始至终就

---

① 雷沛鸿:"《英国成人教育》自序",韦善美、马清和主编《雷沛鸿文集》(上册),广西教育出版社1989年版,第255页。

② 雷沛鸿:"中国教育之新要求",韦善美、马清和主编《雷沛鸿文集》(上册),广西教育出版社1990年版,第12页。

③ 雷沛鸿:"现代中国教育的两宗疑案(下)",韦善美、马清和主编《雷沛鸿文集》(上册),广西教育出版社1990年版,第25页。

未曾以一种统一学制的形式颁行于全国。中国却不然,"我国实未尝对于人民所有程度及能力,稍有措意",便以全国学制的名义颁行于全国,以致这种教育"只有最少数有钱人或有权位者的子弟得以享受"。① 因此,在雷沛鸿一生的教育实践生涯中,"始终贯穿着一条红线,这就是教育的大众化方向和中国化思想"。② 所谓教育的大众化,就是教育不应当将成人排斥在外;所谓教育的中国化,即中国教育不能盲目模仿通过而不顾本国的实际国情。正如雷沛鸿所言:"我们所需要的是大众化的教育,而现行教育却是为少数人而实施的教育;我们所需要的教育是生长性、普遍性、现代性的教育;而现行教育却缺乏一贯政策,迁成特殊阶级性,抄袭他人,不能独立自主,不合社会和民众生活的需要。"③因此,雷沛鸿主张对中国现行的教育进行彻底改造。

雷沛鸿改进中国现行教育的主要方式是推进包括成人教育在内的国民基础教育运动。鉴于教育具有"生长性""普遍性""现代性"的特性,雷沛鸿指出教育应该是终身的、"有教无类"及"世俗性"。由此,雷沛鸿认为国民基础教育是包括儿童和成人的教育,离开成人教育不能称之为国民基础教育。什么是成人教育? 在雷沛鸿看来,成人教育是十八岁以上男女的教育,"大概说来,凡为全国十八岁以上的男女而设施的教育,都可以称为成人教育"。雷沛鸿关于成人教育的定义主要是参考英国成人教育家和勒殿(Richand Burdon Haldane)关于成人教育年龄界限而形成的,"关于少年的教育,即在十八岁以下的人们所受的教育"。④ 和勒殿的言下之意即十八岁以上为成人教育范畴。1932 年,中国政府明确规定 16～50 岁失学男女均为民众教育的对象,于是雷沛鸿将接受成人教育者的年龄提前到 16 岁,这可从他为广西普及国民基础教育制定的六年计划大纲中看出。与儿童教育相比,成人教育具有一些缺点,在雷沛鸿看来,成人教育的这些缺点正好就是它的优点,"(成人教育——引者注)没有一定宗旨、没有一定方法、没有一定系统、没有一定标准,好像是它的缺点",但是,"因为成人教育是各人自动求学的,并非

---

① 雷沛鸿:"现代中国教育的两宗疑案(下)",韦善美、马清和主编《雷沛鸿文集》(上册),广西教育出版社 1990 年版,第 26 页。

② 胡德海:《雷沛鸿与中国现代教育》,甘肃教育出版社 2001 年版,第 4 页。

③ 雷沛鸿:"广西国民基础教育运动的时代使命",韦善美、马清和主编《雷沛鸿文集》(下册),广西教育出版社 1990 年版,第 5 页。

④ 雷沛鸿:"远瞩未来——成人教育的一个现代理论",韦善美、马清和主编《雷沛鸿文集》(上册),广西教育出版社 1990 年版,第 297 页。

被动,所以可以随机应变,不必有一定的宗旨、方法、系统、标准才行"。① 至于成人教育的功效,雷沛鸿认为成人教育确有改造传统的教育思想、改造社会及改造国家的可能性,其中最显著的例证就是丹麦、英国的成人教育所取得的巨大成就。

在广西,雷沛鸿主要是以开展国民基础教育运动的形式推行成人教育。1933 年,雷沛鸿第三次出任广西教育厅长,在广西全省开展国民基础教育运动。在"广西普及国民基础教育六年计划大纲"中,雷沛鸿明确指出国民基础教育工作分为儿童教育和成人教育,其中成人教育的工作主要是补充识字教育、推进民团训练、完密村(街)乡(镇)组织及促成合作运动四项。在国民基础教育运动的实施步骤中,雷沛鸿强调该运动的开展应该遵循"由调查而假设""由试验而推广""由乡村而城市""由成人而儿童"②的顺序。"由乡村而城市""由成人而儿童"是雷沛鸿针对中国广大农村的众多农民的社会现实而提出来的,因为中国需要受教育的大多数人是生活在乡村的成年农民。显而易见,雷沛鸿的国民基础教育运动是在借鉴丹麦、英国等欧洲国家的庶民教育经验的基础上开展起来的。例如,欧洲成人教育中的合作制度和互教共学的制度可以解决广西国民基础教育运动的师资问题。雷沛鸿经常以英国和丹麦的实例证明这两种制度对于解决师资问题的可能性:"(英国的劳动青年——引者注)感觉到不识字的痛苦,他们自动地募集款项,成立许多学会,开创自教自学风气。此后就有 Sundy School 即 Adult School 之成立,渐渐地有劳工大学的开办。劳动者的热诚,感动牛津大学及剑桥大学的教授,他们自动来到工人麇集之场所讲学,才有许许多多 Educational Settlements。英国工人的互教共学的精神,明显给予我们不少的勇气和自信的力量。"③雷沛鸿还以丹麦为实例鼓励广西民众进行互相教学:"在丹麦成人教育运动中,既有庶民高等学校,复有自由学校及各项农村合作运动……诸如此类组织不一而足;它们不但可以代用无量数的师范学校,随之,社会国家得以极廉费用而解决师资问题,而且可以做成极佳介绍所,在其中

---

① 雷沛鸿:"成人教育概观",韦善美、马清和主编《雷沛鸿文集》(上册),广西教育出版社 1990 年版,第 428 页。
② 雷沛鸿:"广西国民基础教育运动的时代使命",韦善美、马清和主编《雷沛鸿文集》(下册),广西教育出版社 1990 年版,第 10 页。
③ 雷沛鸿:"国民基础教育运动下互教与共学问题",韦善美、马清和主编《雷沛鸿文集》(下册),广西教育出版社 1990 年版,第 149 页。

学问与劳动得以携手并进。此为各国成人教育运动的成功大道。"①雷沛鸿在广西开展的普及国民基础教育运动取得了一定的成绩。据调查统计,自1934 至 1938 年底,广西共扫除文盲 1550425 人,平均每年扫除文盲人数为380000 人。② 为了继续开展此项运动并巩固已有成果,雷沛鸿还将 1939 年确定为广西的成人教育年。

第二节　赴日教育考察与民国中后期教育改革 (1922—1937)

一、1922—1937 年中国赴日教育考察活动概观

自 1915 年日本以提出"二十一条"为契机开始其全面侵略中国的战略决策之日起,中日关系就开始走向紧张。1923 年,日本通过《日本对华文化事业计划之决定》,企图在文化教育事业上对中国进行渗透和侵略,引起了中国教育界大多数人士的极力反对。1927 年,日本出兵山东,第二年引发济南惨案,1931 年 9 月制造"九·一八"事变占领东北,直至 1937 年 7 月爆发卢沟桥事变发动全面侵华战争,中日关系日益恶化。但是,政治上的紧张与教育界对日本文化渗透和侵略野心的指责并没有导致中日教育交流关系的中断。相对独立于政治的教育使得中国与日本在一定范围和程度上保持着联系,中国学生赴日留学、中日教授互访、中日学生互访以及教育界人士赴日教育考察等一系列文化教育交流活动的开展,正是这种联系的体现。

(一)《申报》登载的赴日教育考察报道

20 世纪 20 年代至 30 年代中期,中国人赴日考察教育的活动依然频繁地开展,仅以当时在新闻媒体中影响较大的《申报》所登载的考察消息为例即可看出(见表 4 - 5)。此表中所登载的赴日考察消息主要以江浙一带为主,但这并不意味着国内其他省份或地区的赴日教育考察活动绝对很少,而是因为地域的限制,其他省份或地区所开展的考察活动的消息没能在《申

---

① 雷沛鸿:"普及民众教育的几个技术问题",韦善美、马清和主编《雷沛鸿文集》(上册),广西教育出版社 1990 年版,第 57 页。

② 雷沛鸿:"广西省成人教育年实施概况",韦善美、马清和主编《雷沛鸿文集》(下册),广西教育出版社 1990 年版,第 269 页。

报》上刊载而已。但由此仍然可以推断,20 世纪 20 年代至 30 年代中期中国人赴日教育考察的活动频率的确很高。

表 4－5　1922—1937 年《申报》登载赴日教育考察消息简表

派遣者或单位	考察者	考察内容	《申报》年份
总统	朱念祖、陈延龄	教育事业	1923.2.26
北京八校	学生考察团	学校事宜	1924.3.10
广州市教育局	教育局局长、市立校长及教育局职员 13 人	学校教育、社会教育及教育复兴计划	1924.5.14
成都高师	学生考察团	学校事宜	1924.6.27
广东	学生考察团	学校事宜	1924.7.6
北京政法大学	学生考察团	学校事宜	1924.7.6
湖北省教育厅	学生考察团	学校事宜	1924.8.17
不详	苏宁学生考察团	学校事宜	1925.3.13 1925.3.16 1925.3.24 1925.3.25 1925.3.26 1925.4.3 1925.4.6
江苏省立第三农业学校赴日考察	校长汪德章	农业及农业教育	1925.4.17
北京师大学生赴日考察	学生考察团	学校事宜	1925.7.3 1925.7.4
上海美术专门学校	上海美术专门学校王济远、唐蕴玉、滕固	艺术教育	1926.1.13 1926.1.28 1926.2.23
云南东陆大学（今云南大学）	校长董雨苍	教育行政	1926.4.7
不详	南京教育考察团	教育与实业	1926.4.20 1926.4.23 1926.5.1 1926.5.2 1926.5.25 1926.5.26 1926.6.10 1926.6.11

（续表）

派遣者或单位	考察者	考察内容	《申报》年份
武汉商科大学	学生考察团	学校事宜	1926.6.5
上海美术专科学校	上海美术专科学校刘海粟、王亚尘、俞寄凡、陈晓江	美术教育	1926.9.23
南通大学	医科本届毕业生	学校事宜	1930.4.17
北平市教育局与北平市立师范学校	教育局职员及师范学校学生	学校事宜	1930.5.3
浙江高中学校与法律专门学校	学生考察团	学校事宜	1930.5.6
不详	上海各校主任（中华职业学校校长赵师复、浦东中学校长李相勖等）	中等教育	1930.5.9
南京教育局	前市教育局长顾萌亭、江苏省立南京女中宝小校长胡叔异等	各项教育	1930.5.20 1930.6.10 1930.6.18 1930.6.19 1930.6.20 1930.6.21 1930.6.30
暨南大学	陈钟凡	语文教育	1930.5.19
杭州艺术专科	林风眠及艺专学生	艺术教育	1930.6.22 1930.6.27
江苏教育厅	周厚枢、盛朗西等9人	各项教育	1934.2.10 1934.2.18 1934.3.5 1934.3.15 1934.4.11 1934.4.12 1934.4.17
中华儿童教育社	沈百英、张咏春等39人	儿童教育	1934.4.9 1934.4.10 1934.4.23 1934.4.25 1934.6.6 1934.6.7 1934.6.13 1934.6.14 1934.6.15 1934.6.16

（续表）

派遣者或单位	考察者	考察内容	《申报》年份
暨南大学	暨南大学教育科毕业生	学校事宜	1934.5.9 1934.5.11
南京市私立中等学校联合会	童润之、乔一凡等14人	职业教育	1934.4.5
安徽省教育厅	第三科长汪洪法	日本合作事业及教育事业	1935.3.16
中国公学	李用中	教育事业	1935.3.29
上海市教育会	教育考察团	日本各都市学校及最近教育思潮	1935.4.24
上海市教育局	杨静宜	教育事业	1935.4.28
上海市沪南区	小学校长	小学体育	1935.5.28
江苏南通纺织学校	江苏南通纺织学校校友20余人	纺织及纺织教育机关	1935.6.14
上海市教育局	徐公美	电影教育	1935.9.30
中央及江苏省政府	江苏省党部委员兼无锡教育学院教授邱有铮（友珍）	考察日、美教育	1935.6.4
江苏省童子军	陈邦才等25人	少年团及青年团的组织与训练	1936.1.18
上海澄衷中学	郑川谷	艺术教育	1936.11.4
不详	冀津平中小学校长雷嗣南一行14人	各项教育	1936.5.3
不详	上海市体育场指导郑永	体育	1936.7.2
上海工部局华童公学	黄建勋、陈葆藩、俞彭龄、叶弥诚	各项教育	1936.7.7
不详	邵鸣九	职业教育及儿童教育事业	1936.7.26
上海市教育会	王龙章	日本合作事业及教育事业	1936.8.29

派遣者或单位	考察者	考察内容	《申报》年份
南京国术体育专科学校	萧宗国	体育	1937.1.31
不详	江苏省教育考察团沈灌群、陈振锷等9人	师范教育、小学教育及乡村建设	1937.4.12 1937.4.20 1937.4.22 1937.4.23
上海市教育会	黄造雄、何学尼等21人	教育事业	1937.4.16
浙江省教育厅	赵欲仁、高乃同等10人	社会教育	1937.5.26
不详	乐秀荣、陆慎桐等	教育事业	1937.7.6

(二)日华学会接待的中国教育视察团

20世纪20至30年代,中国教师、学生团体纷纷组织考察团赴日视察、见学,其中多数团体都受到了日本日华学会的接待。因此,从日华学会所接待的中国赴日视察团人次也可看出抗日战争前赴日教育考察活动的频繁。日华学会成立于1918年,最初是为帮助中国留学生适应留学生活而提供各方面帮助的民间组织,后来发展成为财团法人。该学会曾先后设立了几所中国留学生宿舍,为留学生提供住处。20年代初,日本政府利用庚子赔款实施"对华文化事业",为中国留学生提供学费补助是其事务之一,日华学会因此逐渐成为协助日本政府对留学生进行调查、监管的半官方性组织。1945年8月,日本战败后进入美国占领时期,日华学会被解散。除了主要管理留学生事务外,日华学会还负责接待赴日本考察、交流、学习的中国学生团体、教授团体以及其他文化学术团体,并为其提供住宿、交通、参观指导等服务。自20世纪20年代初创设至抗日战争全面爆发时(实际上日华学会直至中国人民抗日战争胜利的前一年,一直都在接待部分中国赴日考察活动,但这些活动都是日伪机构所组织的,这类活动将在本章第四节进行分析),日华学会多次接待赴日本考察的中国教育、文化团体及个人,在维持中日教育、文化界的交流活动中扮演着重要的角色。因此通过对日华学会所接待的赴日教育考察团的人次统计(见表4-6所列),可以从直观数据上看出,即使在中日关系日益恶化的这段时间内,中日之间的教育交流仍得以继续进行,各类学生、教师及其他教育团体赴日考察教育活动每年都在开展。它从一个侧面说明了近代中日之间的教育交流并非完全受制于政治关系，而是表现出一丝微弱的自由气息。

表 4-6　日华学会接待中国教育视察团活动统计表(1921—1937)①

时间	考察团	人数	指导者
1921	奉天教育参观团	29	不详
1924	广州市教育局教育考察团	14	不详
1924	山东农业专门学校张恺、彭芝英	2	不详
1924	湖北学生视察团一行	11	不详
1927—1928	黑龙江教育视察团	11	刘荣禄
1927—1928	上海美术学校教授团	9	王济远
1927—1928	吉林省间岛教育视察团	12	孙象乾
1927—1928	上海暨南大学教育视察团	17	陈季博
1927—1928	上海交通大学视察团	21	黄文建
1929—1930	国立浙江大学工学院视察团	14	朱淑麟
1929—1930	国立中央大学工学院视察团	19	陆志鸿
1929—1930	浙江省立医药专门学校视察团	22	黄震亚
1929—1930	国立浙江农学院视察团	14	载弘
1929—1930	浙江省立第一高级中学视察团	25	潘锡九
1929—1930	北平特别市公立师范学校视察团	35	隆金钧
1929—1930	中央大学区各县教育局长视察团	29	项为贤
1929—1930	国立北平大学大学院学生视察团	9	不详
1929—1930	同仁会青岛医学校视察团	6	不详
1929—1930	北平大学第一、二师范学院视察团	16	韩定生

---

①　此表根据孙颖撰写的论文《二十世纪上半叶日本的"对支文化事业"研究——基于"东方文化事业总委员会"与"日华学会"的考察》(东北师范大学 2008 年博士学位论文)附录中的《"日华学会"受け入れた中国文化、教育视察团活动の统計表》摘录而成。关于日华学会接待的伪满洲国"境内人物"教育考察团，如"奉天省锦县"日本教育视察团、"满洲国锦州省"教育厅女教员日本视察团、"锦州省"日本教育视察团及其考察活动详见下文——"全面抗日战争之前伪满洲国赴日教育考察活动概观"。

（续表）

时间	考察团	人数	指导者
1929—1930	同济大学医科学生视察团	15	梁伯强
1929—1930	国立河北大学医科学生视察团	14	于绍庆
1929—1930	国立北平大学艺术院视察团	14	不详
1929—1930	光华大学视察团	12	朱时隽
1929—1930	苏州农学校教员视察团	12	朱时隽
1929—1930	北平特别市公立中学教员视察团	21	石月樵
1929—1930	江苏省社会教育视察团	6	不详
1929—1930	广东省教育视察团	6	不详
1929—1930	察哈尔教育视察团	6	郭贵瑄
1929—1930	上海中等学校协进会视察团	5	葛祖兰
1929—1930	南开大学教授视察团	6	傅思龄
1929—1930	复旦大学视察团	16	蒋湘青
1930—1931	国立中央大学商学院视察团	11	徐佩琨
1930—1931	国立中央大学工学院视察团	14	陆志鸿
1930—1931	南通医科大学视察团	22	文超
1930—1931	国立北京大学视察团	14	戴夏
1930—1931	北平特别市教育局职员并同师范学生视察团	33	韩砚田
1930—1931	浙江法政专门学校视察团	15	漆士昌
1930—1931	沪江大学教授视察团	4	樊正康
1930—1931	浙江省立高级中学视察团	32	潘锡九
1930—1931	上海中等学校长视察团	5	顾因明
1930—1931	北平特别市市立中、小学校校长视察团	13	马文刚
1930—1931	吉林省实业教育视察团	11	峰簇良充
1930—1931	国立浙江大学工学院视察团	25	朱淑麟
1930—1931	北平大学女子师范学院视察团	10	艾华
1930—1931	中华民国国立艺术院艺术教育视察团	7	林风眠
1930—1931	北平各大学赴日教育参观团	5	张贻惠
1930—1931	江汉高级中学视察团	3	陈时

时间	考察团	人数	指导者
1930—1931	上海沪江大学童子军视察团	41	倪家尔
1930—1931	浙江省警官学校视察团（甲、乙、丙、丁组）	173	藩扬、顾福漕
1930—1931	交通大学管理学院视察团	18	胡树楷
1930—1931	河北大学视察团	7	孙宗浩
1930—1931	南开大学学生观光团	4	喻鉴
1930—1931	日本实业教育视察团	4	薛济明
1930—1931	北平市私立中等学校联合会视察团	3	姜梅
1930—1931	中国各大学学生观光团	11	缪钟彦
1930—1931	中国各大学学生观光团	14	刘季洪
1933—1934	南通学院医科参观团	不详	不详
1933—1934	广西省教育考察团	不详	不详
1934—1935	中华儿童教育社视察团	30	李清栋
1934—1935	南京市私立中等学校长日本教育视察团	13	乔一三
1934—1935	清华大学赴日旅行团	32	钱稻孙
1934—1935	北京大学经济学系参观团	13	赵乃博
1934—1935	暨南大学教育系日本教育考察团	15	娄子明
1934—1935	浙江省立杭州师范学校旅行团	19	周天初
1934—1935	广东中山大学理工学院视察团	23	罗雄才
1934—1935	北京师范大学赴日参观团	33	柯政和
1934—1935	南通学院农科赴日参观团	11	蒋云生
1934—1935	华东基督教青年会日本教育考察团	16	张石麟
1934—1935	中华民国闽南日本职业教育视察团	4	莫大元
1935—1936	浙江省立医药专科学校学生日本视察团	44	章志青
1935—1936	中华民国广东中山大学化学系学生日本视察团	15	曾广弼
1935—1936	北平师范大学教育视察团	12	吴宪
1935—1936	南通学院纺绩科赴日视察团	22	任理卿
1935—1936	北平师范大学体育系参观团	9	赵铗

(续表)

时间	考察团	人数	指导者
1935—1936	湖北省教育厅职业教育考察团	6	向心葵
1935—1936	国立北平大学工学院赴日考察团	67	张贻惠
1935—1936	国立中山大学东亚农业考察团	8	冯子章
1935—1936	岭南大学日本文化视察团	12	谢扶雅
1935—1936	国立中山大学医学院日本考察团	24	莊兆祥
1935—1936	北平大学农学院日本林业视察团	4	殷良弼
1935—1936	山东省淄川县洪山小学校教员日本教育视察团	5	山下默应
1935—1936	中华民国圣芳济学院日本教育视察团	4	童鉴清
1935—1936	国立中山大学生物考察团	6	冯言安
1935—1936	中华民国广州市教育考察团	5	何鸿平
1935—1936	中国童子军江苏省理事会日本健儿教育考察团	26	陈邦才
1936—1937	中华民国北平各大学教授学生考察团	29	张一梦
1936—1937	中华民国教育视察团	14	齐树云
1936—1937	北京大学理学院化学系赴日见学团	35	曾昭抡
1936—1937	上海工部局华龙公学教员赴日考察团	4	黄建勋
1936—1937	北平大学农学院教员赴日考察团	9	刘伯文
1936—1937	北平教育文化记者协会赴日参观团	8	张铁生

二、1922—1937 年中国赴日教育考察活动特征

与这段时间内的欧美教育考察活动相比,中国赴日教育考察活动具有以下两大特征:

1. 考察档次明显低于欧美教育考察

虽然由于"路近费省"的客观原因造成了这段时间的赴日教育考察活动人次要明显多于赴欧美教育考察活动,但赴日教育考察的档次却极逊色于欧美教育考察。其表现主要是:一是赴日教育考察派出机构以地方教育行政机关及各级各类学校为多,中央教育机关则很少开展此类活动;二是考察成员以教师与学生为主,另有一些地方教育行政工作人员及各类学校校长,鲜有中央教育部员赴日进行专门教育考察;三是考察内容以中小学教育和

师范教育为主,罕见高等教育方面的专门考察。

2. 考察活动对中国教育事业的显性影响远不及欧美教育考察活动

由于大多数赴日教育考察者在身份和地位上不及大多数赴欧美教育考察者,因此他们的考察活动对中国教育的影响要小得多。当然,这里的影响指的是显性影响,不可否认赴日教育考察者尤其是一线教学人员将自己的考察所得默默无闻地运用到教学活动中去,也不可否认求知欲正盛的学生会将自己在日本学校所见所学内化到自己的知识结构中去。但是,欧美教育考察者回国后在中国教育事业的作为则是赴日教育考察者所不能企及的。如 1932—1933 年的教育部欧洲教育考察团和 1945 年的钟道赞一行的英国教育考察团,回国后都将自己的考察所得报告给教育部并提出改革中国教育的建议,以考察欧洲成人教育和高等教育为主的雷沛鸿回国后在广西开展包括成人教育在内的国民基础教育和高等教育改革实验,以考察民众教育为主的俞庆棠在江苏省开展民众教育实验与运动。

还需指出的是,由于该段时间内多次赴日教育考察活动是在日本对华文化事业支配下的庚款资助下进行的,所以这项活动的开展自开始之日起就不可避免地抹上了日本文化渗透与侵略的阴暗色彩,但由于赴日中国考察人员本身所具有的强烈爱国情感使得他们在考察过程中能够清楚地认识到日本方面的"良苦用心",而不以日本方面的意志为转移,在教育考察过程中能够客观地观察、分析日本教育以为国用。

三、日本对华文化事业支配下的中国学生赴日考察活动分析

(一)日本退还庚款及对华文化事业的开展

庚子年变后,列国向中国索要巨额赔款达 4.5 亿两海关银,年息 4 厘,分 39 年还清,本息共达 9.8 亿多两海关银,尤以俄、德、法、英、日、美等国所分赃款居多,其中日本所得为 34 793 100 两海关银,较美国多出 180 多万两。光绪三十四年四月二十六(1908 年 5 月 25 日),美国参众两院通过议案,同意将余款退还中国,遂有次年"庚款兴学"之肇始。美国的这一举动赢得了中国部分人士的好感,同时也引起了其他获赔国家的注意。于是,英、法等国也纷纷效仿美国放弃赔款用于对华文化教育事业。

以上国家对于庚款的处理,引起了日本朝野的高度关注。1918 年 1 月,日本国会讨论庚款支配问题,建议将其用于奖励中国优秀学生、补助私立学校、设立中国人教育事务研究会等文教事业。是年 5 月,日本外相后藤新平

致意中国驻日公使章宗祥,将庚款作为振兴教育与卫生事业之用。1922年3月25日,日本第45次国会通过将庚款余额用于招徕中国学生留日和奖励日本在华的教育及其他文化设施的议案。1923年,日本政府制订了《对华文化事业特别会计法》,以法律的形式公布对华文化事务的实施。同年12月29日、30日,日本外务省主持召开了日中两国非正式协议,通过《日本对华文化事业计划之决定》,日本对华文化事业开始启动。1925年,日本东方文化事业总委员会成立,专门负责对华文化事业的开展。然而,由于日本方面进行对华文化事业的不良动机,在管理和支配庚款过程中全然不顾中国方面的参与及意见自行其是,在开始的时候即遭到了中国人士尤其是教育界人士的反对。1926年,全国教育会联合会、中华教育改进社、国立九校教职员联席会、私立五大学联合会等四个团体代表发表联合声明,指责东方文化事业总委员会的成立是丧权辱国的侵略行为,否认1923年关于日本庚款的中日协议。1929年,南京国民政府训令教育部废止对华文化事业协定,并勒令东方文化事业委员会的中方委员退出该会。1930年7月15日,教育部发令要求留日学生停止领取庚款,并通令:"查国内各中等以上学校、各学术团体、各教育行政机关从前赴日之考查,时有领取日本对支文化事业部之补助费用情事,殊属有伤国体。现在中日文化事业协定,正在交涉废止,嗣后赴日本调查,无论团体或人员,概不得再领前项费用。"①日本精心策划的对华文化事业终于未能如愿。

利用庚款余额进行的日本对华文化事业主要包括两部分:一部分用于在北京设立图书馆及精神研究所、在上海设立自然科学研究所等文化设施;另一部分则主要补助中国学生的留学教育及中日两国人员的文化交流。后者又可细分为互派学者演讲交流和互派学生考察旅行两项。本文主要就后者展开讨论。关于中日双方考察事业的经费补助,日本方面订立了以下方案。其一是关于日本人的考察旅行费用支配方案:

基于国策由文化事业部派遣者,支给全部旅费;从事于对华关系事务或教育者而在职务上有必要的考察时,支给全部或补助一部分旅费;对主修有关中国课程及属于研究中国问题之机关或团体的学生及其指导者,支给一部分旅费;文化事业部认为有必要考察者,支给一部分旅费;对以观光为目

---

①　杨晓著:《中日近代教育关系史》,人民教育出版社2004年版,第409页。

的而旅行者,概不补助旅费。

其二是关于中国人的考察旅行费用支配方案:

基于国策上应邀者,支给全部旅费;在国策上认为有必要考察日本之华人及团体,支给一部分旅费;学校教师及学生团体及其指导者,支给一部分旅费;纯为观光旅行者,概不给旅费。

关于旅费数额具体划定为:日本官、公、私立大学教职员来华考察旅行,旅费为 400～500 元[①](赴东北者为 200～300 元),学生则为 40 元。华人赴日考察者,因出发地区的不同,旅费支给亦有区别:自华北或华中前往者为 300～400 元,自华南前往者为 400～500 元,自云南、四川等地前往者为 500～600 元,自东北前往者为 300 元。接受补助旅费者,以参加学术会议及应聘著名学校之演讲者,列为优先考虑。[②] 自 1923 年至 1934 年,所支出的此项费用共计 1 146 690 元,其中日本人花费 662 520 元,中国人花费 484,170 元(见表 4-7)。日本来华考察旅行的学者、学生约 3300 名,赴日本的中国学者、学生约 1300 名,约为日本的 1/3。后来为了诱使更多的中国人赴日,日本方面将以上政策进行修改,削减日本人的考察费用为总预算的 1/3,增加中国人考察的费用为总预算的 2/3。然而由于国人对日本文化侵略野心的强烈抵制,这一方案一直未能施行。

表 4-7 1923—1934 年中日双方以日本庚款用作考察经费统计表[③]

年别(年)	华人支费(日元)	日人支费(日元)	合计
1923	36 820	46 700	83 520
1924	68 895	40 400	109 295
1925	38 000	55 100	93 100
1926	56 150	87 100	143 250
1927	24 640	56 810	81 450

---

① 在"日本对华文化事业支配下的中国学生赴日考察活动分析"一节中所出现的货币单位"元"均解作"日元"。

② 参见黄福庆著:《近代日本在华文化及社会事业之研究》,台北中央研究院近代史研究所专刊(45),1997 年版,第 179～180 页。

③ 黄福庆著:《近代日本在华文化及社会事业之研究》,台北中央研究院近代史研究所专刊(45),1997 年版,第 181～182 页。

（续表）

年别(年)	华人支费(日元)	日人支费(日元)	合计
1928	53 410	57 210	110 620
1929	64 020	47 430	111 450
1930	48 440	58 560	107 000
1931	17 340	47 955	65 295
1932	26 125	52 655	78 820
1933	23 450	87 430	110 880
1934	26 840	25 170	52 010
合计	484 170	662 520	1 146 690

　　庚款支配下的中日教育互相考察活动于 1923 年正式启动。是年,日本方面除了派遣东京大学医学院长入泽达吉、教授林春雄,文学院教授服部宇吉等来华考察外,还分别派出了一学生考察团及一教授考察团来华,中国方面亦派医学博士伍连德赴日演讲。此后几年,对华文化事业每年均依例开展此类活动:1924 年 3 月,北京八校开始选派学生赴日旅行;[①]是年 6 月,成都高师学生赴日考察,[②]7 月广东学生赴日考察,是月北京政法大学赴日参观;[③]8 月,湖北省教育厅选送学生赴日视察;[④]1925 年 3～4 月,江浙学生赴日考察,[⑤]6～7 月,北京师大学生赴日考察;[⑥]1926 年 4 月,南京考察团赴日考察教育实业;[⑦]6 月武汉商科大学 40 余人赴日考察。[⑧] 1926 年后,因国内教育界对东方文化事业总委员会侵略意图的强烈指责,利用其名义下的庚款补助进行的赴日考察活动日益减少。直至 1930 年,教育部通令国内各团

----

①　参见"八校选派学生赴日旅行",《申报》1924 年 3 月 10 日。
②　参见"成都高师赴日考察团抵神户",《申报》1924 年 7 月 6 日。
③　参见"粤学生赴日考察消息",《申报》1924 年 6 月 27 日;"北京法政大学赴日参观团",《申报》1924 年 7 月 11 日。
④　参见"鄂教厅令选送学生赴日视察",《申报》1924 年 8 月 17 日。
⑤　参见"苏省选送学生赴日参观近讯",《申报》1924 年 8 月 18 日;"苏宁学生赴日考察团出发消息",《申报》1925 年 3 月 13 日;"江浙赴日考察团通信",《申报》1925 年 4 月 3 日。
⑥　参见"北京师大赴日考察团之日韩教育谈",《申报》1925 年 7 月 4 日。
⑦　参见"宁赴日考察教育实业团今晨出发",《申报》1926 年 4 月 14 日;"南京教实赴日考察团通讯",《申报》1926 年 4 月 20 日。
⑧　参见"武昌商科大学 40 余名学生赴日视察",《申报》1926 年 6 月 5 日。

体嗣后赴日考察不得领取庚款作为旅行费用后,不再有此类性质的考察活动。

(二)广东学生赴日考察

学生考察团出国考察,在之前的中国近代教育史上并不多见。虽然清末时期曾经出现过赴日教育考察的高潮,然而罕见学生考察团的出行。少数留学生在求学之余对留学所在国的教育、政治、实业的考察,并不属于国内组织、派遣学生考察团出国考察之列。因此,在日本庚款余额补助下的中国学生考察团赴日考察成为中国近代教育史上值得关注的事件,并富有特殊的时代意义。

中国学生赴日考察的正式启动是在 1924 年 3 月,以北京八校学生考察团为先声。1924 年 3 月初,北京八校开始选派学生赴日旅行。由于该项工作刚刚开始,各校为争取名额非常踊跃,北京私立朝阳大学因不在选派范围,该校学生会极力争取赴日学生名额。① 是年 6 月,广东教育厅选派学生赴日考察,于国立广东大学各科及女师、市师、商业、工业、美术医学各科中遴选出 15 名团员,其中广东大学 9 名,其余光华医学校、省立女子师范学校、省立工业学校、市立美术学校、市立甲种商业学校、市立师范学校各 1 名。按照日本对华文化事业补助协议,每人支给日金 500 元,合计 7500 元。另安排指导员柳金田 1 人,并有 11 名自费生(广东大学 8 人,市立师范学校 1 人,警监学校 2 人)随同考察团一同赴日旅行。为了考察的顺利进行以及考察结果的正确汇报,这 20 多名学生,形成了较为严密的组织,分成文书、编辑、交际、庶务、理财五部,分工处理考察团务。该批成员于 6 月 27 日搭乘龙山赴香港船只出发,在西堤大新公司前码头。据编辑部主任谢清记载,送行队伍有日本领事署书记、湘军总司令谭延图、广东前省长廖仲恺、大本营军乐队、广东教育厅代表、广东大学代表共计 800 余人,场面蔚为壮观。

抵达日本后,考察团开始紧张有序的旅行生活。在短短 38 天的时间内,考察团在留日学生的指导下,先后到过长崎、东京、京都、大阪、奈良、神户、广岛、福冈等十多处,参观了长崎华侨学校、东京帝大、东京高师、东京女高师、东京聋哑学校、东京女子职业学校、自由学院、丰岛师范、成城学校、麦町小学、东京高等蚕丝学校、爱知县女子师范、同志社学校、京都高等女子学校、大阪医科大学、大阪府立西野田职工夜学校、奈良女子高等师范学校、神

---

① 参见"北京朝大学生会力争赴日参观通电",《申报》1924 年 3 月 12 日。

户甲种商业学校、神户高等商业学校、兵库寻常高等小学校、广岛高等师范学校、福冈县女子专门学校、福冈帝国大学等学校,并参观了动物园、博物馆、气象台、日本家庭、东京裁判所、东京日日新闻社、日光名胜、东京贫民窟、帝国图书馆、漆器会所、御所(百年前之皇宫)、上野制造所、大阪图书馆、大阪每日新闻社、大阪炮兵工厂、北海道水浴场等其他社会机构和设施。用考察团成员自己的话来说:"(考察)时间三十天,到过十六处,真是跑马观花,不得真相。"①然而细观考察团归国后所编订的《广东学生赴日考察团报告书》,可以发现该学生考察团在克服语言不通之障碍的情况下,确实取得了一定成绩,特别是表现在对日本教育和社会的细致观察及客观评价上。而以学生的身份与日本教育界及社会界人士的谈话,更是反映了是时学生所具有的关心社会、热爱祖国的优秀品质。

1. 谢清与外务省文化局岛田才二郎的谈话

考察团到达神户后,由文化局岛田才二郎接待。岛田才二郎是由日本外务省特派到神户招待考察团的,因其能说中国话,故与中国学生进行了一番谈话。谈话的主题围绕中国内乱和庚子赔款而展开。现将其谈话节录如下:

岛田才二郎(下称岛):贵国内乱,不知何时才能统一?

谢清(下称谢):世界上无论那(哪——著者注)一国,他的内部必先经过一番大革命大改造,然后才能成为一个强大的国家,所以我们中国也难避免这个定例。敝国现在的国情,在不明了实际的看来,是很帮我们担忧的,对于实际上观察是非常乐观的……中国将来的责任,一定在我们这般人手里,以愚见的推测,再过十年可请先生观看我们的新中国。

岛:不错,你广东的民气振作,我是非常钦佩的。唯没有机会到广东去参观为恨。

谢:若先生肯到敝国广东一游,我们是非常欢迎的。我还有一件事请问的,此次庚子退款,闻有贵国外文省支配,在北京、上海等处设研究所、图书馆,为甚忽略广东呢?

岛:敝国这种支配方式并没有厚此薄彼不公的心事,因为北京是黄河流

---

① 《广东学生赴日考察团报告书》,出版机构及时间不详,第7页。其材料转见高等学校中英文图书数字化国际合作计划网站 http://www.cadal.zju.edu.cn/Reader.action? bookNo = 08001502

域集中地,上海是长江流域集中地。这两处地方,也可说是中国全国人民集中的地方,所以于这两个地方作文化事业,亦可说设施全国的文化事业。

谢:先生所说的理论颇安,于实际还欠妥。以敝国的地理、历史来观察,敝国的文化中心点有三:北京实黄河流域文化的中心地,上海是长江流域文化的中心地,广州是珠江流域的中心地。实施文化既于文化的中心地着手,为什么又盲视珠江流域的文化中心地?

岛:此说甚对。贵团到东京时,外务省必开欢迎会,至好将尊意于该时发表,我亦于间接将尊意转达。[①]

谢清与岛田的谈话,首先是以一个普通中国人的身份出现,对国内政局的乐观,并不是简单地对外人有所遮掩,而是向时时对中国具有蠢蠢欲动之野心的日本的警告。其次是以一个广东人的身份,对于日本在支配庚款余额时仅仅聚焦于北京与上海而忽略广东的提醒,反映了当时包括学生在内的中国人浓厚的乡土情结。

2. 李励庄与日本女子大学教授上代先生谈话

李励庄来自广东大学,作为一名接受新式教育的学生和新时代的女性,李励庄非常关心妇女问题。在此次赴日考察过程中,时刻留心日本女子教育和女权运动。她与上代先生的谈话即围绕这一主题而展开。针对日本当时的妇女现象,李励庄向上代先生提出六个问题,归纳起来主要为:一是关于日本女学校检查学生的往来信件;二是关于日本帝国大学不完全开放女禁;三是关于女子在法律上的地位不能和男子平等,一般日本妇女有何反应。对于李励庄的提问,上代先生一一答复,并没有刻意回避。对于检查女生信件问题,上代先生回答道:"日本女学校检查学生的信件的意旨是很好的。因为在教育上观察,女性确易被人家诱惑,并且全校将受影响,女子教育也受很大的妨碍。所以要保全学生高尚的人格,和谋教育的发展,就不得不检查学生书信了。"在大学开放女禁的问题上,上代先生非常赞成李励庄的观点,并认为中国大学在这方面走在了日本的前头,"日本帝大,只许女子旁听,不肯完全开发,这是政府设施的不善","我个人的意见,想达到男女平等的目标,应当先从教育上下功夫"。目睹日本妇女在法律上不平等的待

① 《广东学生赴日考察团报告书》,出版机构及时间不详,第38页。其材料转见高等学校中英文图书数字化国际合作计划网站 http://www.cadal.zju.edu.cn/Reader.action? bookNo = 08001502

遇,上代先生认为应该从知识界开始,"我们知识界应该努力把他革除了"。①经过细致地观察和真诚地交谈,李励庄将中日两国的女子地位进行了一番比较,指出其不同点主要在于两国妇女在社会和教育上的地位之不同:中国女子在工资上已和男子享受平等的待遇,中国国立几所大学(北京大学、东南大学、广东大学)都已完全开放,而日本帝国大学则不完全开放。

考察团的其他成员也都对日本的社会情形、特殊教育等方面认真地进行了观察,并做了翔实的记录。如吕兰芳对日本儿童教育的观察,陈慧生关于东京聋哑与盲学校概观的记载,余衍恒对日本社会事业、市政情况的概述,黄干桥、梁济亭对日本农业现况、农业团体的报告,张楷关于日本医学与卫生的概言,李俊英的日本美术观,傅家官关于日本商业发达原因的探究与感想等,无一不是考察团的成果汇总,为国人了解当时日本社会提供了部分参考资料。

(三)日本庚款支配下的对华文化事业的评析

日本利用庚款余额在中国设立研究机构和补助中日双方学者、学生的考察访问及留学生学费,是日本于新时期内对中国施行文化教育侵略的新政策。虽然日本政府企图利用花言巧语来诱惑中国政府和人民,如在一开始即打出"于相当时机,当抛弃庚子赔款请求权"②的幌子,在《日本对华文化事业计划之决定》中首条中即郑重声明日本方面举办对华文化事业时,"应将中国方面有识阶级之代表的意见十分尊重"③,然而其真实的意图与此正好相反。从《对华文化事业特别会计法》,到《日本对华文化事业计划之决定》,再至日本东方文化事业总委员会成立,日本一直在企图完全控制支配权,单方面执行对华文化事业,这无疑与"退还"二字的本义背道而驰,只要有良知的中国人都能够识别出日本方面的"借发展文化之名,行文化侵略之实"④的"良苦用心"。如熊希龄在拒绝出任中日文化委员会会员时说道:"所谓评议员会之组织,表面上虽系中日各半,其实一切进行方针,悉由日本文化事务局决定之后,交由评议会为形式上之可决而已,是我国评议员仅为伴

① 《广东学生赴日考察团报告书》,出版机构及时间不详,第39~41页。其材料转见高等学校中英文图书数字化国际合作计划网站 http://www.cadal.zju.edu.cn/Reader.action? bookNo = 08001502

② 王树槐著:《庚子赔款》,台北中央研究院近代史研究所专刊(31),1985年版,第485页。

③ 王树槐著:《庚子赔款》,台北中央研究院近代史研究所专刊(31),1985年版,第489页。

④ "日本对华文化侵略政策之行动与反抗",《教育杂志》第十七卷第五号(1925年5月)。

食,并无权力。"①在以全国教育会联合会为首的教育界人士的极力抗议下,日本对华文化事业的开展大受挫折,其计划中的许多事项最终都成了空头支票。

广东学生赴日考察的活动处于日本对华文化事业开展的初期,鉴于起步阶段日本开展此项活动的积极态度和中国人民对日本"日中亲善"的些许期望。因此,这一活动显示出日本对华文化事业在开展初期的一定特征。

首先是日本方面的积极行动。大正十三年(1924年)四月十一日,日本领事致广东省教育厅函"日领第四十七号"称,日本欲在广东选定学生15名、指导员1名,前往日本视察,每名支给日金500元,由对支文化事业费中支出。②广东省教育厅接函后立即响应,开始于省内各高校选派学生并组织出行。一个月以后,准备出行的考察团员应邀在广州沙面租界日本领事署举行欢送会。日本驻广州总领事天羽英二于领事署向考察团团员致欢送词,就日本目前的教育概观和中国学生赴日后应注意的事项作了简单的介绍。天羽英二强调,中国学生赴日考察是"以自己的身份站在别的国家来观察本国,当然更明了、更确切","对改善教育(中国教育——引者注)有很大的帮助",同时指出:"我们日本的教育,是强迫的注入的教育,诸君到后当以为怪事,不过日本为划一教育、普及教育起见,不得不如此。诸君见到不满意的地方尽可以提出来,日本人民是很欢迎的。"以上谦辞无非是应酬之举。为了使考察团员去日本后能对日本留下美好的印象,天羽英二不厌其烦地为日本和日中关系添妆抹彩:"诸君现在到日本去考察,第一要破除成见,因为外国人关于日本的批评,很多不符合事实的,若以成见去考察,当然没有正确的结果。现在世界潮流趋于民主政治,民主政治最简单的解释,不过以民治民的意思。美国、俄国最尚民治的,然而他两国的政权完全操于少数党之手。""日本是十分民治的国家,诸君到后可以看得出来的,诸君要考察国家政治,便要以国际的眼光去考察。中日是同文同种的,应一致联合对付白人,是我对诸君的希望。"这是日本为了拉拢中国进而使中国疏远美国和俄国的一贯伎俩。致辞的最后仍免不了对日本的百般维护:"日本和外国交通的历史,不过百年,为时很短,交际上是很幼稚的。有许多不免失望的地方,

---

① 《教育杂志》第十六卷第六号(1924年6月),"教育界消息"。
② 参见《广东学生赴日考察团报告书》,出版机构及时间不详,第1页。其材料转见高等学校中英文图书数字化国际合作计划网站 http://www.cadal.zju.edu.cn/Reader.action? bookNo = 08001502

而且经过去年地震之后,种种设施已经破坏。""要请诸君原谅的,就是日本人对于诸君无礼的待遇,诸君亦只得当他们不善国外交际,原谅他们"。① 然而天羽的言辞并没有干扰广东学生去客观地评价日中关系,正如团员谢清在大阪与每日新闻社记者谈话中,慷慨陈词道:"中日的亲善问题,必要从根本点着想才能收效。不平等的条约,至今尚没取消,当贵国地震的时候,又有残杀华人的事实,敝团抵贵国时,闻华侨又有日本政府禁止华工入口的报告。我们既说中日友善,再又实施这种外交手腕,何得不令人疑惑呢? 这是我的感想。但我是一个天真烂漫的学生,我所说的话,是出于天良而没有点偏倚的。"②

其次是中国方面的审视和参与。对于日本支配下的此项活动,广东省教育厅、广东大学以及赴日的学生们都抱着审视的态度,一方面是与日本配合开展考察活动,另一方面则是在整个活动中始终不忘窥探日本的真实意图。广东大学校长邹鲁在《报告书》序一中写道:"此次退回庚子赔款以办中国文化事业,固日本所谓亲善之一事,而将退回之庚款先资学生赴日考察,则又所谓亲善中之开始,今学生到日备蒙招待有加,考察颇详,实感日本之厚意。而所有政俗实有特质,其能突起亚东,自非偶然,是为中国借镜者亦正多……此次考察最关联之庚子赔款退回其处置方法,又为中日切实亲善与否之矫矢,余其以此觇日本矣。"③指导员柳金田则认为:"此次日本以庚子赔款利用于所谓对支文化事业之设施,吾人姑不论其对支文化事业之取义为何,而退还庚款以作为文化事业之真意,果否出于至诚,但总可认为日本政府之对华政策上既发生一大变化之表现,日本国民之对华观察渐见一大迁移之前征。"④而广东教育厅长许崇清对学生的此次出行更多的是强调考

①　《广东学生赴日考察团报告书》,出版机构及时间不详,第37～38页。其材料转见高等学校中英文图书数字化国际合作计划网站 http://www.cadal.zju.edu.cn/Reader.action? bookNo=08001502

②　《广东学生赴日考察团报告书》,出版机构及时间不详,第5页。其材料转见高等学校中英文图书数字化国际合作计划网站 http://www.cadal.zju.edu.cn/Reader.action? bookNo=08001502

③　《广东学生赴日考察团报告书》,出版机构及时间不详,第1页。其材料转见高等学校中英文图书数字化国际合作计划网站 http://www.cadal.zju.edu.cn/Reader.action? bookNo=08001502

④　《广东学生赴日考察团报告书》,出版机构及时间不详,第5页。其材料转见高等学校中英文图书数字化国际合作计划网站 http://www.cadal.zju.edu.cn/Reader.action? bookNo=08001502

察这一活动本身所讲究的方法："我们游外国,想要视察那邦的国民或社会生活的状况,不特认识事实是要紧,更要紧的还是发见诸事实间的关系……日本人做事最讲究方法,他无论兴办甚么,多先从研究欧美国的成例入手,经过一番郑重的比较研究,取长舍短,全而后动,这确是一个科学的态度,是我们应该尊重的……切不可因他们有许多事,是效法欧美,便藐视他们,唯其是因为效法欧美,而在东洋亦能奏效,我们更当尊重他们,更当细心考究,断不可只就外面察看,必定要从里面考究,要洞彻他们所以行之而能奏效的原由。"[①]因此,日本方面利用庚款补助中国师生赴日考察并不能抹杀日本对中国实行文化侵略的实质,而中国方面的参与也并不意味着中国教育界对日本文化侵略采取不抵抗政策,相反,它是中国教育界对日本文化侵略动机的"伺机窥探"。

应该说,广东学生赴日考察团代表了当时多数赴日考察学生团体的基本情况,与于教育素有研究的其他教育界人物(如教师、教育行政人员)的考察活动相比,没有走出学堂门的学生们因为缺乏一定的教育经验及社会地位,所以他们考察的广度和深度非常有限,以致他们所开展的考察活动的影响要比其他教育团体小得多。但1920年4月北京大学师生赴日考察团却是个例外。此次考察活动由北京大学教授李大钊组织,高一涵担任领队,"敝校卒业生方豪、孟寿椿、黄日葵、康白情、徐彦之诸君,赴贵国观光,调查贵国诸大学的学制,并与贵国青年文化团体中诸同学相握手,关于文化上的提携交换意见"。[②]抵达日本后,高一涵师生六人并非像李大钊在介绍信中所言,在考察日本大学学制上花费多少心思,而是将主要精力放在社会活动上。因此,此次访问在日本及中国引起的反响要比其他学生团体大得多。

---

① 《广东学生赴日考察团报告书》,出版机构及时间不详,第1页。其材料转见高等学校中英文图书数字化国际合作计划网站 http://www.cadal.zju.edu.cn/Reader.action? bookNo = 08001502

② "留日学生与国耻",《晨报》,1920年5月12日。转引自王晓秋著:《近代中日关系史研究》,中国社会科学出版社1997年版,第311页。高一涵曾留学日本明治大学,参加过留日学生总会、神州学会和《甲寅》杂志的活动。回国后担任北京大学政治学教授,并参加《新青年》编辑部和少年中国学会。黄日葵、康白情、徐彦之、孟寿椿是北京大学学生进步团体的积极分子,也都是少年中国学会的会员与干部。另外,黄日葵、康白情、孟寿椿还是北京大学平民教育讲演团的团员,黄日葵又是北京大学马克思学说研究会的发起人之一。

第三节　日伪政权治域下赴日教育考察与
殖民奴化教育(1937—1945)

　　1937 年"七七事变"后,日本开始全面侵略中国,在中国东部绝大部分领土上进行着政治、军事、经济、文化、教育等多方面的侵略及殖民统治。在教育方面,日本在东北、华北、华东、华南、华中等沦陷区或占领地一方面大规模毁坏中国原有的学校及其他教育设施,另一方面又通过扶持傀儡政权进行殖民奴化教育。

　　日本在中国领土上进行殖民奴化教育早在中日甲午战争之后占领台湾时就开始了。日俄战争胜利之后,日本取代沙俄开始在旅大地区、满铁附属地进行殖民奴化教育。"九一八"事变后,日本通过扶持伪满洲国在中国东北地区进行殖民奴化教育,中日战争全面爆发以后,日本又通过扶持华北伪政权及汪伪等政权对华北、华东、华中、华南等地区进行殖民奴化教育。日本在中国进行殖民奴化教育的主要目标是向广大中国青少年灌输日本"王道""神道"思想,培养忠于大日本帝国的顺民,并制造日中亲善合作的假象用以消除中国人民的爱国思想及抗日意识。其在教育上的主要方式:一是改编教科书,将原有教科书中反映日本侵略中国的内容删改为日本提携中国发展的内容;二是加强日语教育,要求占领区的所有学校加强日语教育,企图从语言上同化中国人民,使其成为日本的二等臣民;三是尽量减少教育年限,降低被占领地区的中国人的民族文化素质和历史地理知识;四、注重奴化职业教育,以养成供其任意驱使而又掌握一定劳动技能的驯顺的劳动力。除了在中国本土进行学校奴化教育、社会奴化教育外,日本还利用伪政权教育人员赴日考察的时机,向这些教育考察者宣扬日本教育,标榜中日友邦良善及日本对中国教育的关心、提携,并希望他们考察回国后像日本人一样在中国领土上宣扬日本同中国乃"共存共荣""互相提携"的民族,间接对中国人民进行殖民奴化教育。同时,华北、东北等伪政权的汉奸们为了迎合和讨好日本帝国主义,以"久对日本教育之良善怀望"[①]的奴才心理为驱动,

---

　　① 《华各校教职员将参观日本小学》,《盛京时报》1937 年 11 月 25 日。

打着"沟通中日文化交流"①的幌子,心怀"修得日本精神,磨炼教育者之智德,求素质之向上"②的鬼胎,积极开展赴日教育考察活动,充当日本帝国主义殖民奴化中国人民的走狗或帮凶,严重阻挠、破坏和扼杀中国教育现代化的进程。

一、日伪政权治域下赴日教育考察活动概观

(一)全面抗日战争之前伪满洲国赴日教育考察活动概观

"九一八事变"后,日本开始了对中国东北地区的殖民统治。1932 年 3 月 1 日,日本帝国主义以伪满洲国政府名义发表宣言,宣布"满洲国"正式成立。自伪满洲国成立以后,日本帝国主义就一直将教育作为维护其殖民统治的一种重要工具,在教育行政、普通教育、师范教育、职业教育等领域内实行着严密的政策控制。因此,伪满洲国教育的根本特点就是推行日本帝国主义殖民奴化教育,其"王道主义""养成忠良国民""惟神之道"的教育宗旨即是在日本关东军控制下制订出来的。为了顺利推行殖民奴化教育,伪满当局及日本帝国主义均十分重视殖民奴化师资的培训,并公布了一系列有关教师制度的法令:1933 年 4 月,伪文教部公布了《教员讲习所官制》和《教员讲习所规程》。1934 年 8 月,伪满洲国以"敕令"的形式公布了《师范教育令》《高等师范学校官制》和《高等师范学校规程》。除了以法令法规的制度形式加强对师范教育或师资培训的控制外,伪满洲国文教部还曾选派中小学教员赴日本进行为期半年或一年的进修或考察,使伪满中国人通过在日本直接感受"王道""神道"及"东亚共荣"的教育精神用以实现间接接受殖民奴化教育的目的。从伪大同二年(1933)至伪康德二年(1935),伪奉天省总共选派了 3 批 158 名中小学教师赴日进修、考察。③ 除奉天省外,伪满洲国锦州省也多次派遣教职员赴日考察教育,如 1935—1936 年,伪满洲国锦州省教育厅派遣 16 名女教员赴日考察教育;1936—1937 年,锦州省再次组织赴日教育视察团,两次视察团均由日人土方省三领队。④

---

① 《沟通中日文化交流:教育行政官组访日视察团下月四日自京出发》,《新民报》1939 年 10 月 19 日。

② "顺应文教,整备计划——教师再训练要点,拨员赴日视察"《盛京时报》1940 年 3 月 13 日。

③ 齐红深主编:《日本侵华教育史》,人民教育出版社 2002 年版,第 293 页。

④ 参见孙颖撰:《二十世纪上半叶日本的"对支文化事业"研究——基于"东方文化事业总委员会"与"日华学会"的考察》,东北师范大学 2008 年博士学位论文,第 177~178 页。

除了派遣中小学教员赴日教育视察团以外,伪满洲国还组织高等学校派遣大学生旅行团赴日参观、见学,以实地了解日本学生情状并感受日本教育精神。以满洲医科大学[①]为例,该大学多次组织视察团或旅行团赴日参观、考察,如1930—1931年,满洲医学大学在日本人秋元龟次的带领下组织了18人的视察团赴日考察;1933—1934年,满洲医科大学再次组织"赴日修学旅行团";1934—1935年,满洲医科大学在中国人程绍濂的带领下组织了33人"赴日修学旅行团"。[②] 除满洲医科大学外,其他满洲高等学校也曾组织过赴日修学旅行团,如旅顺高等学校在1933—1934年就组织过修学旅行团赴日见学、参观。

1937年,中国人民全面抗击日本帝国主义侵略战争爆发后,伪满洲国继续开展赴日教育考察活动。根据有关资料表明,自1933年起至1945年日本战败止,伪满洲国每年都曾向日本派出教育视察团一次或数次。其赴日教育视察的目的正如伪满洲国民生部次长宗泽惟重在1939年2月1日的民官房第163号公函中说道:

兴安各省参与官、各省次长,新京特别市副市长殿,关于公立中等学校校长访日教育视察之件:

为使国民体认日满一德一心不可分之关系,作为担当国民教育重任之学校教师,对于日本国的实情,必须首先有深刻之认识,故而本部特组织公立中等学校校长视察日本帝国的实情,特别是教育上的诸般设施,以资明了肇国大义基础上的彻底国民教育。[③]

作为日本侵略中国的前沿阵地,伪满洲国在政治、经济、军事及文化教育上具有非常重要的战略地位。因此,伪满洲国的教育政策、教育措施势必影响到其他日伪政权的教育发展政策及教育措施。1938年后,其他地区的日伪政权纷纷开展赴日教育考察活动,并将伪满洲国作为赴日教育考察的第一站,即各地视察团赴日考察之前,先赴伪满洲国考察一番。

[①]　满洲医科大学由南满医学堂升级而成。1919年,南满洲铁道株式会社(简称"南满")在奉天铁道附属地建立了南满医学堂。1922年5月,南满医学堂升格为满洲医科大学。这所学校虽然不是中国人自己创办的高等教育设施,但其招收的中国学生却比较多。

[②]　参见孙颖:《二十世纪上半叶日本的"对支文化事业"研究——基于"东方文化事业总委员会"与"日华学会"的考察》,东北师范大学2008年博士学位论文,第177页。

[③]　《满洲教育》第五卷第三号。转引自杨家余著:《内外控制的交合——日伪统治下的东北教育研究(1931—1945)》,安徽大学出版社2005年版,第98~99页。

（二）全面抗日战争时期日伪政权赴日教育考察活动概观

日伪政权所开展的赴日教育考察活动形式多样，人员复杂（见表4-8和表4-9所列）。余子侠教授在《日本侵华教育全史》第二卷中将华北政权治域下的赴日教育考察活动作了如下分类："从其组织者的身份来看，既有出身官方的组织派遣，又有起于民间的'自由行动'。官方的组织，既包括伪华北中央政府的组织，也包括各省市伪地方政权的组织，还有各具体的教育教学单位的组织。从其参加人员的成分来看，既有各级伪政权的教育官员，也有各有关教育教学单位的负责人或教师，甚至还有在校学生的参加。"①余教授关于华北赴日教育考察活动的分类方式同样适合于整个日伪政权所开展的赴日教育考察活动。下面以考察人员的不同身份为标准将日伪政权治域下的赴日教育考察活动进行简单的分类介绍。

表4-8　1937—1945年日伪政权治域下赴日教育考察活动举概
——以《新民报》与《盛京时报》刊载消息为主

派出时间	派出机构	考察团体	考察内容	资料来源
1937年11月	伪天津治安维持会	小学教职员参观团	日本小学教育	《盛京时报》1937.11.25
1938年3月	新民学院	北京新民学院学生访日团	日本教育、社会	《盛京时报》1938.3.16；1938.3.30；1938.3.31
1938年秋	伪北京市教育局	北京市赴日教育视察团	各项教育	《北京市教育视察团报告》，北京特别市公署教育局1938年编印
1938年11月	新民学院	北京新民学院学生访日团	日本教育、社会	《盛京时报》1938.11.29
1939年4月	伪天津市教育局、新民会天津市指导部	日满访问教育考察团	学校教育	《新民报》1939.3.30；《盛京时报》1939.4.16

① 余子侠、宋恩荣著：《日本侵华教育全史》第二卷（华北卷），人民教育出版社2005年版，第468页。

（续表）

派出时间	派出机构	考察团体	考察内容	资料来源
1939 年 4 月	新民学院	北京新民学院学生访日团	日本教育、社会	《盛京时报》1939.4.19
1939 年 4 月	蒙疆联盟自治政府	蒙疆联盟自治政府日本教育视察团	教育、社会文化事业	《盛京时报》1939.4.1
1939 年 4 月	蒙古自治政府	蒙古自治政府满日视察团	教育	《盛京时报 1939.4.1
1939 年 6 月	伪河北省井陉县正礼煤矿小学	正礼煤矿小学两名学生	日本近情	《新民报》1939.6.30
1939 年 10 月	伪华北教育总署	华北师范学校校长访日视察团	师范教育	《新民报》1939.10.10;1939.11.13
1939 年 10 月	伪北京大学农学院	学生赴日见学团	农学事宜	《新民报》1939.10.30;1939.11.2
1939 年 11 月	伪华北中央政府	教育长官访日团	教育行政	《新民报》1939.10.19;1939.11.4
1940 年 2 月	北京各伪高校	赴日参观学生团	学生状况	《新民报》1940.1.24;1940.2.5
1940 年 3 月	伪华北新青年会	青年访日使节团	教育事宜	《新民报》1940.3.6
1940 年 3 月	伪北京大学医学院	医学院赴日见学团	医学事宜	《新民报》1939.10.19;1939.11.4
1940 年 4 月	伪北京市教育局	北京特别市教育视察团	基础教育	《新民报》1940.3.13;1940.3.23;《盛京时报》1940.4.5
1940 年 4 月	伪北京市立体育专科学校	赴日见学团	体育教育	《新民报》1939.4.10
1940 年 5 月	伪华北交通会社	访日教育视察团	教育事宜	《新民报》1940.5.19

（续表）

派出时间	派出机构	考察团体	考察内容	资料来源
1940 年 5 月	新民学院	北京新民学院学生访日团	日本教育、社会	《新民报》1940.5.24
1940 年 10 月	伪华北教育总署	教授访日团	教育事宜	《新民报》1940.10.7；1940.10.22
1941 年 2 月	伪北京大学	赴日参观学生团	学校事宜	《盛京时报》1941.2.4
1941 年 2 月	伪天津、北京市教育局	华北学童使节团	教学事宜	《盛京时报》1941.2.5
1941 年 4 月	伪青岛特别市	青岛中学生访日使节团	中学教育	《青岛教育大事记》(1891—1987)第 34 页
1942 年 12 月	伪华北教育总署	教育总署青少年访日团	青少年团教育	《新民报》1943.1.9

表 4-9　日华学会抗日战争期间接待中国教育视察团活动统计表(1937—1944)①

活动年份	视察团名称	人数	领队
1937	满洲帝国教育会访日教育视察团	15	桑畑忍
1937—1938	满洲国滨江省哈尔滨师范学校日本修学旅行团	37	柴谷兴助
1937—1938	满洲国滨江省立哈尔滨第一中学校日本内地修学旅行团	68	菅崎三文
1937—1938	华北基督教会日本教育参观团(甲)	10	沈希贤
1937—1938	华北基督教会日本教育参观团(乙)	10	倪逢吉
1937—1938	上海市教育会国外考察团	22	黄造雄
1937—1938	江苏省教育参观团	9	顾克彬
1937—1938	北平市立体育专科学校参观团	50	苗时雨
1937—1938	天津爱善日本语学校第一回赴日视察团	8	伊兴田几次

---

① 此表根据孙颖撰写的论文《二十世纪上半叶日本的"对支文化事业"研究——基于"东方文化事业总委员会"与"日华学会"的考察》(东北师范大学 2008 年博士学位论文)附录中的《「日華学会」が受け入れた中国文化、教育视察团活动の统计表》摘录而成。

（续表）

活动年份	视察团名称	人数	领队
1937—1938	满洲国奉天省市县视学日本教育视察团	16	江口升
1937—1938	满洲国锦州省访日教育视察团	22	加藤三郎
1937—1938	中华民国浙江省教育参观团	9	王佶
1937—1938	上海工部局华童公学校教师赴日参观团参观团	5	乐修庸
1937—1938	新民学院日本见学旅行团	65	大沼喜久男
1938—1939	满洲医科大学日本见学团	35	墨田源次
1938—1939	蒙疆回教团日本视察团	17	平山政十
1938—1939	蒙疆教育视察团	20	中村男
1938—1939	教育部立中等教育师资讲疑馆日本见学团	61	贺伝霖
1938—1939	天津爱善日本语学校日本观光团	14	野口竹次郎
1938—1939	河北省立唐山日本语教员养成所日本见学旅行团	67	陈紫云
1941—1942	满洲医科大学派遣视察研究团	51	绪方维弘
1941—1942	北京特别市教育视察团	11	徐建团
1941—1942	华北中等教育日本见学团	54	刘骏
1941—1942	天津特别市立女子中等学校访日旅行团	13	陈佛
1941—1942	北京中央日本语学院赴日见学团	26	仓桥义博
1942—1943	满洲医科大学派遣视察研究团	50	安井修一
1942—1943	国立新民学院第七期特设乙班旅行团	34	河合笃
1942—1943	华北中等教员日本视察团	33	大西贞一
1942—1943	国立新民学院特科甲班日本视察团	26	山口喜一郎
1943—1944	新民学院特科第九期两班	21	谷庆一

在众多考察活动中,级别最高的要算日伪中央政权教育官员的赴日考察活动,但这种活动为数不多。1939年秋,伪华北中央政权组织"教育长官访日团"赴日考察教育行政等有关事宜。该团团长为是年年初就任的伪华北政府教育部次长方宗鳌,团员为各省市伪教育厅(局)长——河北省教育厅孙今善,山东省教育厅郝书暄、裴涧泉,河南省教育厅王大经,北京市教育

局王养怡,天津市教育局何庆元,青岛市教育局陈命凡,以及伪教育部直辖编审会编审吴南柱。同其他赴日考察活动一样,本次考察活动仍由日本人引队,即由兴亚院调查官石井和伪教育部专员西井二人引队前往日本。考察团途经伪满洲国的奉天后取道朝鲜,抵达日本后,主要在大阪、东京、神户等地考察教育及游览观光。① 伪华北中央政府派遣教育官员的第二次赴日考察活动是在抗日战争胜利的前一年,即 1944 年春,此时的日本在整个世界大战及中国人民抗日战争中已经处于极为不利的境地,仍然叫嚣着实行"大东亚决战"。因此,日伪中央政权的此番赴日考察活动的目的已经由"沟通中日文化交流"转向"视察决战体制教育设施"。②

除了伪中央政权外,其他省、市、县级教育机关也都组织过赴日考察活动。如,伪天津市教育局于 1939 年 4~5 月与新民会天津市指导部一起组成"日满访问教育考察团",在日本外务省对华文化事业部的"后援下"赴满洲、日本考察教育;1938 年,伪满洲国奉天省市县视学 16 人组成日本教育视察团,由江口升带领赴日考察教育。伪政权治域下的各省市教育会也曾组织赴日教育考察活动:1937 年,"满洲帝国教育会访日教育视察团"赴日考察;1938 年,伪满洲国省教育分会也组成访日视察团赴日考察。下面是开展此次活动的具体通知,其关于考察缘由、目的、内容及具体行程的表述,代表了中日全面战争时期赴日教育考察活动的全貌:

省教育分会组成访日视察团

哈尔滨 满洲帝国教育会、滨江省公署分会,为随同新学制教育发展、并增进管下各县学校教职员常识以期借镜友邦教育助成我国教育向上,故特由该分会主办访日视察团,凡属下各县中心小学校长,或教育会员均行参加,共计约十五名,由省公署民生厅国民教育科中村股长引导,定于本月二十五日由哈市出发,预定七月十六日返哈、往复预定二十四日间,视察地点计京都、名古屋、安城、东京、横须贺、上野支部、山田、二见浦、奈良、凑町、大

---

① "沟通中日文化交流:教育行政官组织访日视察团下月四日自京出发",《新民报》1939 年 10 月 19 日;"教育长官访日团今日起程东渡",《新民报》1939 年 11 月 4 日。
② "华北教育长官将访日视察决战体制教育设施",《新民报》1944 年 2 月 5 日。

阪、神户、别府、小仓八幡、门司、下关等处。[①]

赴日教育考察活动中人次较多的要数各有关教育教学单位的负责人或教师组成的考察团。其成员既包括大学教授,也包括中小学教职员,其中中小学教职员的考察活动明显多于大学教授的考察活动。1937 年 11 月,伪天津治安维持会委员兼教育局长的沈同午筹划组织"小学教职员参观团",分组轮流前往日本各小学校参观。[②] 1939 年秋,伪华北教育公署组织"华北师范学校校长访日视察团",以陈楚涵为团长率领伪华北政权下各师范学校校长赴日考察师范及社会教育。[③] 同年,"为视察日满两国之教育并社会文化事业,特使认识精神勤劳教育,并使其知悉在战时体制下之日本现状,作为东亚新秩序建设强力之一翼起见",伪蒙古联盟自治政府即于其辖区内选拔教职员 20 人,在伪蒙古青年学校教师田斐的带领下,组织教育视察团赴日考察教育。[④] 1940 年秋,伪华北教育公署组织"教授访日团"赴日考察教育。该团成员选自于伪华北政权在北京设立的各伪立高校,如伪国立北京师范学院、伪北京女子师范学院、伪国立北京大学各学院等 10 所院校,其中"每院校派副教授或助教阶级一名参加"。[⑤] 1942—1943 年,华北中等学校教员先后派遣 33 人,由日本人大西贞一引导前往日本考察教育。

赴日考察活动中人次最多的当数各类学生团体。与以上教育行政官员及教师组成的视察团体不同,学生赴日多以"见学团"或"旅行团"相称。这些学生主要来自中等及中等以上学校,其组成的"见学团"或"旅行团"一般由某一学校学生单独组成或联合组成,尤以前者居多。1937 年,"伪满洲国滨江省哈尔滨师范学校日本修学旅行团"赴日;1938 年,"伪满洲国滨江省立哈尔滨第一中学校日本内地修学旅行团"赴日;1940 年 4 月,"伪北京市立体育专科学校赴日见学团"赴日考察体育教育;1941 年 2 月,"伪北京大学赴日参观学生团"赴日参观;同月,伪天津市立女中教员许玉娟、伪北京市立第一女中教育主任陈润铣率领"华北学童使节团"赴日见学;1941—1942 年,"华

---

① "省教育分会组成访日视察团",《盛京时报》1938 年 6 月 11 日。

② "华各校教职员将参观日本小学",《盛京时报》1937 年 11 月 25 日。

③ "华北师范学校校长访日由本月二十四日出发",《新民报》1939 年 10 月 10 日;"师范校长访日团今抵新京",《新民报》1939 年 11 月 13 日。

④ "蒙疆联盟自治政府日本教育视察团",《盛京时报》1939 年 4 月 1 日。

⑤ "教署组织各院校副教授助教秋季访日团",《新民报》1940 年 10 月 7 日;"教授访日团下月三日首途",《新民报》1940 年 10 月 22 日。

北中等教育日本见学团""天津特别市立女子中等学校访日旅行团""北京中央日本语学院赴日见学团"先后赴日参观。新民学院、中等师资讲肄馆及天津爱善日本语学校等教育机构所组织的赴日"见学团"则多不胜数。也有少数小学生组成的见学团,如1939年6月,伪河北省井陉县正礼煤矿小学两名学生在日籍教师古贺氏带领下"赴日本作短期间之旅行",归国后还在伪北京中央广播电台发表"广播讲话",畅谈所谓"旅日归国后的感想"。① 学生团体赴日参观虽然不能像从事教育工作者一样将在日本感受到的教育精神"移植"到本国教育领域中来,但通过教学见习以接受日本殖民奴化教育,也是"收取直接产出奴化知识人才的教育成效"②的一条重要途径。因此,日伪政权与日本帝国主义均很重视这种形式的赴日活动。

除了以上不定期的赴日教育考察活动外,日伪政权下的很多机构还将赴日教育考察作为一项特殊活动定期开展,如新民学院、中等师资讲肄馆以及伪北京市教育局。新民学院成立于1938年1月,是日本帝国主义在华北地区为培养汉奸而设置的奴化教育机构。它在名义上隶属于华北行政委员会,并由该会的委员长兼任院长,实际上完全由日本华北派遣军军部所驾驭。"新民学院"建立之初,学制为3个月一期,从第三期开始,学制延长为半年或一年或两年不等。各期学生于毕业前夕均由日本军队派人带队去日本"观光"一个月。回国后,每个学生必须写观光收获,以表达对日本帝国主义的"忠心",然后举行毕业典礼并着手分配工作。1938年3月,新民学院首届60名毕业生组成"北京新民学院学生访日团",在该院副院长佐藤三郎的带领下"第一回日本内地视察"。此届新民学院毕业生访日归来后"收获"颇丰,不仅盛赞"日本文化之进步可惊",还感叹日本交通机关之整备、重工业之发达"已足可观"。③ 由此可见,日伪政权与日本帝国主义勾结起来所奉行的所谓"新民教育",实际上就是奴化教育,其目的就是为傀儡政权培养所谓的"政治人才"或服从这项政策的"顺民"。正因为接受的是这种露骨的愚

---

① "两个中国小学生由日旅行归来,今晚六时广播讲演报告归国后的感想",《新民报》1939年6月30日。

② 余子侠、宋恩荣著:《日本侵华教育全史》第二卷(华北卷),人民教育出版社2005年版,第472页。

③ "新民学院学生踏日本第一步",《盛京时报》1938年3月16日;"新民学院学生访日归途来奉",《盛京时报》1938年3月31日。

民、殖民教育,所以,"新民学院毕业生多半劣迹昭著,为人痛恨"。[①] 由南方汪伪政权建立的类似于北京新民学院的"维新学院",也仿照北京新民学院的做法派遣毕业生赴日考察,继续接受日本文化之熏陶,如该学院第一批毕业生计 250 人全部派赴日本考察。

日伪在华北地区专门为培养、训练、推进殖民奴化教育师资而设置的教员养成机构——中等教育师资讲肄馆也定期开展派遣教员赴日考察的活动。该培训机构由新民会创办,隶属华北中央教育部,接受培训的大多数为大学生。每期招收学生 100 人左右,培训初期为 3 个月,修业期满时挑出将近三分之二的学员去日本参观、考察,然后再从这些人员中挑出"优秀"者若干,官费保送至日本东京高等师范学校学习两至三年,学员毕业后,分配到河北、河南、山东等地,担任各县中小学校长。与北京相对应,汪伪政权在南京也设有教职员养成所,规定学员于毕业后先去日本考察一番后,再回国任教。其他日语学校、日语教员养成所也曾仿照中等师资讲肄馆和新民学院的办法多次派遣即将毕业之学员赴日见学。如天津爱善日本语学校自 1938 年起几乎每年都组织有"天津爱善日本语学校日本观光团"赴日考察。

除了新民学院和中等师资讲肄馆等教育教学机关外,一些省市级教育行政机关如北京特别市教育局也曾将赴日教育考察活动作为一项定例。据有关资料反映,伪北京市教育局自 1938 年秋间派出赴日教育视察团之后,每年都组织一次各类教育人员赴日考察活动,其参加者上到伪北京市教育行政官员,下到中小学教职员、校长。第一次活动是 1938 年 10 月开展的,由北京市教育局第三科科长韩清健、督学邵俊文、体育保健股股长郭建章率领各市立中小学校长赴日考察教育及社会情形。以后每年都"循例"组织了"北京(特别)市教育视察团",如 1940 年春,为了"明了友邦日本一般教育状况发展之实况",伪北京市教育局"循例"组织了"北京特别市教育视察团"。该团团长为伪北京市教育局第一科科长张学时,12 名成员均为伪北京市中小学校长。[②] 1941 年,伪北京市教育局徐建团率领"北京市教育视察团"11 人赴日考察教育情形。伪满洲国(见前文)和伪蒙疆政权也曾定期开展赴日考察活动,如 1942 年 11 月,"第五次蒙疆回教徒视察团"赴日考察,可见之前伪蒙古联盟自治政府已经多次开展此类活动。

---

① 齐红深主编:《日本侵华教育史》,人民教育出版社 2002 年版,第 400 页。

② "考察友邦教育以资观摩改善中学校长将组织访日团",《新民报》1940 年 4 月 20 日;《京赴日教视团定于明日归来》,《新民报》1940 年 5 月 28 日。

二、日伪政权治域下赴日教育考察活动特征

中日教育关系对立阶段的赴日教育考察活动主要由日伪政权开展,尤以东北、华北地区的日伪政权开展的活动为多,华东、华中、华南等地区的日伪政权开展的赴日教育考察活动要明显少于东北、华北地区。其中东北、华北地区日伪政权开展的赴日教育考察活动以主要省份或城市开展较多,如东北地区以所谓奉天、锦州、滨江等省份为多,华北尤以伪北京特别市、天津市为多。考察活动的指导者或领队多由日本人充当,从表4-8中即可以看出日华学会在抗日战争期间所接待的中国教育视察团活动大多数由日本人领队进行,而"中等师资讲肄馆"和新民学院的赴日见学活动则规定必须无一例外的由日本人领队。以日本人充当领队或指导员固然是求得考察上语言与常识的极大方便,但日本人在殖民奴化教育中的主体地位及别有用心则是不容忽视的。由此也可以看出,沦陷区内中国人的考察活动实际上都掌控在日本帝国主义者手里。日伪时期赴日教育考察的活动路线较为固定,一般都是先由出发地至伪满洲国辖境的奉天、抚顺、大连等地,途径朝鲜,最后抵达日本。在日本的考察地主要集中在神户、大阪、名古屋、奈良、东京、日光、京都等城市。在考察过程中,考察者除了参观、考察日本教育设施及其他教育情形外,还要参观日本神宫、神社及寺院等神道建筑或设施,如靖国神社、明治神宫、春日神社、清水寺等,现场接受日本"尊皇敬神"的殖民奴化教育。

下面以北京特别市公署教育局1938年秋赴日教育视察团开展的赴日教育考察活动及其所编写的《北京市教育视察团报告》为个案,分析中日教育关系对立阶段赴日教育考察活动的主要特征。

1938年夏,本着"欲谋东亚之永久和平,非中日两大民族互相彻底了解不可"的目的,北京特别市公署当局在京举行中小学暑期讲习会。[①] 因此,该次讲习会介绍了日本各方面的情况,希望解除日本帝国主义侵略中国以来所引起的诸多误会。又鉴于"口头绍介不若实地视察之确实彻底",于是北京特别市当局决定于1938年9月15日组织赴日教育视察团,派遣教育局第

---

① 利用假期召集部分教师举办讲习会是日伪政权训练教师的一种方式,其主要内容有两方面:一是"纯清"教师思想,讲授"建国精神"等课程;二是缺啥补啥,讲授有关实业课程。参见齐红深主编:《日本侵华教育史》,人民教育出版社2002年版,第281页。

三科科长韩清健、督学邵俊文、体育保健股股长郭建章、市立师范学校校长韩秋圃、市立第二中学校长陈树森、市立第五中学校长张景涛、市立第一女子中学校长俞大酉、市立第三中学教务主任王大椿、市立第四中学教员李钟贤、市立第二女子中学教员杜廉、绒线胡同小学校校长王淑周、海甸小学校长傅恩泽、梁家园小学校长赵孟超等 13 人,在日本顾问岛崎静马的带领下,赴日本各大都市视察教育及一般社会情形,"以作直观上之印证"。① 本次视察团取道伪满洲国,经由奉天、抚顺、大连而至日本,在日本主要参观了神户、大阪、名古屋、奈良、山田、东京、横须贺、镰仓、日光、京都等十大都市,历时一个月左右。如前文所言,伪北京政府及日本方面的真实意图是希望通过赴日考察这种方式消除中国人民对于日本侵略中国所引起的"误会"或"成见"。

北京市教育视察团在日本期间的活动主要是参观日本各项教育、神宫、神社、工厂及其他社会机构。因为是以教育考察为活动的首要目的,所以考察团所编写的报告理应在教育考察这项活动中花费主要笔墨,但从实际编纂的考察报告内容和形式来看,关于"教育"一节只有 8 页,仅占整个报告篇幅的 40%,②而"神宫神社及寺院"一节就占据了整个报告的 20%,且在行文中被安排在"教育"一节之前,可见日本的"王道""神道"精神奴化教育已经对赴日考察的中国人产生了一定影响。考察团成员在参观日本神宫神社时的崇拜之情也是这种殖民奴化教育的反映:"日本神社,为数极多……其中所奉祀,或为模范忠臣,或为著名政治家,或为有功乡里或开发国土之勇士,近代出征为国牺牲之军人,此等忠臣勇士,日人称为护国英雄,奉之为神,其对于神社之崇拜,端在崇德报功,非迷信也。"③不仅是对日本"王道""神道"精神极负崇拜之情,考察记录中几乎是对日本经济、工业、地理等各个方面都极尽赞美之辞,"日本国富之增加,几于与日俱积也""日本已由农业国进而为工业国,轻重工业之进步,一日千里,几欲凌驾欧美各国而上之,其工业出品之物美价廉,尤令欧美各国舌挢不下""日本全境为天然美之集成,四季

---

① 北京特别市公署教育局编:《北京市教育视察团报告》,北京特别市公署教育局 1938 印行,第 1 页。

② 北京特别市公署教育局所编的《北京市教育视察团报告》全文总计 20 页,分绪言、教育、神宫神社及寺院、工厂、其他、结论六部分。

③ 北京特别市公署教育局编:《北京市教育视察团报告》,北京特别市公署教育局 1938 印行,第 2~3 页。

气候温和,风光明媚".① 总之,"日本之种种优点,罄竹难书".②

当然,北京市教育视察团成员对日本教育也极尽赞美之词,从整个报告中几乎找不到对日本教育含有否定意思的片言只语:

> 日本全国为一大型家庭,以皇室为中心,以天皇为家长,天皇与国民之关系,亲切无殊亲子,其对于人民思想之训练,以忠君爱国为葵倾中央为唯一准的,而中央政府对于人民福利之促进,教育方法之规划,亦无殊亲之爱子,在此种上下协和君民一心之社会中,教育事业之迈进,盖理有固然也。日本之教育方法,旁采东亚大陆及欧美各国之长,熔于一炉,而以明治天皇敕语为依据,国内各教育机关均由中央政府严格统治指导,对国内之传统文化,务期保守,而对于新学研求吸收不遗余力,务期与世界进化之新潮流相合,各教育机关,在此种统治之下,本一贯之主张,按既定之计划,努力推行,故全国学校情形均相类,程度均一致,绝无参差不齐或不能衔接之弊。③

> 日本教育之普及实为强国主因之一,日本小学教育,纯系义务,由官厅强迫施行,达学龄之儿童,按法令必须入学受六年以上之基本教育,盲哑低能之儿童,亦有特殊设备,使获得谋生之基本技能,全国中刻几无目不识丁之人,其义务教育之成绩,实居世界第一位,因教育之普及,贩夫走卒皆尝受相当之训练,各能致力所业,故所业猛进,又以主妇皆为曾受相当训练之女子,各能内教子女,外相其夫,儿童因之能有极良好之家庭教育,男子亦因之得无内顾之忧,而致力于其事业……且各学校之建筑设备亦极完善各种教学设备、卫生设备、体育设备等皆极完美,学生就学期间,精神焕发、趣味盎然,教学自易收效,此外一切关于社会教育设备,亦极完美……总之,日本之教育已能与社会打成一片,已能有社会教育化,教育社会化之成绩,至其对旧文化之保存,新文化之吸取,各去其糟粕而抱其菁华,冶古今东西文化之长于一炉,尤令人叹服靡已也。④

---

① 北京特别市公署教育局编:《北京市教育视察团报告》,北京特别市公署教育局 1938 印行,第 1~2 页。

② 北京特别市公署教育局编:《北京市教育视察团报告》,北京特别市公署教育局 1938 印行,第 20 页。

③ 北京特别市公署教育局编:《北京市教育视察团报告》,北京特别市公署教育局 1938 印行,第 6~7 页。

④ 北京特别市公署教育局编:《北京市教育视察团报告》,北京特别市公署教育局 1938 印行,第 19~20 页。

对日本教育的如此溢美之辞在以往的赴日教育考察记录或报告中确不多见,即使是在清末大规模、全方位地学习、借鉴日本教育的重要时期,中国人在考察日本教育时也能以比较客观的态度去评价日本及其教育,既有称赞之词,亦有批评之语。如在清末赴日教育考察活动中享有重要影响力的吴汝纶在议论中国留日学生入读成城学校事件时,[①]就曾指出日本方面对于中国留学生的过度干涉:"近日学生因欲入成城学校,保送未允之故,与蔡公使抵牾,日本内务省趁机侵夺吾国教育权,径将举人吴敬恒、孙揆均二人驱逐出境,谓是妨害渠国治安,实则此二人曾之使馆与公使辩论。使馆吾国辖地,与渠国无关,学生去留,亦吾公使权力所专管,日本不应羼与。"[②]全面抗日战争之前的中国赴日者基本上也是抱着客观的态度考察日本教育的,他们既能认识到日本教育优于中国教育的方方面面,也能敏锐地觉察到日本教育的诸多不足之处。如黄炎培考察日本职业教育时,就认识到日本职业教育的不足之处,最终决定以美国职业教育模式为参照发展中国职业教育。1924年,广东学生赴日考察团尽管是在日本庚款的补助下得以开展活动的,但考察者丝毫没有受到日本真实意图的影响而改变考察的立场,即使是在日本人士的语言诱导下,考察者仍然怀疑日本利用庚款补助是扶持中国文化教育的"良苦用心",坚定地指出日本女子教育不及中国女子教育的地方。就在抗日战争爆发之前的1936年,由冀察平津各选派的14位中小学校长或教务主任[③]组成的赴日考察团在考察报告中,也是客观公正地记录并评述日本教育的。察哈尔省立张家口农村实验小学校长武纯仁在其编写的《考察日本教育纪略》指出日本教育的优点表现在经费之充足、设备之完善、建筑之适宜、体育之重视、教职员之优遇等方面,对此,"中国均可采取效法",但

---

①　吴汝纶访日期间,驻日公使蔡钧拒绝承诺为钮瑗等9名私费生作入成城学校的担保,激起了以吴敬恒为代表的留学生的强烈抗议。吴敬恒等27名留日学生于是集会于中国驻日公使馆,要求与蔡钧面谈,但蔡钧坚决不予会面,并于当天晚上让日本警察拘留了吴敬恒、孙揆均二人。吴、孙二人虽于次日被日本警方释放,但被强制送回国内。其中吴敬恒因此事自杀未遂。

②　徐寿凯、施培毅校点:《吴汝纶尺牍》,黄山书社1990年版,第297页。

③　这14位校长或主任分别是河北省立保定中学校长黄怀信、河北省立第二模式小学校长王同济、河北省立保定师范附属小学校长陈仪汾、察哈尔省立宣化工业职业学校校长王蔚文、察哈尔省立宣化中学校长李署宸、察哈尔省立张家口农村实验小学校长武纯仁、北平市立第四中学校长齐树云、北平市立报子胡同实验小学校长傅亮、北平市立师范附属小学主任王视宸、天津市立师范学校教务主任陈荫佛、天津市立第二十二小学校长黄玉麒、天津市立第三十七小学校长李砚田、北平市立高级职业学校校长李潭溪、河北省立水产专科学校日文教授金之铮。参见武纯仁著:《考察日本教育纪略》,张家口中华印书局民国二十五(1936)年。

"吾人不能因此自馁,中国之教育缺点固多,但近来却有相当之进步,其优点亦不能一概抹煞,如能知己知彼,取长补短,则我国前途非无希望也"。① 日伪时期赴日教育考察团对日本"王道""神道"教育的称誉在以往的考察记录中更是绝无仅有的,后者所记录的反而是对日本这种精神教育的指责或针砭之词,如 1930 年国立北京大学教育系参观团②在考察日本教育时,便指出:"日本所谓青年训练所,市民馆、图书馆、经学院、宗教团体所标榜的都很漂亮,可都成了支配阶级压迫民众的武器,束缚民众思想的网络⋯⋯日本教育之任务,似应对内如何使国民享受、发展、劳动的机会均等,对外如何扶弱小民族,使能生存发⋯⋯其实际则除效忠天皇、崇拜神道、尊重特殊阶级、发展国家主义、宣扬帝国威权外无他物,故以言其教育宗旨毫无价值可言也。"③

小　结

　　1922 年新学制的确立标志着中国教育现代化的发展暂时告一段落,但并不意味着中国教育现代化已经走完了它的所有历程。1923 年制订的"新学制"课程标准以及随之而起的学制的施行是中国教育现代化的继续发展。按照辩证唯物主义发展观来看,任何事物的发展并不是直线前进的,而是螺旋式上升,甚至会出现倒退的发展方向,1922—1949 年中国教育现代化正是遵循这样的规律发展的。南京国民政府成立以后,教育部力图对 1922 的学制及其标准进行修改以推行三民主义教育。与此同时,《壬戌学制》过度模仿美国的弊端逐渐暴露出来,20 世纪 30 年代国内外的一些教育界人士纷纷指责中国进行的是脱离本国实际的美国式教育,现行的中国教育使得本为大众服务的教育变成少数特权或有钱人的奢侈品,广大人民群众仍被排斥

---

① 参见武纯仁著:《考察日本教育纪略》,张家口中华印书局 1936 年版,第 2 页。
② 北京大学教育系日本教育参观团成员共计 14 人:北京大学教育系戴夏、王德崇、黄继植、黄佛、李荣荫、詹昭清、秦槐士、李辛之 8 人,再加上北京大学经济系白鹏飞、钱尹君等 6 人。《参观日本教育报告》一书分为上下两篇:上篇为参观日记,主要记述参观过程;下篇为日本教育之一瞥,分项记载日本之教育目的、教育制度、学校教育、社会教育及对日本教育的总和与批评。
③ 国立北京大学教育系参观团:《参观日本教育报告》,1930 年版,第 134~135 页,出版机构不详。

在教育的门槛之外。于是在中国大地上掀起了新一轮的教育研究与实验运动,如陶行知的生活教育实验与研究、梁漱溟的乡村建设实验与研究、晏阳初的平民教育实验与研究、俞庆棠的民众教育实验与研究、雷沛鸿的国民基础教育研究与实验等。这些力求结合本国实际的教育研究与实验运动将中国教育现代化的发展推向了一个新的高度。然而日本帝国主义发动的侵华战争对中国教育的摧残与奴化使得中国教育现代化遭受严重的挫折。早在20世纪20年代,日本就企图通过庚款补助赴日教育考察活动的形式对中国进行文化渗透与侵略,这种伎俩很快被中国人所揭穿,即使是接受庚款补助赴日考察的中国人也能不为日本的糖衣炮弹所麻痹,在活动期间能够对日本教育进行客观的考察。抗日战争时期,日本在沦陷区吸引日伪政权开展赴日教育考察活动,企图对沦陷区的中国人进行殖民奴化教育,在日伪政权汉奸们的积极配合下,日本达到了奴化部分中国人的目的,赴日教育考察者对日本教育的神道、王道精神的极端崇拜便是最好的例证。因此,日伪政权所开展的赴日教育考察活动严重阻挠、破坏和扼杀中国教育现代化的进程。抗日战争胜利后,全国积极开展教育善后复员工作,中国教育现代化的发展出现了新的曙光,然后好景不长,长达四年的国内革命战争将尚未来得及铺展开的教育复兴运动扼杀在摇篮之中,中国教育现代化再次受挫。

民国中后期所开展的出国教育考察活动对中国教育现代化所产生的重大影响分别从欧美教育考察活动和日本教育考察活动中体现出来。欧美教育考察活动尤其是欧洲教育考察活动对中国教育现代化的影响主要体现在对民国初期教育发展模式的调整。民国初期所形成的教育制度基本上是模仿美国而来,其最突出的表现是《壬戌学制》中严重的效法美国学制的痕迹。民国中后期,《壬戌学制》的弊端为越来越多的国内外教育人士所诟病,于是赴欧洲各国进行教育考察以图中国教育之改进成为诸多教育界人士的共同选择。20世纪30年代,国人纷纷前赴欧洲进行初等教育、中等教育、职业教育、师范教育、民众教育、成人教育等方面的考察。考察成员回国后一方面向教育部建言如何进行初等教育、中等教育、职业教育方面的改革,另一方面又通过实际行动在本国进行民众教育、成人教育、生活教育等方面的研究与实验,为中国教育现代化出策出力。民国中后期的赴日教育考察对中国教育现代化的影响则要一分为二地看:一是抗日战争前的赴日教育考察活动对中国教育现代化的促进作用;二是抗日战争时期日伪政权所开展的赴日教育考察活动对中国教育现代化进程的阻碍和破坏。和欧美教育考察相比，民国中后期赴日教育考察对中国教育现代化的促进作用要模糊得多。民国中后期赴日教育考察人员和民国初期及清末时期相比虽然有增无减，但因为考察者多系地方教育行政人员、中小学教员及学生团体，其对中国教育的影响局限于本地教育的发展、本校教育的改进及本人知识容量的扩充，所以赴日教育考察活动对中国教育现代化的影响在宏观上远远不及欧美教育考察活动。日伪政权所开展的赴日教育考察活动主要以培养驯服于日本的汉奸及宣扬日本王道、神道的殖民奴化教育精神为目的，是中国教育现代化历程中最顽劣的绊脚石。

结　　语

一、近代国人出国教育考察活动的影响

由前文的论述可知,近代中国的出国教育考察活动形式不可谓不多样、内容不可谓不丰富,但无论其形式如何多样,内容如何丰富,要想正确评价这些考察活动,终归要看其对中国教育现代化的作用如何,即对中国教育现代化产生了什么影响。以此为标准,可以对清末民国时期的教育考察活动做出一个总体性的评价,即清末时期的出国教育考察活动特别是赴日教育考察活动既推动了清末全国上下重视新学之风气的形成,又推动了中国新式教育事业的发展;民国时期的出国教育考察活动既促进了民国时期各类教学方法和教学组织形式的研究与实验,又促进了民国时期各种教育思潮及教育改革活动的形成与开展;而抗日战争时期日伪政权所开展的赴日教育考察活动则是协助日本帝国主义对中国教育进行变相的破坏和摧残,这些活动的参与者充当了日本帝国主义阻挠、破坏和扼杀中国教育现代化的帮凶。因此,与清末、抗日战争前民国时期的赴日教育考察活动于中国教育现代化的促进作用形成鲜明对照的是,抗日战争时期伪政权官辖下的赴日教育考察活动对中国教育现代化的倒行逆施。

近代中国出国教育考察活动主要由中央和地方机构派遣或民间团体及个人自行安排,因此对近代中国教育发展的影响有所不同。中央教育机构所开展的教育考察活动的影响主要体现在教育方针、教育制度等宏观层面;而地方教育机关所开展的教育考察活动则主要体现在微观层面,即其在地方教育发展中的推进作用以及在全国教育中的领头羊作用;民间团体所开展的教育考察活动的影响主要是引领教育研究与教育改革的浪潮;而教育工作者个人考察活动的影响则是将其考察所得内化于自身的教育理论及教育实践活动当中。因此,近代中国出国教育考察活动主要是对中国教育制度的现代化、教育思想的现代化及教学方法的现代化产生了重要影响。

（一）对教育制度现代化的影响

促进中国教育制度现代化的发展是近代出国教育考察活动的主要影响之一。近代出国教育考察活动者们对国外教育考察最多的是其教育制度。其原因之一应该是教育制度可以在短时间内进行直观感受，教育制度的改革是进行整个新式教育改革的前提保障。19 世纪下半叶，出洋游历人员主要考察了西方完备的学校教育制度、实学教育制度、义务教育制度及女子教育制度等，为近代中国改革科举及书院制度以创建新式学校体系提供了较为翔实的参考资料和可行性建议。清末新政时期学校制度的建立和完善在很大程度上归功于赴日教育考察人员的言论和实际行动。自统筹全国学校教育的《壬寅·癸卯学制》到各级各类学校的规章制度，从中央教育行政机构学部的设立到地方教育行政机构劝学所的建立均体现着赴日考察成员对日本教育制度的认真学习和借鉴。如《清史稿》即明确指出清末劝学所之设为严修赴日考察后仿效日本地方教育行政而成："劝学所之设，创始于直隶学务处。时严修任学务处督办，提倡小学教育，设劝学所，为府、州、县行政机关。仿警察分区办法，采日本地方教育行政及学校管理法，订定章程，颇著成效。"①在不断完善的新式学校教育制度的保障下，中国近代教育终于走上了正规化和制度化的道路。民国时期教育制度的确立和完善也离不开出国教育考察活动。1922 年，新学制就是在考察日本及欧美教育制度并结合本国实际的基础上而确立起来的。除此之外，民国时期的高等教育制度、中等教育制度、初等教育制度、职业教育制度及师范教育制度的建立和完善或多或少都受到欧美教育考察活动和日本教育考察活动的影响。

（二）对教育思想现代化的影响

教育思想是指人们在一定历史时代的社会条件下，在教育实践基础上形成的对教育现象与问题的认识和看法。② 因此，其现代化过程必然会受到客观的社会及历史背景的影响。其中，社会基本矛盾的变化是促进教育思想现代化的根本原因，中西关系的变化以及由此引发的中外教育交流活动则是中国教育思想现代化的外在动力。在近代中外教育交流活动中，对西方教育理论的直接或间接地接触、学习影响到国人固有教育观念的改变。如西方传教士通过办学、办报或出任教习等方式将近代西方教育观念自觉

---

① （清）赵尔巽等撰：《清史稿》第十二册，中华书局 1977 年版，第 3144 页。
② 孙培青、李国钧：《中国教育思想史·前言》，华东师范大学出版社 1995 年版，第 1 页。

或不自觉地输入到中国；留学生和出国教育考察人员则在国外亲身体验到西方近代教育之后有意识地将西方教育观念引进国内。如果说洋务及维新时期在西方实用教育思想影响下开展的方言教育、军备教育、西学教育受出国教育考察活动影响较小的话，新政时期确立的"五项教育宗旨"——忠君、尊孔、尚公、尚武、尚实则明显受到了日本军国民及国家主义教育思想的影响。以"尚武"一条为例，"五项教育宗旨"的拟定者严修曾明确指出此义受启发于日本教育大旨："臣等尝询查日本小学校矣，休息之时，任意嬉戏，所以养其活泼之性也。口号一呼，行列立定，出入教室，肃若军容，所以养其守法之性也。又尝询查日本师范学校矣，师范为规制最肃，约束最严之地，而掷球角力，习为常课；运动竞走，特设大会。其国家且宣法令以鼓励之，其命意可知矣。"由是他感叹："中国如采取此义，极力仿行，日月渐染，习与性成，我三代以前，人尽知兵之义，庶几可复乎。"[①]民国时期新学制的"适应社会进化之需要、发扬平民教育精神、谋个性之发展、注意国民经济力、注意生活教育、使教育易于普及、多留各地伸缩余地"的七项标准的制订，以及民国时期职业教育思想、民众教育思想、成人教育思想、生活教育思想的形成等，都曾受到民国时期出国教育考察活动的影响。

（三）对教学内容及教授方法现代化的影响

教学内容和教授方法的现代化同样是教育现代化的重要指标。中国传统教育主要以四书五经等儒家经典为教学内容，它所培养的人才虽然满腹诗书，但对于自然、科技方面的实学知识知之甚少，不能满足近代中国社会发展的需要。19世纪下半叶，出洋游历人员在惊羡西方近代教育中实学知识所受的重视程度的同时，极力提倡在中国书院教育和科举考试中添设实学科目，以缓解中国传统教育重虚不重实、重德不重艺的落后局面。清末新政时期的赴日教育考察人员则完全将日本学校的课程设置和课时分配搬套到中国，这可以从新政时期各类新式学堂的授课表中看出。这种搬套虽然带有一些生硬的痕迹，但毕竟是将传统的教育内容引向现代化的发展轨道上来，其中仿效日本而设置的图画、体操、法制、理财、物理、化学、博物、算学等科目在中国传统教育中是不能登大雅之堂的。民国时期新文化运动所提倡的"科学""民主"口号及出国教育考察人员对第二次世界大战后欧美教育发展共同趋势的考察更是将传统教育内容的改革推向现代化的浪头，彻

---

①　严修自订，高凌雯补，严仁曾增编：《严修年谱》，齐鲁书社1990年版，第184页。

底摆脱了儒学束缚的教育内容越来越科学化、实用化。

和教育制度、教育思想等宏观范畴不同，教学方法属于较为微观的层面，与教学组织形式和教学手段紧密相连。中国传统教育历来以讲授法及相应的个别授课制为主要教学手段。自近代以来，西方班级授课制就随着西方传教士和出洋游历人员的介绍输入到中国来。至新政时期，赫尔巴特五段教学法通过翻译或著述由日本传入中国以后，经由俞子夷、杨保恒、周维城等自日本考察回来后予以应用的单级教授法将赫尔巴特五段教学法推向实际应用和推广阶段。民国时期欧美国家盛行的设计教学法、道尔顿制、分团教学法、文纳特卡制等注重学生主体性和创造性的教学方法和组织形式通过留学生和出国教育考察人员的介绍试行于中国，将中国传统教育中"传授—接受"的教学方式引向"问题—发现"的教学方式上转变。袁希涛、陈宝泉等在考察美国教育时，就曾被威斯康星大学附属中学所提倡施行的注重学生自主动手能力的"合作教授法"所吸引，并在其考察报告——《八年欧美考察教育团报告（美洲之部）》中专门介绍这种教授法。[1] 余家菊在英国留学期间专门考察过伦敦中学的道尔顿制，指出其关键在于"研究室"与"功课范围之指定[2]"，并通过通信的方式撰文向国内介绍道尔顿制。

二、近代国人出国教育考察活动的启示

自近代以来，出国教育考察已经成为中外教育交流史上不可或缺的一种重要方式及一项重要内容。在全球化领域日益拓展的今天，随着通信科技及知识传媒的日益先进，各民族国家间的很多教育资源在一定范围和程度上能够跨越时间及空间上的限制实现资源共享，如远程教育等，但它无论如何也代替不了实地教育交流活动所能发挥的一切作用。因此，留学教育、出国教育考察等实地参与性质的活动仍然是当代中国与世界其他民族国家进行教育交流的最重要的方式之一，从当代中国日益增加的赴世界各

---

[1] 参见袁希涛、陈宝泉、金曾澄等合编：《八年欧美考察教育团报告（美洲之部）》，商务印书馆民国九（1920）年版，第四章，第23～25页。

[2] 在余家菊看来，"研究室"即工作场、生活场，"在此所得的知识不是贩卖的，是本源的，是他运用心思之结果，不是不劳而获的领取别人的结果"。"功课范围之指定"包括适用之范围，用书之选择，学生之了解，时间之分配，工具之运用，临时合团学习，外国语学习，逐渐的更张等方面。"研究室"与"功课范围之指定"体现了道尔顿制注重培养学生自主自动的创造性思维和动手能力。参见余家菊："达尔登制之实际"，《中华教育界》第十二卷第一期（1923年8月）。

国的留学生数目及出国教育考察活动人次便可知晓。然而,随着出国教育考察活动的日益增多,随之而来的滥竽充数的情形也会相应增多,以考察之名行旅游之实的现象屡见不鲜! 因此,如何充分发挥现今出国教育考察活动的应有作用,杜绝考察中名实不符的现象,避免考察活动所带来的负面效应或不良后果,从近代中国出国教育考察活动中或许能够得到一点启示。

(一)出国教育考察活动既要有明确的目的性又不能盲目唯他国教育是从

出国教育考察活动无论是从人员的组织过程,还是经费的筹划开支情形来看,都可以算得上是一项重大活动。因此,该项活动的开展必须事先确定明确的目标和计划,否则就不会收到预期的效果。综观清末民国时期中央及地方派出的各次出国教育考察活动,大多数活动的执行者都是带着艰巨的任务远涉重洋,如在清末新政时期,吴汝纶不顾六十二岁高龄为学制建设而奔走于日本各大教育机构;罗振玉肩负张之洞、刘坤一之重托为湖北、江苏等省的地方教育的发展而涉猎于日本各级各类学校以搜集各类教育法规、章程;为了筹建京师大学堂,清廷重要大臣如裕庚、李盛铎、李家驹、寿富、杨士燮等先后专赴日本东京帝国大学考察校舍建筑;为了促进地方教育行政工作的有效开展,清学部首任提学使 23 人中便有 16 人因不曾有过海外游历的经历于上任前集体赴日考察教育。民国时期,为了扭转清末以来全面单一学习日本教育的局面,江苏省教育会专门派遣俞子夷、郭秉文、陈容赴欧美考察教育;为了制订新学制,教育部先后派遣汤中、钱家治、林锡光、彭世芳赴日考察日本教育制度,派遣袁希涛、陈宝泉、金曾澄、邹棋等赴欧美考察欧美各国教育制度;针对国联教育考察团针中国教育所提出的问题,教育部派遣程其保、杨廉、李熙谋等赴欧洲考察教育;为了参考第二次世界大战后各国战后教育恢复情形,教育部派遣许自诚、赵祥麟、黄龙先等赴美考察美国战后教育恢复情状。所有这些教育考察,正是有此明确的考察目标,才取得了相当不错的成绩。但是,由于在考察过程中过于依赖某一单个国家的教育制度及思想,导致近代中国教育出现了盲目唯一国教育是从的极端现象,清末时期全面模仿日本教育、民国时期过于仿照美国教育均是这种极端现象的突出表现。因此,当代中国开展出国教育考察活动既要有明确的目标与计划,同时又要避免盲目唯一国教育是从的学习态度。

（二）出国教育考察活动应该是感性的参观与理论的学习相结合

近代中国出国教育考察活动参与者中相当一部分人采用了日记、报告、通讯甚至论著等多种形式记录考察过程、考察内容、考察收获及考察后的心得体会。无论是考察过程、考察内容的单纯记录，还是考察收获及考察后的心得体会都是为该次考察活动上交的一份答卷。对考察活动做出提交考察日记、报告或心得体会的任务要求从近代出国教育考察活动一开始就产生了，而光绪三十一年（1905 年）直隶学务处在游历日本办法中对此项任务的要求是历次规定中最为详细、合理的一次，直隶学务处要求所有考察者"昼则参观各学校并考求各学校组织编制各事"，"夜则延日本教师讲授科学如教育学、管理法、学校制度等类；值暑假时则昼夜听讲"，考察回国时，"每人须呈交日记一份，其尤佳者付排印局印行"。① 将白天的感性参观与晚间的理论学习结合起来作为一项重要任务，是对考察者出国活动的严格要求，它无疑有助于提高考察活动的效率，达到活动开展的最佳效果。民国时期对出国教育考察活动者的任务或要求的规定要少得多，仅见于 1918 年第四届全国教育会联合大会议决的"各省区每年派员考察国外教育案"中第七条："考察员回国后，应详细缮具报告书，分别陈由教育部及本省区教育行政长官鉴核，并负赞画本省区教育进行之责任。"②但这并不意味着民国时期的出国考察活动不需要对考察者提出严格要求。与通信传媒条件相对落后的清末相比较，民国时期的传播途径要广泛得多，各种教育类型的期纸杂志为出国教育考察者讲述考察经历、发表考察言论提供了广阔的舆论阵地，尤其是民国时期颇为盛行的讲演会为出国教育考察者向教育行政工作者、在校师生及广大社会民众介绍考察内容及考察所得打造了独具特色的舞台。无论是在期纸杂志上发表的言论还是在讲演会上演讲的报告，实际上就是对考察者就本次考察活动所做的不成文的要求，这不是一般的敷衍了事所能完成的。因此，在民国时期的出国教育考察活动中，感性参观与理论的学习同样是必不可少的。通过阅读清末至民国时期的多篇考察日记、报告或相关论著，可以发现仅仅满足于将单纯考察活动过程及内容记录下来作为一份

---

① "学务处呈覆遵议各州县派人筹备公款游历日本以备充当学董办法文"，《申报》1905 年 4 月25 日。

② 邰爽秋等编："第四届全国教育会联合大会议决案"，第 6～7 页，《历届教育会议议决案汇编》，教育编译馆 1935 年版。

考察报告进行上交是完全可以应付交差的,但却远远不能实现教育考察活动所应该发挥的作用,因为这些感性的参观记录就像一本流水账一样缺乏理论的深度,不能给没有机会出国考察的其他教育界人士提供充足的信息和知识资源,而考察者不经过一番理论的学习,其考察效果也会大打折扣,遑论归国后的教育实践活动。只有将感性的参观与理论的学习结合起来才能更好地发挥考察活动所能带来的作用。

(三)出国考察应与留学教育有机结合起来以共同推进教育的发展

出国考察与留学是两种不同的学习外洋的活动方式:出国考察一般是因事而起,针对性强,时间较为短暂,团体行为较多;留学是国内学业在国外的继续,花费时间较长,多属于个人行为。从效果来讲,出国教育考察见效快,但可能会因为考察时间仓促对国外教育制度、思想尤其是教育思想消化不够而造成借鉴时的照搬现象;留学教育见效慢,留学者对所在国的教育制度、思想深有研究,但由于当时在国内教育界的声望、地位及活动能力的限制,再加上对本国教育的了解不够深入,以致造成教育作为不大的现象。因此,只有将二者结合起来,才能有效地推动教育的改革和发展。同时,二者在国内外的活动总是交织在一起的。在国外,留学生可以为考察者提供很多方便,如生活起居方面,最为重要的是充当考察者的向导或译员,如严修、张謇等赴日考察时都曾得到留日学生翻译方面的帮助。清末新政时期,直隶学务处就曾建议赴日游历官绅以留日学生为向导或译员,"现居日本之直隶留学生多愿承任此事"。① 民国时期,赴欧美教育考察者也受到了留学欧美学生的热情指导。如俞子夷在美国考察教育时,就曾与时在哥伦比亚大学就读的中国学生蒋梦麟、刘廷芳、吴卓生、许士昭等人讨论教育问题,在考察过程中得到他们的不少帮助。一些考察者实际上就是由留学生充当的,如民国初年,江苏教育会派遣俞子夷赴欧美考察时,与他一起考察的郭秉文、陈容就是留学哥伦比亚师范大学的两位江苏籍学生。考察者尤其是具有一定身份地位的教育界人士则充分利用一切机会想方设法为深处异国他乡的留学生解决一些实际问题,如吴汝纶在日本考察期间,目睹日本当局及对中国自费留学生的歧视政策后,立即向管学大臣张百熙等人写信呼吁,并向上海各报发表公开信,要求日本当局公平对待中国自费留日学生。一些

---

① "学务处呈覆遵议各州县派人筹备公款游历日本以备充当学董办法文",《申报》1905年4月25日。

考察者还抽空到留学生集中处为留学生做励志、劝学方面的演讲。在国内，出国教育考察者与留学归国学生一起共同致力于中国教育的发展。清末维新至新政时期，虽然赴日教育考察者在国内教育界所发挥的作用远远大于留日学生，但留日学生在教育界尤其是中小学教育界所发挥的作用是对考察者回国后的教育言论及教育实践活动的必不可少的补充与呼应。而民国时期的重大教育改革活动，无一不是出国考察者与留学归国学生共同努力的结果。以1922年新学制为例，参与新学制草案讨论与制定的人物主要由两大阵营组成：一是曾经考察过欧美教育的黄炎培、俞子夷、蔡元培、袁希涛、金曾澄、范源濂、庄启、贾丰臻、顾树森、汤尔和等人；二是欧美留学归国学生，如陶行知、廖世承、胡适、蒋梦麟、郭秉文、邓萃英等人。在讨论与制定新学制的过程中，正是这两大阵营互通有无、齐心协力才促成了《壬戌学制》的诞生。

(四)教育考察活动派出国与接受考察活动国之间应保持平等的国际关系

国际间的教育考察活动，从本身来讲，本应是活动派出国与活动接受国之间的平等交流活动。然而，由于发展水平的差异，实际上，这种活动总是以一种不"平等"的方式进行着，就像文化交流一样，由于输出国与输入国之间在文化水准上的高低，导致考察活动基本上是教育发展较为落后的国家走向教育发展较为先进的国家，即由下向上的趋势。近代中国与世界其他国家在国际地位上并不平等。这种不平等的地位在政治、军事上的境遇即"落后意味着挨打"。虽然教育是一种相对独立于政治的人类社会活动，但它却无法摆脱政治的羁绊而另外创造一片自由的天空。近代中国的教育便是在瞬息万变的国际、国内政治关系下求生存的。因此近代中国与世界其他国家在教育上也是保持着不平等的教育关系。尽管中国与其他国家之间的教育考察活动是相互进行的，如清末即有嘉纳治五郎等来华考察教育，民国时期美国著名教育家杜威、孟禄、克伯屈等曾先后来华考察教育，民国中期国联教育考察团来华，但与中国走出去的考察人次相比，就少得多了。尤其是近代中日两国之间的极不平等关系，造成了近代中国出国教育考察活动出现了一些令中国人不满的地方。清末中国赴日教育考察活动虽然总体上没有受到政治的干扰，而且日本教育界大部分人士给予中国考察人员以极大的热情与方便，但由于中日两国教育在发展程度上的巨大差异，造成一些考察人员在考察过程中唯日本教育马首是瞻的过度崇拜情结，导致了清末教育严重的仿日倾向。日本全面侵华战争爆发后，在占领地或沦陷区进行殖民奴化教育,尤其强调对中小学教职员灌输这种思想,并派遣他们到日本进行教育参观、考察以加快加深他们的日本同化程度,达到先期奴化他们,后期奴化广大中国人民的野心。同时,日本也派遣一些教育人士来占领区或沦陷区考察教育。日本人的这种考察活动与吸引中国人赴日教育考察活动目的一致,无非是为在中国进行殖民奴化教育输入更强的师资力量。因此,中日两国处于不平等的国际关系加上日本对中国政治、军事、经济、文化教育的侵略,使得此时的日本人士来华教育考察活动与中国伪政权赴日考察活动的开展披上了浓厚的殖民奴化色彩,它无疑严重阻碍了中国教育现代化的发展。

参考文献

一、资料汇编类

[1] 上海图书馆.近代期刊篇目索引.上海:上海人民出版社,1979.

[2] (清)蒋良骐原纂,(清)王先谦改纂.十二朝东华录.台北:文海出版社,1963.

[3] (清)赵尔巽,等纂.清史稿.北京:中华书局,1977.

[4] 朱寿朋.光绪朝东华录.北京:中华书局,1958.

[5] 刘锦藻.清朝续文献通考.杭州:浙江古籍出版社,1988.

[6] 国家档案局明清档案馆.戊戌变法档案史料.北京:中华书局,1958.

[7] 故宫博物院明清档案部.义和团档案史料.北京:中华书局,1959.

[8] 故宫博物院明清档案部.清末筹备立宪档案史料.北京:中华书局,1979版。

[9] 李书源.筹办夷务始末(同治朝).北京:中华书局,2008.

[10] 中国第一历史档案馆.光绪宣统两朝上谕档案.桂林:广西师范大学出版社,1996.

[11] 学部总务司.学部奏咨辑要.近代中国史料丛刊(第3编第10辑)(沈云龙主编).台北:文海出版社有限公司,1986.

[12] 陈庆念.苍南文献丛书.上海:上海古籍出版社,2005.

[13] 丁致聘.中国近七十年来教育记事.上海:商务印书馆,1933.

[14] 邰爽秋,等.历届教育会议议决案汇编.南京:教育编译馆,1935.

[15] 蒋致远.中国第一次教育年鉴.台北:宗青图书公司,1991.

[16] 蒋致远.中国第二次教育年鉴.台北:宗青图书公司,1991.

[17] 蒋致远.中国第三次教育年鉴.台北:宗青图书公司,1991.

[18] 中国第二历史档案馆.中华民国档案资料汇编·第三辑(教育).

南京:江苏古籍出版社,1994.

[19] 朱有瓛. 中国近代学制史料. 上海:华东师范大学出版社,1986.

[20] 朱有瓛. 中国近代学制史料. 上海:华东师范大学出版社,1987.

[21] 陈学恂. 中国近代教育史教学参考资料. 北京:人民教育出版社,1986.

[22] 陈学恂. 中国近代教育大事记. 上海:上海教育出版社,1981.

[23] 舒新城. 中国近代教育史资料. 北京:人民教育出版社,1981.

[24] 朱有瓛,等. 中国近代教育史资料汇编·教育行政机构及教育团体. 上海:上海教育出版社,1991.

[25] 汤志钧,等. 中国近代教育史资料汇编·戊戌时期教育. 上海:上海教育出版社,1993.

[26] 高时良. 中国近代教育史资料汇编·洋务运动时期教育. 上海:上海教育出版社,1992.

[27] 潘懋元,等. 中国近代教育史资料汇编·高等教育. 上海:上海教育出版社,1993.

[28] 璩鑫圭,等. 中国近代教育史资料汇编·实业教育、师范教育. 上海:上海教育出版社,1994.

[29] 璩鑫圭,唐良炎. 中国近代教育史资料汇编·学制演变. 上海:上海教育出版社,1991.

[30] 陈学恂,田正平. 中国近代教育史资料汇编·留学教育. 上海:上海人民出版社,1991.

[31] 陈景磐,陈学恂. 清代后期教育论著选. 北京:人民教育出版社,1997.

[32] 故宫博物院明清档案部. 义和团档案史料. 北京:中华书局,1959.

[33] 吕顺长. 晚清中国人日本考察记集成·教育考察记. 杭州:杭州大学出版社,1999.

[34] 顾明远. 中国教育大系·历代教育名人志. 武汉:湖北教育出版社,1994.

二、文集、日记、年谱、报告类

[1] 斌椿. 乘槎笔记·诗二种//钟叔河. 走向世界丛书. 长沙:岳麓书

社,1985.

[2] 志刚. 初使泰西记//钟叔河. 走向世界丛书. 长沙:岳麓书社,1985.

[3] 郭嵩焘. 伦敦与巴黎日记//钟叔河. 走向世界丛书. 长沙:岳麓书社,1985.

[4] 黎庶昌. 西洋杂志//钟叔河. 走向世界丛书. 长沙:岳麓书社,1985.

[5] 刘锡鸿. 英轺私记//钟叔河. 走向世界丛书. 长沙:岳麓书社,1985.

[6] 曾纪泽. 出使英法俄国日记//钟叔河. 走向世界丛书. 长沙:岳麓书社,1985.

[7] 薛福成. 出使英法义比四国日记//钟叔河. 走向世界丛书. 长沙:岳麓书社,1985.

[8] 薛福成. 庸庵海外文编(第二卷). 北京:中华书局,1957.

[9] 张德彝. 航海述奇//钟叔河. 走向世界丛书. 长沙:岳麓书社,1985.

[10] 张德彝. 欧美环游记//钟叔河. 走向世界丛书. 长沙:岳麓书社,1985.

[11] 张德彝. 随使英俄记//钟叔河. 走向世界丛书. 长沙:岳麓书社,1985.

[12] 薛福成. 庸庵海外文编. 北京:中华书局,1957.

[13] 黄遵宪. 日本国志. 吴振清,徐勇,王家祥,点校. 天津:天津人民出版社,2005.

[14] 钱仲联. 人静庐诗草笺注. 上海:上海古籍出版社,1981.

[15] 钱单士厘. 癸卯旅行记·归潜记. 长沙:湖南人民出版社,1981.

[16] 苑书义,孙华峰,李秉新主. 张之洞全集. 石家庄:河北人民出版社,1998.

[17] 陈山榜. 张之洞教育文存. 北京:人民教育出版社,2008.

[18] 徐寿凯,施培毅,校点. 吴汝纶尺牍. 合肥:黄山书社,1990.

[19] 郭嵩焘. 养知书屋诗文集//沈云龙. 中国近代史料丛刊. 第1编152辑. 台北:台湾文海出版社,1990.

[20] 湖南人民出版社,校点. 郭嵩焘日记. 长沙:湖南人民出版

社,1983.

[21] 黄庆澄. 湖上答问//陈庆念. 苍南文献丛书. 上海:上海古籍出版社,2005.

[22] 王韬. 弢园文录外编. 沈阳:辽宁人民出版社,1994.

[23] 王之春. 使俄草. 上海:上海文艺斋印,光绪二十一年.

[24] 吴闿生. 桐城吴先生(汝纶)文·诗集. 台北:文海出版社,1968.

[25] 吴闿生. 桐城吴先生(汝纶)尺牍. 台北:文海出版社,1968.

[26] 吴闿生. 桐城吴先生(汝纶)日记. 台北:文海出版社,1968.

[27] 甘厚慈,辑. 北洋公牍类纂. 台北:文海出版社,1966.

[28] 蒋贵麟. 康南海先生遗著汇刊·日本变政考. 台北:宏业书局,1987.

[29] 汤志钧. 康有为政论集(上册). 北京:中华书局,1981.

[30] 沈祖宪,辑. 养寿园奏议辑要//沈云龙. 袁世凯史料汇刊. 台北:台北文海出版社,1966.

[31] 天津图书馆,天津社科院历史出版社研究所. 袁世凯奏议. 天津:天津古籍出版社,1987.

[32] 严修撰. 严修东游日记. 武安隆,刘玉敏,点注. 天津:天津人民出版社,1995.

[33] 严修自订. 严修先生年谱. 高凌雯,补. 严仁曾,增编. 王承礼,辑注. 张平宇,参校. 济南:齐鲁书社,1990.

[34] 甘儒. 永丰乡人行年录——罗振玉年谱. 南京:江苏人民出版社,1980.

[35] 罗继祖. 庭闻忆略——回忆祖父罗振玉的一生. 长春:吉林文史出版社,1987.

[36] 张百熙. 张百熙集. 长沙:岳麓书社,2008.

[37] 王文俊,等. 张伯苓教育言论选集. 天津:南开大学出版社,1984.

[38] 高平叔. 蔡元培教育论著选. 北京:人民教育出版社,1991.

[39] 中国职业教育社. 黄炎培教育文集. 北京:中国文史出版社,1994.

[40] 董远骞,施毓英. 俞子夷教育论著选. 北京:人民教育出版社,1991.

[41] 韦善美,马清和. 雷沛鸿文集. 桂林:广西教育出版社,1989.

[42] 董乃强. 董渭川教育文存. 北京:人民教育出版社,2007.

[43] 马振先,等. 东游政治丛录. 出版机构及时间不详.

[44] 杨保恒,周维城,沈恩孚,著. 单级教授法. 北京:中国图书公司,1911.

[45] 王朝阳. 日本师范教育考察记. 出版机构不详,1912.

[46] 黄炎培. 黄炎培教育考察日记. 上海:商务印书馆,1915,1916.

[47] 蒋维乔,等. 考察日本菲律宾教育团记实. 上海:商务印书馆,1917.

[48] 郭秉文. 中国教育制度沿革史. 上海:商务印书馆,1922.

[49] 张文蔚. 日本师范教育考察记续编. 出版机构不详,1919.

[50] 袁希涛,陈宝泉,金曾澄,等. 八年欧美考察教育团报告(美洲之部). 上海:商务印书馆,1920.

[51] 袁希涛. 义务教育之商榷. 上海:商务印书馆,1921.

[52] 袁希涛. 义务教育. 上海:商务印书馆,1931.

[53] 贾丰臻. 视察教育世界一周记. 上海:商务印书馆,1921.

[54] 刘海粟. 日本新美术的新印象. 上海:商务印书馆,1922.

[55] 谢清,等. 广东学生赴日考察团报告书. 出版机构不详,1924.

[56] 侯鸿鉴. 环球旅行记. 无锡:无锡锡成出版公司,1925.

[57] 俞子夷. 一个乡村小学教员的日记. 上海:商务印书馆,1927.

[58] 国立北京大学教育系参观团. 参观日本教育报告. 出版机构不详,1930.

[59] 江苏各县教育局长参观团. 赴日参观报告. 出版机构不详,1930.

[60] 徐公美. 日本电影教育考察记. 上海:商务印书馆,1936.

[61] 邓梅羹. 日本教育考察记. 出版机构不详,1936.

[62] 雷嗣南. 晋察冀中小学校长赴日考察团报告书. 出版机构不详,1936.

[63] 武纯仁. 考察日本教育纪略. 张家口:张家口中华印书局1936.

[64] 萧冠英. 欧洲考察记初编. 出版机构不详,1936.

[65] 孟宪章. 欧美教育考察记. 出版机构不详,1932.

[66] 赵文藻. 欧洲体育考察报告. 出版机构不详,1936.

[67] 陈泳生. 欧洲体育考察日记. 出版机构不详,1936.

[68] 黎国昌. 南洋实业科学教育考察记. 广州:广东省教育厅,1933.

[69] 国联教育考察团. 中国教育之改进. 南京:国立编译馆,1932.

[70] 李熙谋. 教育部赴欧教育考察团职业教育报告书. 南京:教育部,1933.

[71] 程其保. 教育部赴欧教育考察团初等教育报告书. 南京:教育部,1934.

[72] 周厚枢. 考察日本教育报告. 出版机构及时间不详.

[73] 庄泽宣. 各国教育新趋势. 上海:中华书局,1936.

[74] 董渭川. 欧洲民众教育概观. 上海:中华书局,1937.

[75] 程国扬. 改造中的欧洲教育. 上海:商务印书馆,1938.

[76] 罗廷光. 最近欧美教育综览. 上海:商务印书馆,1938.

[77] 陈子彝. 日本社会教育事业考察日记. 出版机构不详,1929.

[78] 李步青,路孝植. 考察日本实业补习教育记要. 上海:商务印书馆,1918.

[79] 庄启. 战后欧游见闻记. 上海:商务印书馆,1926.

[80] 北京特别市公署教育局. 北京市教育视察团报告. 北京:北京特别市公署教育局,1938.

[81] 康绍言,薛鸿志,译. 设计教学法辑要. 上海:商务印书馆,1923.

[82] 江苏省公署教育科. 江苏教育近五年间概观. 南京:江苏省公署,1916.

三、著作类

[1] 余家菊,汪德全,编译. 战后世界教育新趋势. 上海:中华书局,1926.

[2] 王卓然. 中国教育一瞥录. 上海:商务印书馆,1923.

[3] 周予同. 中国现代教育史. 上海:上海良友图书公司,1934.

[4] 钟叔河. 走向世界——近代中国知识分子考察西方的历史. 北京:中华书局,1985.

[5] 钟叔河. 从东方到西方——"走向世界丛书"叙论集. 上海:上海人民出版社,1989.

[6] 熊月之. 西学东渐与晚清社会. 上海:上海人民出版社,1994.

[7] 王尔敏. 上海格致书院志略. 香港:香港中文大学出版社,1978.

[8] 张海林. 王韬评传. 南京:南京大学出版社,1993.

[9] 黄福庆.近代日本在华文化及社会事业之研究.台北:台北中央研究院近代史研究所专刊(45),1997.

[10] 王树槐.庚子赔款.台北:台北中央研究院近代史研究所专刊(31),1985.

[11] 苏云峰.张之洞与湖北教育改革.台北:台北中央研究院近代史研究所专刊(35).

[12] 黄福庆.清末留日学生.台北:台北中央研究院近代史研究所专刊(34).

[13] 汪向荣.日本教习.北京:三联书店,1988.

[14] 王晓秋.近代中日文化交流史.北京:中华书局,2000.

[15] 喻本伐,熊贤君.中国教育发展史.武汉:华中师范大学出版社,1999.

[16] 熊明安,周洪宇.中国近现代教育实验史.济南:山东教育出版社,2001.

[17] 熊贤君.千秋基业——中国近代义务基业研究.武汉:华中师范大学出版社,1998.

[18] 熊贤君,董宝良.从湖北看中国教育近代化.广州:广东教育出版社,1996.

[19] 张瑞璠,王承绪.中外教育比较史纲.济南:山东教育出版社,1997.

[20] 吴式颖.外国教育史教程.北京:人民教育出版社,2008.

[21] 李华兴.民国教育史.上海:上海教育出版社,1997.

[22] 王桂.中日教育关系史.济南:山东教育出版社,1993.

[23] 汪向荣.中国的近代化与日本.长沙:湖南人民出版社,1987.

[24] 田正平.留学生与中国教育近代化.广州:广东教育出版社,1996.

[25] 王奇生.中国留学生的历史轨迹(1872—1949).武汉:湖北教育出版社,1992.

[26] 卫道治.中外教育交流史.长沙:湖南教育出版社,1998.

[27] 田正平,等.教育交流与教育现代化.杭州:浙江大学2005.

[28] 褚宏启.教育现代化的路径.北京:科学教育出版社,2000.

[29] 周谷平.近代西方教育理论在中国的传播.广州:广东教育出版

社,1996.

[30] 董宝良,周洪宇. 中国近现代教育思潮与流派. 北京:人民教育出版社,1997.

[31] 齐红深. 日本侵华教育史. 北京:人民教育出版社,2002.

[32] 吕顺长. 清末浙江与日本. 上海:上海古籍出版社,2001.

[33] 梁吉生. 张伯苓教育思想研究. 沈阳:辽宁教育出版社,1994.

[34] 钱曼倩,金林祥. 中国近代学制比较研究. 广州:广东教育出版社,1996.

[35] 田正平. 黄炎培教育思想研究. 沈阳:辽宁教育出版社,1997.

[36] 李华兴. 民国教育史. 上海:上海教育出版社,1997.

[37] 余子侠. 民族危机下的教育应对. 武汉:华中师范大学出版社,2001.

[38] 余子侠,宋恩荣. 日本侵华教育全史. 北京:人民教育出版社,2005.

[39] 章开沅,余子侠. 余家菊与近代中国. 武汉:华中师范大学出版社,2007.

[40] 杨家余. 内外控制的交合——日伪统治下的东北教育研究(1931—1945).合肥:安徽大学出版社,2005.

[41] 陈桂生. 教育研究空间的探索. 福州:福建教育出版社,2007.

[42] 杨晓. 中日近代教育关系史. 北京:人民教育出版社,2004.

[43] 张隆溪. 走出文化的封闭圈. 北京:生活·读书·新知三联书店,2004.

[44] 别必亮. 承传与创新——近代华侨教育研究. 石家庄:河北教育出版社,2001.

[45] 盛邦和. 黄遵宪史学研究. 南京:江苏古籍出版社,1987.

[46] 吴宣德. 区域教育的历史研究——中国区域教育发展概论. 武汉:湖北教育出版社,2003.

[47] 孙雪梅. 清末民初中国人的日本观——以直隶为中心的考察. 天津:天津人民出版社,2001.

[48] 李冬君. 中国私学百年祭. 天津:南开大学出版社,2004.

[49] 陈青之. 中国教育史. 北京:中国社会科学出版社,2009.

[50] 关晓红. 晚清学部研究. 广州:广东教育出版社,2000.

[51] 汪婉．清末中国对日教育视察の研究．东京：日本汲古书院1998.

[52]（日）日本国立教育研究所．日本教育的现代化．张渭城，徐禾夫，等译．北京：教育科学出版社,1980.

[53]（美）费正清．剑桥中国晚清史．北京：中国社会科学出版社,1994.

[54]（美）柯文．在传统与现代性之间——王韬与晚清革命．南京：江苏人民出版社,1998.

[55]（日）实藤惠秀．中国人留学日本史．北京：生活·读书·新知三联书店,1982.

[56]（美）任达．新政革命与日本——中国(1898—1912)．李仲贤,译．南京：江苏人民出版社,2006.

[57]（美）吉尔伯特·罗兹曼．中国的现代化．南京：江苏人民出版社,2005.

[58]（奥）W.F.康内尔．二十世纪世界教育史．北京：人民教育出版社,1990.

[59]（加）许美德,（法）巴斯蒂,等．中外比较教育史．上海：上海人民出版社,1990.

[60]（美）E·P·克伯雷．外国教育史料料．任宝祥,任钟印,译．武汉：华中师范大学出版社,1991.